Ulrich Beck
Elisabeth Beck-Gernsheim
Fernliebe

Lebensformen
im globalen Zeitalter

Suhrkamp

Erste Auflage 2013
suhrkamp taschenbuch 4412
© Suhrkamp Verlag Berlin 2011
Suhrkamp Taschenbuch Verlag
Druck: Druckhaus Nomos, Sinzheim
Umschlag: Göllner, Michels, Zegarzewski
Printed in Germany
ISBN 978-3-518-46412-0

Inhalt

Einleitung

Im Mai 2011 meldeten Tageszeitungen die Trennung des aus der Ukraine stammenden und in Hamburg lebenden Boxers Wladimir Klitschko (35 Jahre alt, 1,98 Meter groß und 110 Kilo schwer) von der in Los Angeles beheimateten Schauspielerin Hayden Panettiere (21 Jahre alt, 1,55 Meter groß und 50 Kilo schwer). Der Grund der Trennung, so zitiert eine Zeitung die Schauspielerin, seien nicht die Unterschiede von Alter und Statur. »Wenn eine solche geografische Distanz zwischen einer Liebe steht, dann ist es halt doch sehr, sehr schwer.« In derselben Zeitung kritisierte Ingolf Gillmann unter der Überschrift *Der Verriss* die Schauspielerin, »die Fernbeziehung als Liebes-Aus-Grund« angeführt zu haben: »Liebe Leute, wenn ihr meint, eine Fernbeziehung sei schwierig, wie wollt ihr dann einen jahrelangen, täglichen Nahkampf überstehen?!«

Einige Tage zuvor stand in den Wirtschaftsteilen der großen Zeitungen aus aller Welt die Nachricht, Microsoft habe für 8,5 Milliarden Dollar in bar (5,9 Milliarden Euro) den Internettelefonanbieter Skype gekauft. »Microsoft will Skype mit seinen bestehenden Produkten rundum vernetzen ... Mit Skype können Nutzer untereinander kostenlos über das Internet telefonieren, auch mit Videoübertragungen ... Der Dienst hat nach eigenen Angaben mehr als 660 Millionen registrierte Nutzer«, so meldete die *Frankfurter Allgemeine Zeitung* vom 10. Mai 2011.

Die Firma Microsoft scheint also an die Zukunft der Fernliebe zu glauben – immerhin ist dieser Erwerb der teuerste innerhalb der Firmengeschichte. Fernliebe in all ihren Formen ist auch das Thema des vorliegenden Buches. In *Das ganz normale Chaos der Liebe* haben wir gezeigt, wie die Individualisierung – im Zusammenwirken mit einer romantisierenden Idee von absoluter Liebe –

die traditionellen Formen des Zusammenlebens aufgesprengt hat.
Das klassische Familienmodell von Mann, Frau und einem oder
mehreren Kindern wurde relativiert durch eine Vielzahl neuer Formen des Zusammenlebens. An die Stelle des Ehemanns tritt zunehmend der Lebensabschnittsgefährte, alleinerziehende Mütter
oder Väter sind häufiger geworden, Patchwork-Familien, also
neue Typen von Großfamilien, haben sich herausgebildet als Konsequenz aufeinanderfolgender Ehen und Scheidungen usw. In unserem neuen Buch öffnen wir den Horizont zum *globalen Chaos*
der Liebe, mit allen Arten von Fernbeziehungen: mit binationalen
Paaren, mit Heirats- und Arbeitsmigranten, mit Leihmüttern –
und den ganz normalen Tragödien der Skype-gestützten Liebesbeziehungen.

Wir unternehmen eine Zustandsanalyse dessen, was wir »Weltfamilien« nennen: Liebes- und Verwandtschaftsbeziehungen zwischen Menschen, die in unterschiedlichen Ländern bzw. Kontinenten leben oder aus unterschiedlichen Ländern bzw. Kontinenten
kommen. Solche Beziehungen können vielfältige Formen annehmen und aus den verschiedensten Motiven entstehen. Gemeinsam
ist jedoch allen Varianten von Weltfamilien: Sie sind der Ort, an
dem sich die Differenzen der globalisierten Welt im wörtlichen
Sinn verkörpern. Die Weltgesellschaft stiftet in den Weltfamilien
Gegensätzliches gleichzeitig: Unruhe, Verwirrung, Überraschung,
Lust, Freude, Zusammenbrüche und Haß. Wir leben in einer Welt,
in der der Liebste häufig entfernt und der Entfernte nicht selten
der Nächste ist.

Der entscheidende Punkt ist damit: Weltfamilien unterscheiden
sich zum einen von der nationalen Normalfamilie, wie sie lange
Zeit insbesondere in Europa vorherrschend war, bestehend aus
Personen, die dieselbe Sprache sprechen, denselben Paß besitzen,
im selben Land zuhause sind und am selben Ort wohnen. Sie sind
zugleich aber auch mehr und anderes als multikulturelle Familien,
wie sie in Einwanderungsländern, etwa in den USA und Südame-
rika, selbstverständlich sind. Weltfamilien bilden vielmehr neuar-

tige Mischungen aus Nähe und Ferne, aus Gleichheit und Ungleichheit, die Länder und Kontinente überspannen. Ob die Liebenden oder die Familienmitglieder es wollen oder nicht, sie werden im Binnenraum des eigenen Lebens mit der Welt konfrontiert. So gewinnen in Weltfamilien die Gegensätze zwischen Erster und Dritter Welt reale Gestalt, sie nehmen Gesichter und Namen an. Hier treffen die Verschiedenheit der Sprachen, die Verschiedenheit der Vergangenheiten, die Verschiedenheit der politischen und rechtlichen Ordnungen aufeinander.

Aber wenn wir von Welt*familien* sprechen, greifen wir damit nicht auf einen Begriff zurück, der angesichts der Vielfalt von Liebes- und Lebensformen in westlichen Ländern – gleichgeschlechtliche Paare, Alleinerziehende, Patchwork-Familien, Lebensabschnittsgefährten, Living-apart-together usw. – längst anachronistisch geworden ist? So könnte es dem westlichen Beobachter erscheinen. Aber in nichtwestlichen Kulturen hat der Familienbegriff weiterhin zentrale Bedeutung. In dem, was wir Weltfamilien nennen, treffen damit die gegensätzlichen Wertvorstellungen von Familie aufeinander. Hier entzünden sich Glaubenskriege, die das Herz des Alltags betreffen: was Familie ist und wer zur Familie gehört, wie Familie ist und sein soll, kurzum, was die »gute Familie« ausmacht.

Diese Glaubenskriege verkennen alle universalistischen Gesellschaftstheorien zum Thema Liebe, die von »der« Intimität in »der« Moderne sprechen – so Anthony Giddens (1993), Eva Illouz (2011), Niklas Luhmann (1982), so auch wir in *Das ganz normale Chaos der Liebe* (1990). Sie alle sehen nicht, daß das, was sie als Universalismus der modernen Liebe und ihrer Freiheitsparadoxien beschreiben, nur eine der möglichen Entwicklungsrichtungen erfaßt, nur diejenige nämlich, die sich unter den historischen, kulturellen, politischen, rechtlichen Bedingungen des Westens herausgebildet hat. Diese unerfüllten Versprechen der Vereinbarkeit von Freiheit, Gleichheit und Liebe sehen sich in jenen Glaubenskriegen um die »gute Familie« fundamental in Frage gestellt.

Auch ist der universalistische Ansatz auf einen engen thematischen Ausschnitt festgelegt: Liebe zwischen Frau und Mann,
Frau und Frau, Mann und Mann – und vielleicht Kind. Während
wir in diesem Buch den großen Bogen schlagen und auch die im
nationalen und universalistischen Rahmen ausgeblendeten Themen – Liebe über geographische, kulturelle und politische Grenzen hinweg, Heiratsmigration, Mutterliebe aus der Ferne, Kinderwunschtourismus und globale Patchwork-Familien –, also das
Themenspektrum der Globalisierung der Liebe ins Blickfeld rükken.

Eine Prognose über die Zukunft dieses Beziehungschaos im
globalen Zeitalter ist zum gegenwärtigen Zeitpunkt unmöglich.
Allerdings zählen wir nicht zu den Pessimisten der Fernliebe, die
behaupten, sie bedeute das Ende der Liebe, ihre Defizite in vielen
menschlichen Dimensionen seien prinzipiell nicht abzustellen.
Wir glauben, doch folgende Frage stellen zu können: Kann es sein,
daß das, woran die große Welt scheitert, in den neuen Liebes- und
Familienformen gelegentlich dennoch gelingt – die Kunst, mit und
über Grenzen hinweg zusammenzuleben?

KAPITEL I

Wie Normalfamilien sich in
Weltfamilien verwandeln

Die Kunst, die Belletristik, die autobiographischen Romane und Erzählungen haben einem neuen Thema Prominenz verschafft: bunt gemischten Liebes- und Familienbeziehungen, aufgespannt über Länder und Kontinente. Diese neuen Realitäten sind derart verbreitet und voller überraschender Aspekte, daß Erzähler und Dokumentaristen sich intensiv mit ihnen beschäftigen. Immer mehr Bücher umkreisen in manchmal komischen, manchmal anklagenden, manchmal ironischen, manchmal auch schrillen Tönen ähnliche Fragen. Es sind Geschichten von Liebe, Ehe, Elternschaft über Grenzen und Kulturunterschiede hinweg; Geschichten von gelingenden oder scheiternden Beziehungen; Geschichten darüber, wie die Gegensätze der Welt im Binnenraum der Familien ankommen. Hier drei gewichtige Beispiele.

1. Der Blick in die Literatur:
Komödien und Tragödien der Fernliebe

Marina Lewyckas Roman *Kurze Geschichte des Traktors auf Ukrainisch* handelt nur ganz am Rande von Traktoren, dagegen vor allem von einer Explosion. Die Explosion ist weiblich, mit Touristenvisum aus der Ukraine nach Großbritannien eingereist, nun zielstrebig auf Heirat, Wohlstandsteilhabe und Bleiberecht hoffend. »Zwei Jahre nach dem Tod meiner Mutter verliebte sich mein Vater in eine berückende blonde geschiedene Frau aus der Ukraine. Er war vierundachtzig, sie sechsunddreißig. Wie eine flauschige rosa Granate schoss sie in unser Leben, wirbelte trübes Wasser auf … und trat unseren Familiengespenstern kräftig in den Hintern« (Lewycka 2006: 7). Mit Energie, zärtlichen Verheißungen und Einsatz ihrer gesamten Weiblichkeit erreicht die Blondine aus Osteuropa ihr Ziel, den »Familien-Paß«: Heirat als Einlaßkarte in den bewachten Wohlstandsclub der westlichen Welt. »Sie will mit ihrem Sohn im Westen ein neues Leben beginnen, ein schönes Leben mit einem guten Job für gutes Geld und mit einem schönen Auto – auf gar keinen Fall ein Lada oder ein Skoda – und mit einer guten Ausbildung für den Sohn, Oxford/Cambridge, mindestens. Sie selbst hat ja … auch eine gute Ausbildung. Einen Abschluss in Pharmazie. Damit kann sie hier eine gutbezahlte Stelle finden, wenn sie erst richtig Englisch spricht. Bis es so weit ist, gibt er ihr Unterricht, und sie hält ihm das Haus in Ordnung und kümmert sich um ihn. Sie setzt sich ihm auf den Schoß und lässt ihn ihre Brüste streicheln« (ebd.: 8 f.).

Betty Mahmoodys Buch *Nicht ohne meine Tochter* (1988) ist ein autobiographischer Erfahrungsbericht, angesiedelt zwischen Iran und USA, Islam und dem Westen. Die Autorin, US-Amerikanerin, ist mit einem aus dem Iran stammenden Arzt verheiratet. Dieser beschließt, in seine iranische Heimat zurückzukehren, und lockt Frau und Tochter in den Iran, um sie gewaltsam dort festzuhalten. Betty Mahmoody fügt sich äußerlich, plant aber heimlich die Flucht für sich und die gemeinsame Tochter – ein Vorhaben, das nach achtzehn qualvollen Monaten und vielen hochdramatischen Szenen schließlich gelingt. Das Buch ist eine Liebe-schlägt-in-Haß-um-Tragödie, Mann versus Frau, Gewalt und Opferbereitschaft, Unterdrückung und Widerstand, Freiheit und Freiheitsberaubung. Am Ende die Wendung zum Guten, Mutter und Tochter aus dem Griff der dunklen Mächte gerettet, wieder angekommen in der amerikanischen Heimat. Mahmoodys Frauen- und Leidensgeschichte erzählt vom Tod einer Liebe zwischen den Welten, aus der Perspektive der einen Seite, aus dem Horizont der westlichen Frau, ihrer Wahrnehmungen, ihrer Hoffnungen und Enttäuschungen.

Jan Weilers *Maria, ihm schmeckt's nicht* (2003) beschreibt in vielen Anekdoten Szenen einer deutsch-italienischen Familienkonstellation. Der Autor, selbst in einer solchen Konstellation lebend, erzählt von den Alltagskomödien, die auf den Bühnen der Familien aufgeführt werden, wenn zwei Menschen aus Mitteleuropa heiraten wollen, der Bräutigam aus der deutschen Mehrheitsgesellschaft und gehobenen Mittelschicht stammt, der Vater der Braut als Gastarbeiter aus dem armen Süden Italiens nach Deutschland kam. In der Serie der Ereignisse werden wiederum die Gegensätze der Welten erkennbar, hier jedoch in komödiantischer Form. Da trifft deutsche Gründlichkeit, Genauigkeit, Pedanterie auf das Temperament, die Improvisationskunst und Lebensfreude der Italiener, was Stoff für freudige wie andere Überraschungen abgibt, aber auch einen rauh-aber-herzlichen Charme hat. So klingt hier die Botschaft am Ende versöhnlich: Die Liebe ist stärker als die Gegensätze der Welten, sie baut Brücken über Gräben.

So unterschiedlich diese drei Bücher auch sind, sie fügen sich doch zu einer gemeinsamen Erzählung. Sie schildern – in je eigenen Ausschnitten und Brechungen –, wie die Weltgesellschaft Einzug hält in Normalfamilien, dort Unruhe stiftet, Verwirrung, Überraschung, Lust, Freude, Zusammenbrüche und Haß, wie die Turbulenzen, Unruhen, Aufregungen der Welt zum Bestandteil von Normalfamilien werden.

Alle drei Bücher haben die Bestseller-Listen erobert, Millionen-Auflagen erreicht und Übersetzungen in viele Sprachen erfahren. Dieser unerwartete Publikumserfolg dürfte verschiedene Gründe haben. Zum einen verfügen die Bücher, in der einen oder anderen Form, über autobiographische Grundlagen. Das wird umgesetzt in einen Erzählstil der Direktheit, die sich auf den Leser/die Leserin überträgt und ihn/sie fesselt. Hinzu kommt die Faszination, die aus der Verbindung von Exotik und Erotik entsteht und zusätzliche Würze durch Beilagen wie Situationskomik oder Bedrohungsdramatik erhält. Hinzu kommt erst recht, daß Themen dieser Art bei vielen an eigene Erfahrungen rühren, an damit verbundene Überraschungen, Freuden und Ängste: Der Schwager hat jetzt eine Frau aus Thailand; für die Pflege von Opa haben wir eine Frau aus Polen engagiert; unsere Patennichte ist neuerdings mit einem Theologen aus Togo zusammen. Wo liegt dieses Land eigentlich? Warum ist er hier? Liebt er sie wirklich, oder benutzt er sie nur als Eintrittskarte in die Erste Welt?

Solche Verbindungen, solche Fragen werden mehr und mehr zur Alltagserfahrung in Familien der Mehrheitsgesellschaft. In dieser Weise gelangen die Wirtschaftskrisen und Finanzmärkte Asiens, die Bürgerkriege und politischen Umbrüche Afrikas, die ideologischen Kämpfe und das ökonomische Auf und Ab Lateinamerikas ins eigene Wohnzimmer. Die Frau aus Thailand, der Mann aus Togo sitzt auf unserem Sofa, ist bei Geburtstagen dabei, spielt Fußball mit unserem Sohn und füttert den Opa. Jede(r) hat eine Schwiegertochter, einen Schwiegersohn, eine Schwester, einen Bruder, eine Cousine, einen Cousin, Nichten und Neffen, Enkelkinder usw., die unsere Sprache mit einem fremden Akzent sprechen, die deutlich anders aussehen als wir, deren Namen seltsam und beinahe unaussprechlich klingen. Da mag es mancher als erleichternd empfinden, wenn er/sie beim Lesen Szenen des eigenen Lebens wiederfindet, im Erzählen zugleich verfremdet und pointiert, durch die anekdotische oder dramatische Zuspitzung gesteigert. So wird das Verwirrende ein Stück weit begreifbar, erkennbar als eine Erfahrung vieler Menschen. Man sieht: Auch die anderen wissen nicht, wie sie mit der neuen Familienwirklichkeit umgehen sollen, wie das Aufeinandertreffen von Nähe und Ferne ganz eigene Pannen und Peinlichkeiten erzeugt, in denen alle jetzt mühsam lavieren. Der Publikumserfolg der beschriebenen Bücher liegt also auch darin begründet, daß sie den Irritationen, die mit den neuen »diasporischen« Familienwirklichkeiten einhergehen, einen weiteren Rahmen geben. Sie zeigen, in welcher Form das individuelle Schicksal ähnlich andere trifft, sie bieten Orientierung und Trost, praktische Lebenshilfe in den privat gewordenen Turbulenzen der Weltgesellschaft.

2. Neuland

Um die Turbulenzen, die das Aufeinandertreffen von Nähe und Ferne erzeugt, geht es auch in diesem Buch. Wir führen den Begriff »Weltfamilien« ein und machen ihn dann zur Grundlage, um die neue Familienwirklichkeit darzustellen. Unsere Fragen lauten: Wie läßt sich systematischer beschreiben und begreifen, was längst weitverbreitete Alltagserfahrung ist? Wie werden Liebe und Familie zum Schnittpunkt der Welt? Was geschieht, wenn nationale Grenzen und internationale Rechtsordnungen, Migrationsgesetze und die Trennlinien zwischen Mehrheitsgesellschaft und Minderheit, zwischen Erster und Dritter Welt mitten durch die Familie gehen? Was bedeutet es für Liebe und Intimität, wenn die Liebe zur Fernliebe wird, zur Langstrecken-Liebe über Länder und Kontinente hinweg?

Mit solchen Fragen betreten wir *terra incognita*, unerforschtes Gebiet. Zwar gibt es zahllose Untersuchungen, die den Wandel der Familie (vom nichtehelichen Zusammenleben bis zum Geburtenrückgang) zum Thema machen. Zwar gibt es Studien aus der Familienforschung und um so mehr solche aus der Migrationsforschung und Anthropologie, die sich mit globalisierten Familien befassen. Aber, das ist das Entscheidende, sie richten den Blick immer nur auf einen Ausschnitt der globalisierten Familienwirklichkeit (z.B. binationale Paare oder transnationale Adoption oder Fernbeziehungen). Wir dagegen nehmen deren Zusammenhang in den Blick. Deshalb haben wir den übergreifenden Begriff »Weltfamilien« geprägt. Mit ihm erkunden wir, was die verschiedenen Formen von Weltfamilien im Innersten zusammenhält. Wir untersuchen deren jeweilige Bedeutungen und Beziehungen, um Verbindungen und Gemeinsamkeiten ebenso wie Unterschiede und Gegensätze herauszufinden. Dies geschieht auf dem Weg einer »diagnostischen Theorie«.*

---

* Wir schlagen eine Unterscheidung von erklärender und diagnostischer Theoriebildung in Zeiten des diskontinuierlichen sozialen Wandels vor.

Um es vorweg thesenhaft zu sagen: Weltfamilien tragen die Gegensätze der Welt in sich aus. Nicht alle Familien alle Gegensätze, aber alle einen Ausschnitt davon. Binationale Paare erfahren die *Gegensätze* zweier Nationen oder die Gegensätze von Mehrheits- und Minderheitsgesellschaft. Migrantenfamilien erfahren die Ge-

Einige Autoren verstehen Theorie im Sinne einer Erklärung beobachtbarer Ereignisse und Phänomene, die zurückgeführt werden können auf generelle und universelle »Gesetze« des sozialen Handelns und Lebens. Sie beantworten »Warum-Fragen«. Dabei handelt es sich um eine Idee von Theorie, die aus der Praxis einiger »harter« Naturwissenschaften gewonnen wurde. Aber dies ist nicht das dominante Verständnis. Die Beiträge zur Gesellschaftstheorie, die heute international die größte Aufmerksamkeit finden, folgen einem anderen Muster. Ihr Ziel ist es, angesichts eines Chaos sozialer Ereignisse und Phänomene, die uns überrollen, einen konzeptionellen Orientierungsrahmen zu schaffen mit den Mitteln einer generalisierten Diagnose der sich historisch rapide verändernden gesellschaftlichen Verhältnisse. Genau zu diesem Zweck führen wir in diesem Buch den Begriff »Weltfamilien« ein. Dabei geht es uns nicht um »Zeitdiagnose« in alltagssprachlichen Begriffen, sondern um generalisierte, soziologische Beschreibungen, für die ein spezielles und präziseres Vokabular entwickelt werden muß – »multilokale Weltfamilien«, »multinationale Weltfamilien«, »Fernliebe«, »Heiratsmigrantinnen«, »Leihmütter« etc. (siehe S. 25 ff., 91 f.; Kapitel IX). Wir nennen diesen Typus »diagnostische Theorie«. Diese Richtung der historisch-induktiven Theoriebildung gewinnt besondere Relevanz in Zeiten schnellen und fundamentalen Wandels, wenn plötzlich nicht nur Alltagsmenschen, sondern auch Soziologen sich mit den Rätseln einer entstehenden neuen sozialen Wirklichkeit konfrontiert sehen und fragen: Wo sind wir, wo kommen wir her, und wohin geht die Reise? Das sind Zeiten, in denen die Frage: Verstehen wir noch die Welt, in der wir leben? sowohl im Alltag wie für Soziologen eine größere Dringlichkeit gewinnt als die Frage: Warum geschieht, was geschieht?

Doch der Zusammenhang dieser zwei Fragen muß präziser gefaßt werden: In Zeiten diskontinuierlichen sozialen Wandels setzen erklärende Theorien diagnostische Theorien voraus. Erst wenn es gelungen ist, die »innere Globalisierung« von Intimität, Liebe, Familie, Geschlechterverhältnissen, Hausarbeit, Geburt, Mutterschaft, Vaterschaft etc. in einem konzeptionellen Theorierahmen zu beschreiben und zu verstehen, kann die Warum-Frage neu aufgerollt werden. Erst dann wird es auch möglich, mit den neuen Brechungen der Welt und ihrer Widersprüche im Liebes- und Familienalltag der Menschen besser umzugehen.

gensätze zwischen Erster und Dritter Welt, die globalen Ungleichheiten mitsamt ihrer kolonialen Geschichte, die bis heute in den Seelen der Lebenden weiterwirkt, bei den einen Nicht-wissen-Wollen, bei den anderen Wut und Verzweiflung erzeugend.

Um ein naheliegendes Mißverständnis zu vermeiden, eine Warnung: Wenn wir von Weltfamilien sprechen, meinen wir nicht Weltbürger, nicht die Kaste der gehobenen Bildungsbürger mit Kenntnissen in chinesischer Literatur, französischer Kochkultur, afrikanischer Kunst. Im Gegenteil, viele derer, die zu Weltfamilien in unserem Sinne gehören, sind weder weltgewandt noch weltoffen, weder versiert auf internationalem Parkett noch fließend mehrsprachig, und schon gar nicht umgibt sie der Duft der großen weiten Welt. Manche sind nie aus ihrem Dorf oder der Kleinstadt herausgekommen, manche provinziell und von allem Fremden verunsichert. Manche sind Teil einer Weltfamilie geworden infolge von Gewalt, Bürgerkrieg oder Vertreibung; oder in der Hoffnung, der Armut und Arbeitslosigkeit in der Heimat zu entkommen; andere durch Kontaktanzeigen im Internet oder die Zufälle der Liebe. Kurz, viele bilden mehr bis minder unfreiwillig den Teil einer Weltfamilie durch äußere Ereignisse und Zwänge, nicht aus Begeisterung und freier Entscheidung. Doch wie freiwillig oder unfreiwillig auch immer, den verschiedenen Varianten von Weltfamilien ist eines gemeinsam, eine Irritation: Sie passen nicht zusammen mit unseren bisherigen Vorstellungen von dem, was den Charakter der Familie ausmacht, was zur »Natur der Familie« gehört, immer und überall. Sie stellen einige unserer vertrauten, als selbstverständlich vorausgesetzten Grundannahmen von Familie in Frage.

3. Der Blick auf die Realität:
Die Vielfalt der Weltfamilien

Wir erweitern das Panorama dessen, was Weltfamilien ausmacht, durch einen Blickwechsel. Nach den Beispielen aus der Literatur Beispiele aus der Realität, eine Beschreibung von Familienformen, die wir in der gesellschaftlichen Wirklichkeit des 21. Jahrhunderts vorfinden.

Wenn Liebe und Fürsorge importiert werden:
Die globalisierten Dienstmädchen

Weltweite Einkommensunterschiede machen es möglich: Wohlhabende Familien beschäftigen Haushaltshilfen, Kindermädchen und Pflegerinnen aus ärmeren Ländern. Zu diesen ärmeren Ländern gehören die Philippinen, ein Land, das kaum existieren könnte ohne die Gelder, die Arbeitsmigranten im Ausland an ihre Familien in der Heimat überweisen. Deshalb erfährt Arbeitsmigration staatliche Unterstützung und Förderung. Zum Beispiel so: Im Hafen der philippinischen Hauptstadt Manila werden Frauen auf einen Job als Dienstmädchen im globalen Kapitalismus vorbereitet. Bei den Frauen handelt es sich um ausgebildete Lehrerinnen, Buchhalterinnen, Tierärztinnen. Sie wissen, wie man Mathematik unterrichtet, eine Bilanz erstellt, eine Kuh kuriert. Jetzt bekommen sie gezeigt, wie man in reichen Ländern Betten macht, in einem amerikanischen Hotel zum Beispiel oder in einem italienischen Haushalt. Sie lernen, wie eine Geschirrspülmaschine funktioniert, und erfahren, mit welchen Spielsachen sich kanadische oder deutsche Kinder die Zeit vertreiben. Nach sechs Monaten sind sie »diplomierte Haushälterinnen«, steigen in ein Flugzeug und verdingen sich in reichen Industriestaaten.

Hinter den verschlossenen Türen der Privatheit und der Familie, die gegen die Wirren der Welt abschirmen sollen, vermischen sich die getrennten Welten der globalen Armen und der global aufstrebenden Mittelschicht. Lehrerinnen aus den Philippinen, Studentinnen aus Mexiko, Übersetzerinnen aus Ecuador, Juristinnen aus Ghana brechen auf in Länder, in denen Frauen heute Konzerne, Hochschulen und politische Parteien führen, um dort Arbeiten zu verrichten, die seit Jahrhunderten als Frauenarbeiten gelten: Sie putzen, sie kochen, sie kümmern sich um die Kinder und gebrechlichen Alten fremder Familien.

Inzwischen machen Frauen, sonst auf den Arbeitsmärkten die Minderheit, weltweit mehr als die Hälfte der Migranten aus. Sie bilden »das weibliche Gesicht der Globalisierung« (Arlie Russell Hochschild 2000). Nirgends zeigt sich dies so deutlich wie in den Philippinen, einem Land, das Arbeitskräfte exportiert wie andere Länder Kaffee oder Kakao, einem Land, in dem vor 30 Jahren 12 Prozent der Auswanderer Frauen waren, heute sind es 70 Prozent.

Global entfaltet ein zeitgeschichtliches Gesetz seine Wirkung: Je mehr Frauen berufstätig und erfolgreich sind, desto mehr brauchen sie Hilfe im Haushalt. Diese Hilfe wird nicht mehr – wie in früheren Epochen – durch Sklaven oder Mägde geleistet, sondern durch den (Schatten-)Weltmarkt für billige Arbeitskräfte in einer radikal ungleichen Welt.

Es entsteht eine über Grenzen und Kontinente sich ausdehnende Verflechtung der Lagen und Schicksale. Die Frauen der arrivierten Mittelschicht, aufgerieben im Dauerlauf zwischen Beruf und Familie, suchen dringend Entlastung und greifen auf die Dienste der »weiblichen globalen Anderen« zurück. Die Frauen auf der anderen Seite der Welt brauchen dringend Geld, um ihre Familien ernähren zu können. Und eine gutausgebildete philippinische Lehrerin, die hier als globale Kinderfrau arbeitet, verdient ein Mehrfaches dessen, was sie bei einer regulären Beschäftigung in den Philippinen erwarten könnte – so sie dort einen Arbeitsplatz findet.

In der Folge werden Liebe und Fürsorge zur »Ware«, von einheimischen Frauen an andere delegiert, exportiert und importiert. Deshalb stellen globalisierte Familiendienste das »Gold der Armen« dar, eine weitere »Ressource«, die von den Reichen ausgebeutet werden kann. Daran verdienen auch die Armen, allerdings nur einen Bruchteil dessen, was »inländische«, »normale« Arbeiterinnen erhielten – und die Luft der weiten Welt lockt, ein imaginiertes Konsumparadies (Ehrenreich/Hochschild 2003; Hochschild 2003).

Wenn die Grenzen globaler Ungleichheit Weltfamilien spalten

In den Debatten um Migration wird meistens von einer eindeutigen Trennlinie zwischen legalen Einwohnern und illegalen Zuwanderern ausgegangen, zwischen den offiziell gemeldeten Sichtbaren und denen, die im Schatten leben. Wer in Kategorien des Rechts denkt, unterscheidet klar zwischen Legalen und Illegalen. Viele transnationale Familien sind eine Mischung aus legalen Staatsbürgern und ihren illegalen Verwandten, deren Leben vor allem die Angst vor Entdeckung bestimmt. Ein Beispiel – die Familie Palacio: Estrellitas Mutter ist in hochschwangerem Zustand von Mexiko über die Grenze gegangen, um ihrer Tochter das Privileg einer US-amerikanischen Geburt und damit einer US-amerikanischen Staatsangehörigkeit zu sichern. Estrellitas Schwager dagegen ist (wie es im Amerikanischen heißt) ein *undocumented worker*. Die Verschärfung der Einwanderungsgesetze in den USA hat einen Keil in die Familie getrieben. Während Estrellitas Status noch privilegierter wurde, ist bei ihrem Schwager die Angst vor Entdeckung noch stärker geworden. In der Familie Palacio, unter den sieben Geschwistern, ihren Ehepartnern und Kindern, finden sich amerikanische Staatsbürger qua Geburt, eingebürgerte Migranten, Personen mit befristeter Aufenthaltserlaubnis und *undocumented immigrants*.

Schon dieses Kurzportrait macht eine neuartige Form der »Schmelztiegel-Familie« deutlich: Diese ist nicht nur multi-national (und vielleicht auch multi-religiös), sondern auch »multi-(il)-legal«.

Die Schöne Neue Welt der globalisierten
Schwangerschaft und Geburt

Mehr als zwei Jahre wartete ein Ehepaar aus Deutschland auf seine von einer indischen Leihmutter ausgetragenen Zwillinge. Die deutschen Behörden stellten den in Indien geborenen Kindern keinen Reisepaß aus, weil nach deutschem Recht Leihmutterschaft verboten ist. Die Ämter in Indien – wo Leihmutterschaft legal ist – hielten die Kinder wegen der deutschen Eltern für Bundesbürger. Sie verweigerten den Zwillingen daher indische Reisedokumente. Der Vater, ein Kunsthistoriker, kämpfte verzweifelt vor deutschen und indischen Gerichten darum, seine staatenlosen Kinder mit nach Deutschland nehmen zu dürfen. Mit Erfolg: Die indischen Behörden stellten doch Pässe aus, und diese wurden dann mit Visa für eine Einreise nach Deutschland versehen (»ausnahmsweise« und aus »humanitären Gründen«, so das Auswärtige Amt). Die Eltern können ihre »eigenen Kinder« nun in Deutschland im Zuge eines internationalen Rechtsverfahrens adoptieren.

Hier zeigt sich: Familien werden nicht nur von der Globalisierung überrollt. Sie sind längst zu Handelnden geworden. Mit Hilfe der neuen Optionen, die die Fortpflanzungsmedizin bereitstellt, können Geburt und Elternschaft entkoppelt und – rechtliche Gegensätze zwischen Ländern nutzend – »ausgelagert« werden wie Arbeitsplätze. Die medizintechnologisch eröffneten Handlungsspielräume ermöglichen es, Zeugung, Schwangerschaft und Elternschaft voneinander zu trennen und separat – über nationale Grenzen hinweg – zu organisieren. Was früher schlicht Mutterschaft hieß, wird nun zerlegt in »Eispenderin«, »Leihmutter«, »soziale Mutter«. Der Versuch, diese verschiedenen Formen von Mutterschaft legal zu verbinden, wird oft zu einem Hindernislauf zwischen den Unterschieden und Gegensätzen nationalstaatlicher Rechtssysteme.

Die Fernliebe der Großeltern

Alex ist gerade drei geworden, voller Neugier und Tatendrang. Er liebt Müsli, Pommes und noch mehr seine Autos. Gestern hat er ein neues bekommen, einen großen roten Bus, und heute morgen hat er ihn gleich seinen Großeltern gezeigt. Diese lieben ihren einzigen Enkel über alles. Sie sehen ihn täglich: Jeden Morgen gibt es eine Viertelstunde, manchmal auch eine halbe Stunde »Großeltern-Zeit«, ein festes Ritual, hochgehalten und respektiert, Zeit nur für Großeltern und Alex.

Ganz normales Großfamilienglück? Nein und ja: Die Beteiligten leben Tausende Kilometer voneinander entfernt, die Großeltern in Thessaloniki, Alex in Cambridge, UK. Skypen holt Opa und Oma ins Kinderzimmer und bringt Alex nach Thessaloniki, während alle an ihrem Ort bleiben – Fernstenliebe als Nächstenliebe über alle Entfernungen und Grenzen hinweg.

4. Warum Weltfamilien das bisherige Verständnis von Familie auf den Kopf stellen

Die Seiten eines Atlas – mit den schwarz gezeichneten Grenzlinien, die die unterschiedlich farbigen Länder trennen – versinnbildlichen immer noch die geistigen und geographischen Landkarten, in denen die meisten Menschen die Welt wahrnehmen. Der Globus zerfällt in separate Nationalstaaten, und damit geht die Erwartung einher, jeder Mensch habe zu einem bestimmten Zeitpunkt oder während eines Zeitraums in einem und nur einem dieser verschiedenfarbigen Flecken seinen Platz. Zwischen Identität und Territorium besteht demnach eine eindeutige Entsprechung, und was immer davon abweicht, stößt auf Mißtrauen und Widerstände.

Richtig ist: Die Mehrzahl der Familien lebt überall auf der Welt nach dem Homogenitätsmodell der nationalen Staatsbürger-Familie – Mutter, Vater und schulpflichtige Kinder wohnen in ein und demselben Haushalt/Ort, haben ein und denselben nationalen Paß, ein und dieselbe nationale Herkunft und sprechen ein und dieselbe Muttersprache. Eine Verbindung, die im Normalverständnis zugleich notwendig und natürlich erscheint. Aber was wir heute erleben, paßt immer weniger damit zusammen: Zunehmend mehr Frauen, Männer und Familien brechen mit dem, was bislang naturähnliches Gesetz schien, und leben – teils gewollt, teils erzwungen – Formen einer Familiensolidarität, die Ferne und Fremde umfaßt.

Also lautet die Einstiegseinsicht für die Vermessung der neuen Liebes- und Familienlandschaften: Erkenne, daß für mehr und mehr Menschen drei existentielle Bindungen, die bislang eng zusammengehörten – an den Ort, die Nation, die Familie –, sich aus ihrer Verknüpfung lösen und separate Elemente werden. Die Auffassung, wonach Familien ihrem Wesen nach einem bestimmten Territorium zugehören, wird durch eine aktive Globalisierung von unten und innen überrollt. Wie transnationale Konzerne und transnationale Staaten (z. B. EU), so entstehen jetzt transnationale Familien. Und damit neue Fragen: Sind Weltfamilien ein Gegengewicht zum globalen Kapitalismus, ihm grenzübergreifende Netzwerke der wechselseitigen Unterstützung entgegensetzend? Hat Familie als gelebte Weltinnenpolitik eine Zukunft? Wie können die Gegensätze, die Nationen trennen, überbrückt, verschwiegen, aufgedeckt, ausgetragen, ausgehalten, vielleicht sogar in eine Chance verwandelt werden, sich von den Bornierungen der nationalen Herkunft zu befreien?

Die bislang geltenden Prämissen

Wenn von Familie die Rede war, vor allem von ihrem innersten Kern, von Vater-Mutter-Kind, war damit implizit oder explizit immer die Erwartung räumlicher Nähe und direkten Zusammenlebens verbunden. Diese Regel schloß Phasen zeitweiligen Getrenntseins nicht aus, und hier wie bei anderen Regeln gab es Ausnahmen (Seefahrer-Familien zum Beispiel), aber grundsätzlich galt: Familie war *face-to-face*-Beziehung und meinte physische Anwesenheit. Das zeigt ein Blick in die Geschichte bzw. Begriffsgeschichte.

Bei allem Bedeutungswandel, den der Begriff im Lauf der Jahrhunderte durchmachte, blieb ein Merkmal erhalten, nämlich die Bindung an einen gemeinsamen Ort. Ja, mehr noch: Anfangs war die Ortsbindung das entscheidende Merkmal von Familie. Im antiken Rom meinte *familia* nicht diejenigen, die qua Abstammung oder Heirat miteinander verwandt waren, sondern all jene, die den Besitz eines Mannes ausmachten und zur großen Hausgemeinschaft gehörten: Ehefrau, Kinder, Sklaven, Freigelassene und Vieh. Erst allmählich, erst zu Beginn der Neuzeit, setzte sich ein immer engerer Familienbegriff durch, der sich schließlich allein auf die »in einem Haushalt zusammenwohnenden, miteinander verwandten Personen« bezog (Mitterauer/Sieder 1980: 19 f.). Und was immer in den letzten Jahrzehnten an neuen Lebensformen hervorgetreten ist, im Verständnis von Familie herrscht weiterhin der gemeinsame Ort als ein entscheidendes Merkmal vor. Nach einer weitverbreiteten, bis heute nachwirkenden Definition besteht die amerikanische Normalfamilie (*Standard North American Family*) aus einem heterosexuellen Ehemann, einer heterosexuellen Ehefrau und deren biologischen Kindern, die unter einem Dach leben; wobei der Ehemann im allgemeinen als der primäre Brotverdiener gilt (Harris 2008: 1408). Alle Säulen dieser Definition von Normalfamilie hat die Wirklichkeit zum Einsturz gebracht: die Heterosexualität der Eheleute, die biologische Elternschaft, das Merkmal des männlichen Brotverdieners sowieso. Aber die Wesensbestimmung, wonach Familien unter einem Dach leben müssen, diese Ein-Ort-Prämisse der *face-to-face*-Beziehung und direkten Interaktion, wurde nie wirklich in Zweifel gezogen. Die Dach-Metapher schließt die nationale Zugehörigkeit ein:

In der Rede von »der« Liebe, »der« Ehe, »der« Familie ist ganz selbstverständlich mitgedacht, daß die so miteinander verbundenen Menschen derselben Nation zugehören, dieselbe Muttersprache sprechen, dieselben Pässe besitzen und dementsprechend dieselben Staatsbürgerrechte genießen.

Was aber, wenn es das gemeinsame Haus oder gemeinsame Dach nicht mehr gibt, nicht oder nur selten Zeiten der gemeinsamen Anwesenheit? Kann man dann noch von Familie sprechen, oder existiert in diesem Fall keine Familie oder eine neue Form von Familie? Was, wenn kein gemeinsamer Haushalt mehr besteht, sondern mehrere Haushalte in mehreren Ländern? Was, wenn zur Familie Menschen unterschiedlicher Nationalität und kontinentaler Herkunft zählen? Wenn also ein Dach, ein Ort, ein Haushalt, eine Nationalität nicht mehr zu den grundlegenden Prämissen einer Familie gehören – ist diese Bezeichnung dann noch angemessen? Was heißt unter diesen Bedingungen familiäre Heimat und Herkunft? Wie wird das Paradox »globaler Intimität« lebbar?

5. Der Begriffsschlüssel: Zur Definition von »Weltfamilien«

Wir haben bisher von Weltfamilien (oder auch Fernfamilien, Globalfamilien) gesprochen und sie von Nationalfamilien (oder auch Nahfamilien, Lokalfamilien) unterschieden. Was aber sind Weltfamilien eigentlich? Wie kann man sie bestimmen? Wie sind sie zum Zentrum einer neuen diagnostischen Theorie und empirischen Forschung zu machen, die die globalisierten Landschaften von Intimität, Liebe, Elternschaft, Scheidung usw. erkunden?

Weltfamilien sind Familien, die über (nationale, religiöse, kulturelle, ethnische usw.) Grenzen hinweg zusammenleben; in denen das, was nach der vorherrschenden Definition *nicht* zusammengehört, zusammengehört. An die Stelle der Bindekraft vorgegebener

Traditionen tritt *aktives Vertrauen*, soll gelingen, was im gängigen Verständnis nicht gelingen kann: der/die »fremde Andere« wird zum Liebsten und Nächsten.

Zwei Grundtypen lassen sich unterscheiden. Unter Fernliebe und Weltfamilien verstehen wir erstens Paare oder Familien, die getrennt über verschiedene Nationen oder Kontinente hinweg zusammenleben, aber derselben Herkunftskultur (Sprache, Paß, Religion) angehören (multilokale Weltfamilien). Ein Beispiel dafür ist die Hausarbeitsmigrantin, die von den Philippinen kommt, dort Mann und Kinder hat, aber in Los Angeles arbeitet, um mit ihrem Verdienst die Familie daheim zu ernähren (siehe dazu Kapitel VI). Unter Fernliebe und Weltfamilien verstehen wir zweitens solche Paare oder Familien, die am selben Ort zusammenleben, deren Mitglieder jedoch aus unterschiedlichen Ländern bzw. Kontinenten kommen und deren Verständnis von Liebe und Familie wesentlich durch diese Herkunftskulturen geprägt ist. Hier können wir uns als Beispiel eine Familie vorstellen, in der der Mann US-Amerikaner ist, die Frau Chinesin, die mit ihren Kindern zusammen in London leben (multinationale bzw. multikontinentale Weltfamilien).Gemeinsam ist jedoch beiden Varianten von Weltfamilien: Sie sind der Ort, an dem sich die Differenzen der globalisierten Welt im wörtlichen Sinne verkörpern. Ob die Liebenden oder Familienmitglieder es wollen oder nicht, sie werden im Binnenraum des eigenen Lebens mit der Welt konfrontiert.*

Diese Definition ist einfach und unmittelbar verständlich. Sie hat allerdings, schaut man genauer hin, einen Mangel: Sie greift zu kurz. Sie kann die Vielfalt der Weltfamilien nicht erfassen. Schnell

---

* Zu Dimensionen von Welt in Weltfamilien – der globale Andere wird Teil unseres Lebens; grenzenübergreifende Kommunikation; Weltungleichheit bekommt Gesichter und Namen; zwischen nationalstaatlichen Rechtsordnungen; der Glaubenskrieg um die »gute Familie« – siehe Kapitel IX; zur aktuellen gesellschaftstheoretischen Debatte um Liebe und Intimität in der Moderne siehe unsere Unterscheidung von nationalstaatlichem, universalistischem und kosmopolitischem Ansatz Seite 91 f. sowie die Einleitung.

fallen uns Beispiele ein, die nicht oder nur mit erheblichen Ver-biege-Aktionen in unser Definitionsschema passen. Um nur ein Beispiel herauszugreifen: Wie ist die zweite oder gar dritte Generation von Zuwanderern aus anderen Ländern bzw. Kontinenten zu betrachten, insofern diese mit Partnern/Partnerinnen aus der Mehrheitsgesellschaft Familien gründen?

Hier kommt unsere schöne, einfache Definition offensichtlich an ihre Grenzen. Deshalb schlagen wir folgende Ergänzung vor: Ob solche Fälle einer Weltfamilie zuzurechnen sind, hängt davon ab, ob *über Ländergrenzen bzw. Kontinente hinweg dauerhafte existentielle Beziehungen zur »anderen« Herkunftskultur* aktiv gepflegt werden. Das ist beispielsweise schon dann der Fall, wenn Großeltern in Istanbul und Enkeltöchter in Ulm sich jeden Morgen sehen und viele Geschichten erzählen – über Skype. Weil eine enge, regelmäßige, emotional wichtige Verbindung zwischen den Kulturen besteht, erscheint es uns sinnvoll, hier von Weltfamilie zu sprechen.

Und wo wollen wir Susan und Liz, zwei Schwestern aus einer englisch-pakistanischen Familie einordnen? Der Vater, Pakistani, ist kurz nach der Geburt der jüngeren Tochter in die Heimat zurückgekehrt und seitdem verschwunden. Die beiden Mädchen sind in Lancaster geboren, leben dort mit der Mutter, waren noch nie in Pakistan und haben keinerlei Kontakt zur väterlichen Familie. Doch während Susan im Äußeren eher nach der Mutter gerät, mit hellen Haaren und Sommersprossen, ähnelt Liz ganz ihrem Vater, hat dunklere Haut und schwarze Haare – und wird deshalb immer wieder nach ihrer Herkunft gefragt, auch angepöbelt und als »Paki« beschimpft. Die beiden sind also am selben Ort, Lancaster, beide sprechen Lancaster-Dialekt, sind der Religionszugehörigkeit nach anglikanisch, kennen niemanden von den Verwandten im fernen Pakistan. Und doch ist ihre Situation an einem entscheidenden Punkt anders. Susan, äußerlich kaum zu unterscheiden von anderen Mädchen aus der Mehrheitsgesellschaft, denkt selten an die pakistanische Seite ihrer Herkunft. Liz dagegen wird ständig daran erinnert, fühlt sich oft als Außenseiterin und immer nur bedingt akzeptiert. Susan, so würden wir nach diesen biographischen Stichworten sagen, lebt weitestgehend in einer Nahfamilie (Nationalfamilie, Lokalfamilie). Liz dagegen, der Pakistan sozusagen ins Gesicht geschrieben steht, ist gegen ihren Willen unauflöslich mit diesem Land verbunden, weil die Mehrheitsgesellschaft sie zu einer »Pakistani« macht. Sie ist – durch die Zufälle der Biologie bzw. Genetik, die sich verbinden mit den Stereotypen und Vorurteilen ihrer Umwelt – im gewissen Sinne Teil einer Weltfamilie geworden.

An solchen Beispielen sieht man, unsere schöne, einfache Definition beschreibt zwar wesentliche Merkmale in der Architektur von Weltfamilien. Für eine Zuordnung reicht das jedoch vielfach nicht aus. Die Realität ist vielfältiger, bunter, verwirrender, als Schubladen wie »geographisch getrennt« oder »gleiche Herkunftskultur« suggerieren.

Mehr noch, bei genauerem Hinschauen wird sichtbar: Weltfamilie und Nationalfamilie sind keine absoluten Gegensätze, sondern die beiden Enden eines Kontinuums, das viele Zwischenformen, Nebenformen, Mischformen hat. Diese Unschärfe ist nicht Ergebnis einer ungenauen Analyse, sie ist vielmehr ein wesentliches Merkmal der Wirklichkeit.

Weltfamilie und Nationalfamilie sind idealtypische Begriffe, soziologisch gesprochen. Die Familienkonstellationen dagegen, die wir in der Realität antreffen, sind oft nicht eindeutig und ein für allemal der einen oder anderen Seite zuzuordnen. Sie haben unscharfe Ränder, bilden Übergangszonen, sie wandeln sich und sind im Fluß, sie gehören manchmal mehr in dieses Kästchen oder in jenes, je nach Lebensgeschichte, biographischer Phase, äußeren Zufällen und nicht zuletzt (das werden die folgenden Kapitel zeigen) nach gesellschaftlichen Rahmenbedingungen: Herrschaft, Politik, Gesetzgebung, Fremdstereotypen usw. Die Logik solcher Familienkonstellationen ist also nicht die des Entweder-Oder, sondern die des *Mehr-oder-Weniger*: mehr Weltfamilie die einen, mehr Nationalfamilie die anderen. Um es mit einem Vergleich zu sagen: Ein bißchen schwanger gibt es nicht. Aber ein bißchen Weltfamilie gibt es schon.

So einfach ist unsere Antwort auf die Frage: Was sind Weltfamilien? Und so kompliziert, ausführlich, detailabhängig und mehrdeutig wird diese Antwort, wenn man die vorgeschlagene Definition anwendet, um die neuen Landschaften der Fernliebe zu erkunden.

Man mag einwenden, der Begriff »Familien« in »Weltfamilien« ignoriere die Pluralität von Familienformen, wie sie im Feld kulturell homogener Lebensformen längst (an)erkannt sei und die wir in unserem Buch *Das ganz normale Chaos der Liebe* (1990) bereits zum Thema gemacht haben. Ist es nicht ein Anachronismus, von Weltfamilien zu sprechen? Wäre es nicht notwendig, von Welt-Lebensabschnittsgefährten, Welt-Fortsetzungsfamilien, Welt-Nachscheidungselternschaft, Welt-Alleinerziehenden usw. zu sprechen?

Doch darin liegt die Pointe: Im (pauschal gesagt) nicht-westlichen Verständnis sind Weltfamilien tatsächlich *Familien* im traditionalen Sinn, viel stärker, als dies im westlichen Horizont der Fall ist. Ein Begriff von Weltfamilien, der sich dem kulturell homogenen Verständnis von Familie und Gesellschaft verweigert, muß diese Spannung zwischen den Welten nicht nur aushalten, er muß sie zum Ausdruck bringen. Deshalb gerät das kontextuell plurale Verständnis von Weltfamilien in die Grabenkonflikte, die global um das Verständnis der »guten Familie« ausgetragen werden. Die Kontextualität von Weltfamilien läßt sich auf eine Paradoxie zuspitzen: Wenn wir nicht anachronistisch sein wollen, müssen wir einen Begriff von Weltfamilien bilden, der in dem Erfahrungshorizont des Westlers anachronistisch erscheint. (Im übrigen sprechen wir bewußt von Weltfamilien, weil dieser Plural im üblich gewordenen Wortgebrauch der Soziologie auch nicht-eheliche, nacheheliche, homo- und heterosexuelle Paare, Mutterschaft, Vaterschaft usw. umfaßt.)

Spätestens hier stellt sich auch die Frage: Was meinen wir, wenn wir von »Wir« sprechen? Wir Autoren? Wir Sozialwissenschaftler? Wir Deutsche? Wir Bewohner der Ersten Welt? Wir Angehörige der Menschheit? Wir Angehörige einer Weltfamilie? Solche Fragen lassen ahnen: Das scheinbar harmlose Wort »Wir« hat eine fatale Neigung, die Gegensätze der Welt zu überdecken und die Besonderheit des eigenen Standorts vergessen zu machen. Dieses Problem stellt sich gerade dann, wenn man sich mit Weltfamilien und den in ihnen brodelnden Verständnisgegensätzen befaßt. Wir, die Autoren, haben diese Wir-Falle deutlich vor Augen – und sind uns gleichzeitigt bewußt, daß auch wir in sie hineingetappt sind.

6. Von einer »Kultur« der Weltfamilien zu sprechen ist ein Widerspruch in sich

Im Übergang von Nationalfamilien zu Weltfamilien wandelt sich das Verständnis von Kultur. Von einer »Kultur« der Weltfamilien zu sprechen ist ein Widerspruch in sich, denn »weltfamiliäre Kultur« kann nicht als Einheit gedacht werden; »Weltfamilien« bezeichnet den Gegenbegriff zu einer Vision relativ getrennter kultureller Welten, in denen die Menschen nebeneinander leben – nach dem Muster politisch oder administrativ geteilter Territorien.

Für Weltfamilien gilt nicht, daß man eine Kultur betritt, wenn man die andere verläßt; gilt nicht, daß man sich zwischen verschiedenen Kulturen hin- und herbewegen kann; gilt auch nicht, daß man zu jedem Zeitpunkt mit ziemlicher Präzision sagen kann, in welcher Kultur man sich befindet und auf welche man sich zubewegt. Der Begriff »Weltfamilien« gewinnt seinen Sinn aus der Negation dieser Vorstellung von Kulturen als natürlichen Einheiten, die man nicht wählen kann, zu denen man schicksalhaft dazu- oder nicht dazugehört.

Dieses Verständnis von »Kultur« negiert auch die Vorstellung, wonach jenes Eingebundensein in eine ethnische oder nationale

Einheit der »natürliche« Zustand des In-der-Welt-Seins ist, während alle anderen Zustände – sich zwischen den Kulturen zu bewegen, von verschiedenen Herkünften zu zehren und verschiedenen nationalen Loyalitäten unterworfen zu sein – »unnormal«, »hybrid«, ja »gefährlich« sind. Diese Annahmen einer in sich homogenen und begrenzten »Kultur« sind im wahrsten Sinne des Wortes blutbefleckt, das Produkt kultureller Kreuzzüge, erzwungener Assimilation und machtgeleiteter Nationenbildung.

Wenn die Entdeckungsreise in die unbekannten Landschaften weltfamiliärer Liebes- und Lebensformen, zu der wir mit diesem Buch die Leserinnen und Leser einladen, Sinn macht, dann als Negation solcher Vorstellungen von kultureller Homogenität, Multikulturalismus und Multikommunitarismus. Verneinen diese Begriffe doch das Sowohl-als-Auch der Lebens- und Liebesformen, für das dieses Buch die Augen öffnen will.

KAPITEL II

Zwei Nationen, ein Paar:
Geschichten vom wechselseitigen Verstehen
und Mißverstehen

Andrea kommt aus Flensburg, ihr Mann Latif aus dem Iran; Patricia ist Afroamerikanerin und lebt mit Frank, einem Weißen, zusammen; Rachel, jüdisch, liebt Murat, einen Moslem: Solche Paarkonstellationen über Nationalitätsgrenzen hinweg – oder über ethnische, kulturelle, religiöse Schranken – hat es auch in früheren Jahrhunderten gegeben. Doch während sie früher seltene Ausnahmen waren, sind sie in den letzten Jahrzehnten weitaus häufiger geworden, in Asien (Shim/Han 2010), den USA (Lee 2005), Europa (Lucassen/Laarman 2009), nicht zuletzt in Deutschland (Nottmeyer 2009). Es wächst die Zahl der Paare, bei denen die Partner sich deutlich unterscheiden nach Nationalität, Hautfarbe, Religion oder Paß.

Eine ganze Reihe von Ursachen hat zu diesem Grundlagenwandel der Liebe und der Familie geführt oder, romantischer gesagt, zu dieser Öffnung der Herzen. Zunächst sind, ganz prosaisch, die gesellschaftlichen und politischen Rahmenbedingungen anders geworden. In vielen Ländern finden wir eine zunehmende soziale Mobilität, nicht zuletzt auch einen Abbau der rechtlichen Hürden, die früher »gemischte« Verbindungen oft unmöglich machten. Zum Beispiel in vielen Bundesstaaten der USA, in denen bis weit ins 20. Jahrhundert hinein Gesetze existierten, die eine Eheschließung zwischen Schwarzen und Weißen untersagten. Ähnlich in Südafrika, wo bis zum Ende der Apartheid 1994 Heiraten über die *colour line*, also zwischen Menschen unterschiedlicher Hautfarbe, nicht erlaubt waren.

Diese legalen Schranken sind inzwischen gefallen, nicht überall, jedoch in weiten Teilen der Welt. Hinzu kommen der Globalisierungsprozeß und die damit einhergehende geographische Mobilität. Durch Migration, Flucht und Vertreibung, durch internationale Arbeitsteilung, Wirtschaftsverflechtung, Massentourismus wächst die Zahl derer, die ihre Heimat und Herkunftskultur hinter sich lassen, für kürzere oder längere Zeit, die Länder- und Gruppengrenzen überschreiten, hier geboren werden, da aufwachsen, dort leben und arbeiten, lieben und heiraten. Ob Franzosen, die für ein Praktikum nach Deutschland kommen, ob Schweizer, die zum Urlaub nach Kenia fahren: Begegnungen zwischen Menschen unterschiedlicher (sozialer, geographischer oder ethnischer) Herkunft werden immer häufiger. Und in der Folge nehmen die der gemischten Verbindungen stark zu: »Gelegenheit macht Liebe.« Was heute und in Zukunft vor allem auch heißt: »Internet macht Liebe.«

Das Besondere der »Online Partnerschaft(ssuche)« besteht im Gefolge der Globalisierung zunächst in der Unendlichkeit der möglichen Partner, die nach pragmatischen Kriterien »rational« bewertet werden können. Das Internet verändert die soziale Qualität der Liebesbeziehung: Es entkoppelt Intimität und Körper, Intimität und Person. Dadurch nimmt ein Paradox reale Gestalt an: Es entsteht ein Möglichkeitsraum *globaler* Intimität, *anonymer* Intimität. Inwieweit animiert die Virtualität der Liebe zur Steigerung der Intimität oder zur Enthemmung? Oder nimmt Intimität andere Formen an?

1. Sind »gemischte Beziehungen« anders als andere?

In Politik, Medien, Öffentlichkeit treffen die neuen Liebesmöglichkeiten und -wirklichkeiten auf die unterschiedlichsten Reaktionen. Die einen lehnen sie ab, bekämpfen sie mit allen Mitteln als Verrat an der eigenen (deutschen, ungarischen, polnischen)

Nation, als Verstoß gegen Rasse und Blut. Andere feiern sie als Hoffnungsträger von Toleranz und Verständigung, als Wegbereiter für eine bunte, bessere, friedfertige Welt.

Wir diskutieren im folgenden nicht solche oder andere Wertungen, wir untersuchen vielmehr zunächst, wie solche Verbindungen beschaffen sind und ob sie charakteristische Merkmale aufweisen. Unsere Ausgangsfrage heißt schlicht: Inwieweit und in welcher Hinsicht sind gemischte Verbindungen anders als Beziehungen, in denen beide Partner aus demselben Herkunftsland stammen, dieselbe Muttersprache sprechen, denselben Paß besitzen?

»Das« binationale Paar gibt es nicht

Die Frage, inwieweit binationale/bikulturelle Beziehungen anders sind als die zwischen Partnern gleicher oder doch ähnlicher Herkunft, klingt harmlos, kann aber je nach Kontext verdächtig erscheinen, Abwehrreflexe auslösen. Um die Mißverständnisse in Grenzen zu halten, empfiehlt sich eine vorsichtige Annäherung.

Die erste Wahrheit lautet: Es gibt ebensowenig *das* binationale Paar wie *den* Ausländer oder *die* Ausländerin. Im Alltag macht es einen enormen Unterschied, ob ein Mann, in Oberbayern geboren und wohnhaft, eine Frau aus Salzburg heiratet oder eine Frau, die aus Kenia kommt. Während im ersten Fall kaum sichtbar wird, daß es sich um eine binationale Verbindung handelt, ist im zweiten Fall offensichtlich, daß der Bayer eine »Fremde« zur Frau hat. Entsprechend unterschiedlich fallen die Vorurteile und Widerstände der Umwelt aus: um so massiver, je sichtbarer und hörbarer der ausländische Partner ein »Fremder« ist.

Was bezeichnet die Kategorie »Fremder«? Schon Georg Simmels berühmte Definition des Fremden als der, der »heute kommt und morgen bleibt«, verweist darauf, wie schwierig es ist, zwischen »Uns« und den »Anderen« zu unterscheiden (Simmel 1908: 509). Ist doch der »Fremde«, mit anderen Worten, gerade nicht jemand, der zu der unbekannten Welt dort draußen gehört, sondern eine Person, die, allein indem sie hier ist und bleibt, die scheinbar »natürliche« Auffassung der Einheimischen von Grenze und Zugehörigkeit in Frage stellt. Genau das charakterisiert binationale Paare und Ehen: Der Fremde, der »heute kommt und morgen bleibt« – der also zugleich dazugehört und nicht dazugehört, weil er oder sie der Selbstdefinition der Mehrheitsgesellschaft widerspricht –, lebt und liebt in unsrer Mitte.

Die ethnische Falle

Manchen politisch Engagierten gilt vom Prinzip her die Unterscheidung zwischen gemischten Paaren und sonstigen Paaren als falsch, ja gefährlich. Wer dies tue, müsse nach Paß oder Herkunft Grenzlinien ziehen, etikettiere die gemischten Paare als Sonderfall, »anders« und abweichend – eine Form des Rassismus, ob gewollt oder nicht, so lautet der Vorwurf. In ähnliche Richtung zielt die Argumentation mancher Sozialwissenschaftler. Aus ihrer Sicht wird heute in vielen Studien der Verweis auf ethnische Herkunft mit zuviel Gewicht ausgestattet (Sökefeld 2004). Entsprechend wenden sich diese Autoren gegen alle Tendenzen eines »ethnischen Reduktionismus« und setzen dagegen: Wenn wir Zuwanderer aus Indien (oder der Türkei oder Polen) betrachten, können wir nicht ihr gesamtes Verhalten auf ihr »Indischsein« (Türkischsein, Polnischsein) zurückführen, auf die angebliche Dominanz einer ethnischen Identität und Herkunftskultur (Baumann 1996: 1). Denn damit, so die Warnung, landen wir schnell in der ethnischen Falle: Wir wiederholen die gängigen Klischees, Vereinfachungen der Art: »Die« Türken sind traditionalistisch. Dadurch dramatisieren wir die Unterschiede zwischen der Türkei und anderen Ländern, während wir die vielfältigen Spannungen und Gegensätze innerhalb der türkischen Gesellschaft ausblenden – so als lebten und dächten Ärzte, Anwälte, Ministerialbeamte in Istanbul genau so wie Bauern in Ostanatolien. Um die Falle eines ethnischen Determinismus zu vermeiden, müssen wir deshalb, so heißt es hier, die Individuen selbst in den Mittelpunkt rücken. Will man diese Devise auf die Analyse gemischter Paare übertragen, so lautet die Regel: Wir müssen die beiden Beteiligten und ihre Beziehung betrachten, statt auf ihre ethnische Herkunft – oder genauer: die Differenzen ihrer jeweiligen Herkunft – zu starren.

Mit anderen Worten: Vorsicht ist geboten gegenüber allen Versuchen, der Herkunftskultur große Bedeutung beizumessen für das, was sich in gemischten Beziehungen zwischen den Partnern abspielt. In ähnlichem Sinne äußern sich auch viele Männer und Frauen, die selbst in gemischten Beziehungen leben. In einschlägigen sozialwissenschaftlichen Befragungen betonen sie immer wieder: Wir sind Individuen, haben individuelle Besonderheiten, sind nicht Anhängsel unserer Herkunft. Wir sind zusammen, weil wir uns lieben, weil wir uns nah sind, weil wir einander verstehen – nicht deshalb, weil der Partner eine andere Nationalität oder Hautfarbe hat. Sie wehren sich gegen die *Exotisierung*, die den Partner nur als Mitglied einer fernen, fremden Gruppe begreift, und gegen die Dramatisierung, gegen die neugierig-mißtrauisch-fragenden Blicke, mit denen die Umwelt ihre Verbindung begleitet. Sich davon absetzend, heißt ihr Credo: Wir sind nichts Besonderes, wir sind ein Paar wie andere auch. Wir haben Gefühle, Wünsche und Hoffnungen, hin und wieder Konflikte und Spannungen – genau wie andere Paare. Man nehme, als exemplarisches Beispiel, eine Untersuchung, die sich mit schwarz-weißen Paaren in den USA befaßt. »Wir sind nicht anders als andere. Wir haben dieselben Gedanken und Sorgen, um Familie und Kinder ..., um das Haus und den Hund, um die Arbeit und den Alltag« (Interview-Aussage in Rosenblatt/Karis/Powell 1995: 24). »Eine Beziehung ist eine Beziehung ist eine Beziehung. Man findet zusammen, und man macht Kompromisse, und man entwickelt Vertrauen, Verständnis, hoffentlich Liebe, und man lebt wie alle anderen« (ebd.: 26).

Individuum oder Herkunftskultur: Ist für den Beziehungsverlauf letztere also irrelevant? So lassen sich die Aussagen der Männer und Frauen verstehen, die in gemischten Beziehungen leben. Doch das ist nicht alles. In der zitierten Untersuchung (und ähnlich in zahllosen anderen Studien und Erfahrungsberichten) taucht immer wieder auch die problematische Kehrseite des Gleichheitswunsches (»wir sind doch alle Menschen«) auf. Da ist von Ereignissen und Gegenerfahrungen die Rede, die nicht zufällig passieren, sondern weil sie, gemessen an den üblichen Paaren, anders sind bzw. als anders wahrgenommen werden. Viele haben das Gefühl, sie stünden unter dauernder Beobachtung, würden bestaunt werden – jedenfalls dann, wenn die Verschiedenartigkeit der Herkunft unübersehbar ist. So berichtet eine junge Frau über ihre schwarz-weiß gemischte Familie: »Es ist einfach so, daß wir immer wie in einem Goldfisch-Glas sind ... Die Leute denken, sie haben das Recht, ihre Bemerkungen über uns und vor uns und zu uns zu machen, als wäre das ihr selbstverständliches Recht. Oder manche haben auch die Erwartung, daß wir unsere innersten Ängste vor ihnen offenbaren, damit ja alle daran teilhaben können« (Interview-Aussage in Alibhai-Brown 2001: 85).

In solchen Aussagen spiegelt sich die Sortierung der Menschen in Gruppen mit bestimmten Merkmalen – und die Provokation, die es bedeutet, wenn zwei diese »natürlichen« Grenzen nicht einhalten und durch ihr Zusammensein die »natürliche« Ordnung stören. Dann werden sie zum Objekt der Blicke und zum Gegenstand allgemeiner Aufmerksamkeit. Merke: Diese Andersheit der Anderen ist genauso sehr vom Selbstbild und Selbstverständnis des Paares abhängig wie vom Fremdbild der mächtigen »Einheimischen«.

Wenn wir im folgenden solche typischen Erfahrungen schildern, so bedeutet das nicht, sie seien einzigartig und mononationalen, monokulturellen Familien gänzlich fremd. Zweifellos tauchen viele dieser Situationen auch im üblichen Beziehungsalltag auf, jedenfalls manchmal und ansatzweise. Im Fall gemischter Verbindungen sind solche Erfahrungen, und hierin liegt der entscheidende Unterschied, weitaus häufiger und heftiger: Sie gewin-

nen eine eigene Brisanz und Dramatik. Sie ziehen sich wie ein roter
Faden durch das Leben gemischter Paare.

2. Von der einen Welt in die andere

Das Gepäck der Erinnerungen

Wer als Migrant nach Deutschland kommt, hat vieles erlebt, oft
auch erlitten, was denen, die ihr Leben im gesicherten Wohl-
standsland Deutschland verbracht haben, meist sehr fern und sehr
fremd ist: Verlassen der Heimat, der dazugehörigen Menschen,
der Sprache, der Landschaft, der Gerüche, der Klänge; vielleicht
Armut und Hunger, vielleicht politische Umstürze, Flucht und Vertreibung bis hin zu massiver Bedrohung, direkter Gewalt – das
Gepäck der Erinnerungen, das der Migrant mit sich trägt, enthält
vieles. Das alles kann er, weil es seine Geschichte ausmacht, nicht
einfach ablegen wie einen lästigen Sack. Er trägt es mit in das neue
Leben – und auch in eine neue Liebe.

Da mag es der einheimische Partner nicht immer verstehen,
warum – in Momenten, die ihm selbst trivial oder harmlos erscheinen – der andere empfindlich reagiert, zurückzuckt, störrisch
wird oder sentimental. Was hat er denn? Warum stellt er sich
plötzlich so an? Lena Gorelik, als Jugendliche von Rußland nach
Deutschland gekommen, beschreibt in einem autobiographischen
Roman eine derartige Szene, die vom Gepäck der Erinnerungen
handelt und von zwei jungen Frauen unterschiedlicher Herkunft.
Für die eine, in Deutschland geboren und aufgewachsen, ist *Shopping* und Klamottenprobieren ein Freizeitvergnügen. Für die
andere, als Jugendliche von Rußland nach Deutschland übergesie-
delt, werden damit Erinnerungen an das zwangsweise Anstehen in
Rußland geweckt. Sie versucht, das der Freundin zu erklären:

»Ich habe schon so oft in Schlangen gestanden, das reicht mir
für den Rest meines Lebens ... Einkaufen war schrecklich. ›Wir

brauchen Brot‹, sagt meine Mutter, und ich tue so, als hätte ich sie nicht gehört, ich bin bereit, alles zu tun … nur bitte, bitte, laß mich nicht einkaufen. ›Stellst du dich an die Schlange an?‹ fragt meine Mutter, die wiederum so tut, als hätte sie mein plötzliches Schweigen nicht bemerkt. Also gehe ich los. Brot einkaufen ist keine einfache Sache, Einkaufen im allgemeinen nicht. Die ersten zwei Supermärkte, die ich anlaufe, werden kein Brot haben, wahrscheinlich werden die meisten Regale leer sein, nur Streichhölzer und Seife wird es in jedem Fall geben, Streichhölzer und Seife wurden in Rußland aus unverständlichen Gründen immer zur Genüge produziert. Im dritten Supermarkt wird es, wenn ich Glück habe, Brot geben, aber ich werde nicht sicher sein können. Ich werde mich einfach in die Schlange stellen müssen und hoffen, daß es Brot gibt. Supermärkte, deren Regale, zumindest eins davon, nicht leer sind, erkennt man von weitem. Eine Menschenmenge, groß, unruhig, laut, steht davor. Müde Menschen mit vielen Tüten in den Händen warten ungeduldig, streiten vielleicht im voraus, obwohl sie nicht einmal wissen, was es in dem Supermarkt zu kaufen gibt« (Gorelik 2004: 48-50).

Wenn es schlechtgeht, entstehen in solchen Momenten Risse in der Beziehung, vielleicht auch offene Konflikte, weil jeder der beiden sich allein fühlt und unverstanden vom anderen. Wenn es gutgeht, wenn der eine erzählt und der andere zuhört, kann dies die Grundlage einer neuen, gemeinsamen Welt werden. Der Einheimische beginnt einen anderen Kontinent kennenzulernen. Ein Fenster öffnet sich zur Heimat des Partners, zur Geschichte und Gegenwart seines Landes, zu Menschen und Landschaften dort. Fernliebe, das heißt dann: innere Fernreisen machen, während man zu Hause im Wohnzimmer sitzt und zuhört. Das Leben in einer binationalen/bikulturellen Verbindung kann zur Lektion in Weltkunde werden.

Dabei muß der andere Kontinent nicht immer geographisch weit entfernt sein. Manchmal liegt er in der eigenen Stadt. Bei Paaren mit demselben Paß, die aber unterschiedlicher ethnischer Herkunft sind, hat der Angehörige der Mehrheitsgesellschaft oft wenig Vorstellung vom Leben auf der anderen Seite. Wer selbst im Klub ist, sieht die nicht, die draußen bleiben müssen. Wer eine weiße Hautfarbe hat, sieht die Privilegien nicht, die er damit ganz selbstverständlich besitzt – und wie es denen ergeht, denen sie fehlen. Wenn ein weißer Mann aber mit einer schwarzen Frau verheiratet ist und wenn die Beziehung der beiden von wechselseitigem Respekt und Vertrauen bestimmt ist, wird der Weiße im Lauf der Jahre manche Lektionen einer sehr speziellen Heimatkunde erhalten: Heimat jenseits von Tourismusprospekt und nostalgischer Verklärung; Heimat als Ort, an dem Minderheiten alltäglicher Ausgrenzung und Diskriminierung ausgesetzt sind.

Von einer solchen Heimatkunde berichtet die Schriftstellerin Jean Lazarre, Amerikanerin, Weiße, mit einem Schwarzen verheiratet. In ihrem autobiographischen Bericht, genannt *Memoir of a White Mother of Black Sons*, beschreibt sie, wie sie durch die Bindung an Mann und Söhne die amerikanische Gesellschaft neu zu sehen begann: »Dies ist die Geschichte einer weißen Frau und wie sich ihre Weltsicht zu verändern begann ... Es ist die Geschichte einer amerikanischen Frau und der Erziehung, die ihr zuteil wurde« (Lazarre 1996: XXI). »Von meinem Sohn höre ich eine Geschichte über den üblichen, alltäglichen Rassismus. Es ist die idealtypische Geschichte eines jungen männlichen Schwarzen in einer amerikanischen Stadt, in den neunziger Jahren des 20. Jahrhunderts. Khary, der Freund meines Sohnes, klingelt eines Nachts an der Tür und bittet ihn, nach unten zu kommen. Der Freund, ebenfalls schwarz, 19 Jahre alt, fährt das Auto der Familie, einen Toyota. Wir wohnen in einer rassisch gemischten Straße in einer rassisch gemischten Gegend, doch als Khary aus dem Haus kommt, sieht er, wie drei Polizisten seinen Freund umstellen, der vor dem Auto Arme und Beine ausgestreckt, durchsucht wird. Aufgrund ihrer Vermutung, er habe den Wagen gestohlen, waren die Polizisten, während er mit dem Rücken am Auto lehnte, auf ihn losgegangen und hatten ihn, als er sich weigerte, roh umgedreht und mit ihrer Durchsuchung begonnen. Ich bin außer mir und schreie: ›Das ist ja unglaublich!‹ ›Unglaublich?‹ sagt mein Sohn niedergeschlagen, ›unglaublich, Mom? Mir passiert das ständig. Sitze ich am Steuer eines normal aussehenden Autos, werde ich, falls man mich nicht durchsucht, zumindest angehalten und befragt.‹« (Ebd.: 32 f.)

Machtverschiebungen

In einer binationalen Verbindung sind nicht nur die vorangegangenen Lebensgeschichten unterschiedlich, sondern oft auch die aktuellen Lebenslagen. Dies gilt insbesondere dann, wenn der »fremde« Partner um der Liebe willen die eigene Heimat verläßt und in das Land des anderen zieht. Da wird es Momente geben – vielleicht Monate oder Jahre –, in denen der nachziehende Partner sich einsam vorkommt, die selbstverständliche, vertraute Umgebung vermißt. Nicht selten fühlt er/sie sich verunsichert, abhängig, unterlegen, verliert ein Stück seines Selbstbewußtseins, ja seiner inneren Identität. Zu Hause mag er (oder sie) Arzt oder Ingenieur oder Lehrer gewesen sein, mit gutem Einkommen und gesicherter Position. Damals, da war er wer, ein angesehener Bürger seines Orts und seines Landes. Und heute? Er ist nach unten gefallen, muß Sprachkurse besuchen, um die Aufenthaltsgenehmigung betteln, um die Anerkennung seiner Ausbildung kämpfen – und wenn er sie nicht bekommt, was meistens der Fall ist, muß er eine weit niedrigere Position akzeptieren oder wird arbeitslos. Wo dies geschieht, entsteht ein Machtgefälle, schiebt sich in die Beziehung, zwischen die Partner – und dies unabhängig von den persönlichen Eigenschaften, Fähigkeiten, Leistungen der Beteiligten. In der Regel gewinnt der »einheimische« Partner einen deutlichen Machtvorsprung. Er/sie muß keine Brüche durchmachen, bleibt in der Kontinuität seines bisherigen Lebens: weil er die Sprache kennt, das Wer-Was-Wo-Wie der Anforderungen im Alltag; weil er sein soziales Umfeld behält, Familie und Freunde; und, nicht zu vergessen, weil er das Aufenthaltsrecht hat, seinem Beruf nachgehen kann, damit ganz selbstverständlich ein eigenes Einkommen hat. Gleichzeitig wachsen dem Einheimischen mehr Verantwortung und neue Aufgaben zu. Weil er derjenige ist, der sich auskennt, muß er die Führungsrolle übernehmen, im Umgang mit Behörden zum Beispiel. Je länger dieser Zustand anhält, desto mehr empfindet ihn der Einheimische – insgeheim oder offen – als lästig, zeitraubend und ungerecht.

Grundsätzlich gilt: Mit der Verschiebung der geographischen Standorte kann eine Rollenverschiebung im Binnenfeld der Beziehung einhergehen. Wie Irene Hardach-Pinke in ihrer Studie über deutsch-japanische Ehen schreibt: Der »ehemals ausländische Partner [wird] zum Kulturexperten, der ehemals einheimische Partner zum desorientierten Ausländer« (Hardach-Pinke 1988: 149). In der neuen Umgebung verliert das Bild des Partners möglicherweise die vorherige Strahlkraft. Aus dem tüchtigen, unabhängigen Einheimischen wird ein unbeholfener, unselbständiger Ausländer, aus dem exotischen, faszinierenden Ausländer ein banaler Einheimischer, ein Durchschnittsbürger. Einer der in der Studie Befragten, ein japanischer Mann mit deutscher Frau, beschreibt eine solche Verwandlung – und sein eigenes Unbehagen daran:

»Als ich Marion kennenlernte, hatte ich den Eindruck, daß sie eine sehr unabhängige Frau sei. Damals war sie immer unterwegs, flitzte durch ganz Europa. Wäre sie zu der Zeit schon so abhängig von mir gewesen, hätte ich sie nie geheiratet!« (Interview-Aussage in Hardach-Pinke 1988: 146)

Das mag ein Extremfall sein, aber er ist symptomatisch. Immer wieder zeigt sich, der Wechsel von der Heimat des einen in die des anderen fordert beiden Beteiligten erhebliche Anpassungsleistungen ab. Die Machtbalance, das Gleichgewicht in der Beziehung muß neu austariert werden. Gelingt dies nicht, wird die Beziehung auf eine harte Zerreißprobe gestellt. Wo es gelingt, können sich für die Beteiligten neue Horizonte und Perspektiven eröffnen. Der

Weltenwechsel kann beides bedeuten, Scheitern oder Gewinn, der Anfang vom Ende oder der Anfang zu einem neuen Aufbruch.

Vorurteile, Widerstände, Barrieren

Wenn im Deutschland des 19. Jahrhunderts ein »Katholischer« eine »Evangelische« zur Frau nehmen wollte (oder umgekehrt), galt dies als Mischehe und damit als Fehltritt. Eine solche Verbindung konnte Familien entzweien, bedeutete Überschreiten von Grenzen, Auflehnung gegen die Gebote des Glaubens – schwerer Frevel. Katholische Priester wie protestantische Pfarrer verfaßten Hetzschriften dagegen, mit düsteren Prophezeiungen, wie die Strafe Gottes auf die Sünder herabkommen werde. Unheil aller Art werde sie treffen, von Krankheit und Siechtum des Mannes bis zum frühen Tod eines Kindes, ihr Haus werde brennen, die Flut ihre Felder überschwemmen (Beck 2008: 80ff.).

Von solchen Dramen sind wir heute weit entfernt, jedenfalls in den westlichen Ländern. Im Zuge fortschreitender Säkularisierung hat die Konfession an Bedeutung verloren, in der Politik wie in der Arbeitswelt und im Privaten. Dies gilt insbesondere für die Ehe: Da besitzt in den Augen der meisten, Eltern wie Kinder, das irdische Glück Priorität. Ob der Schwiegersohn katholisch ist oder protestantisch, ist kaum noch eine Frage, an der sich die Generationen entzweien.

Anders, wenn der Auserwählte der Tochter ein Ausländer ist, noch dazu nicht-westlicher Herkunft, eine andere Hautfarbe hat, gar islamischen Glaubens ist: Das dürfte in vielen Familien der Mehrheitsgesellschaft auch heute noch eine Provokation darstellen. Ein klassisches Thema in der Literatur über gemischte Paare sind die Vorurteile und Widerstände, die diesen Verbindungen von allen Seiten begegnen (Sollors 1997). Und wie viele Berichte zeigen, ist auch heute vielfach zu spüren, daß sie sehr »gemischte Gefühle« (Alibhai-Brown 2001) auslösen. Nach dem Morden der Nationalsozialisten ist in den westlichen Ländern offener Rassis-

mus verpönt. Aber angesichts anhaltender Migrationsströme und
Globalisierungsprozesse hat sich in den letzten Jahren immer
deutlicher eine Demarkationslinie durchgesetzt – in Politik, Medien, Alltag –, die sich wiederum an der ethnischen Herkunft orientiert: die Unterscheidung zwischen »Wir« und den »Anderen«,
zwischen der eigenen Nation und den Fremden, den Ausländern,
den Nicht-Dazugehörigen (Beck-Gernsheim 2007). Von der far-
benblinden Gesellschaft, die auf Fragen nach ethnischer Herkunft
nicht achtet, sind wir weit entfernt (Williams 1997). Das Denken
in polarisierenden Gegensätzen kann lange Zeit untergründig
bleiben, bis es bei entsprechenden Anlässen hervorbricht – z. B.
wenn die Zukunft der eigenen Tochter (und die der zu erwarten-
den Enkelkinder) auf dem Spiel steht. Ist es nicht Elternpflicht,
hier ernsthaft zu warnen, ihr deutlich zu sagen, was ihr in der Ehe
mit einem Araber (Türken, Schwarzen usw.) bevorsteht?

Dem Einspruch der Eltern kann man entkommen, notfalls
durch Abbruch jeden Kontakts. Aber in einigen Ländern – insbesondere in Deutschland – stoßen binationale/bikulturelle Paare
auf Hindernisse härterer Art. Der Gegner hat einen Namen:
Ämter, Behörden, Vorschriften, Verwaltung. Die Hürden der Bürokratie sind Legende, auch bei den Männern und Frauen der
Mehrheitsgesellschaft, die über die Irrungen und Wirrungen der
Verwaltung gern lustige Anekdötchen erzählen. Dabei ahnen sie
nicht, welche Gewalt der Verwaltungsapparat entwickeln kann,
wenn er mit »Fremden« zu tun hat. Diese müssen zum Zwecke der
Schadensabwehr immer wieder durchsucht, kontrolliert, über-
prüft werden. Und dies gilt um so mehr, wenn es um Ehe und
Familie geht, die unter dem besonderen Schutz des Staates stehen.
Dann werden in Deutschland Papiere aller Art angefordert, Do-
kumente und Stempel, Bescheinigungen, Beglaubigungen, Übersetzungen. Solche Prüfverfahren mögen ihren Sinn haben zum
Wohl der einheimischen Bürger. Aber sie führen regelmäßig in eine
Kollision der verschiedenen Welten. Im Amtszimmer einer deut-
schen Behörde, wohlgeordnet und wohltemperiert, fällt es schwer,

sich die Zustände anderswo vorzustellen, in Regionen, die in Chaos, Bürgerkrieg und Armut versinken; in denen die Menschen manchmal nicht mehr als ihre nackte Haut retten können; in denen es in manchen Landstrichen keine nennenswerte öffentliche Infrastruktur gibt, auch kein funktionierendes Meldeverfahren. Wie soll der hiesige Amtsträger damit umgehen, wie soll er die dortigen Umstände beurteilen? Was er aus den Medien kennt, sind Bilder von Elend und Armut, das Wohlstandsgefälle zwischen Deutschland und anderen Ländern. Das macht die gemischten Paare besonders auffällig, um nicht zu sagen verdächtig. Will der nicht-deutsche Partner vielleicht nur ein Visum, einen neuen Paß, ein Bleiberecht? Ist also vielleicht eine Scheinehe beabsichtigt?

Wer angesichts solcher Umstände an der Heiratsabsicht festhält, muß sich auf einen Hindernislauf gefaßt machen: zahllose Behördengänge, teure Telefonate mit Botschaften, Bittbriefe an Konsulate, Übersetzung von Dokumenten usw. Ehen mögen im Himmel geschlossen werden. Aber die binationalen müssen zunächst durch die Vorhölle der Bürokratie.

Noch restriktiveren Regelungen sind Paare ausgesetzt, die verschiedene Religionszugehörigkeit haben und in Israel oder im Libanon leben: Standesamtliche Hochzeiten gibt es in beiden Ländern nicht, und kein Geistlicher traut Angehörige verschiedener Konfessionen. Das heißt, in ihrer Heimat zu heiraten ist für diese Paare unmöglich.

Im Zeitalter der Globalisierung lassen sich Auswege finden, etwa der »Hochzeitstourismus«: Was in einem Land enormen Aufwand erfordert, kann anderswo weitaus einfacher sein, so man sich auskennt im transnationalen Dickicht der Paragraphen und Vorschriften. Nicht zufällig sind im Rahmen des expandierenden Hochzeitstourismus in den letzten Jahren Agenturen entstanden, die auf die Hoffnungen und Wünsche binationaler/bikultureller Paare spezialisiert sind. Der Unterschied ist augenfällig. Während die üblichen Anbieter vor allem für das passende (romantische oder exotische) Ambiente sorgen, werben Internet-

Auftritte einschlägiger Agenturen vorrangig mit nüchternen Attributen wie »überstaatliche Zusammenarbeit« oder »unbürokratischer Weg« zur Eheschließung. Eine Agentur verheißt »Schneller heiraten als in Las Vegas«, eine andere benötigt nur ein »Minimum an Papieren«, kann »auch in aussichtslosen Fällen helfen« und preist sich deshalb an als »ideal für multinationale Paare«.

Damit dies funktioniert, müssen die betreffenden Agenturen über zwei Voraussetzungen verfügen: zum einen über einschlägige juristische Kenntnisse, transnational zugeschnitten. Sie müssen wissen, in welchem Staat (Bundesland, Region, Kommune) die Vorschriften zur Eheschließung vergleichsweise wenig restriktiv sind, möglichst auch elastisch. Zum anderen über praktisches Wissen vor Ort, lokal und personal aufbereitet: In welchen Kommunen, welchen Ämtern sind die zuständigen Amtsträger zugänglicher, offener, zu besonders großzügiger Interpretation der Vorschriften bereit, vielleicht gelegentlich auch zum Übersehen der einen oder anderen Vorgabe?

Offensichtlich werden beide Voraussetzungen angemessen erfüllt, denn das System funktioniert. Paare aus Deutschland fahren nach Dänemark, Paare aus den USA fliegen in die Karibik, Paare aus Israel und dem Libanon in das nahe gelegene Zypern. Um eine Vorstellung vom Umfang zu geben: Nach einschlägigen Berichten heiraten gegenwärtig jährlich ca. 6000 Paare aus Deutschland in Dänemark, ca. 1500 Paare aus Israel in Zypern (Bozic 2009; Maretsch 2008). Die geographischen Reiseziele sind verschieden, die damit verbundenen Lebensprojekte ähnlich. Hier wie dort geht es darum, die Differenz der gesetzlichen Vorgaben und amtlichen Vorgehensweisen zu nutzen, um endlich da anzukommen, wo andere Paare ganz selbstverständlich schon sind: im Hafen der Ehe.

Abwehr gegen die mißtrauischen Blicke

Um ein Zwischenfazit zu ziehen: In den Interviews und Erfahrungsberichten bikultureller Paare finden sich zwei charakteristische Elemente. Einerseits die Betonung, nichts Besonderes zu sein, andererseits die Erfahrung, eben doch anders zu sein. Zwischen diesen Polen pendeln viele der Aussagen. Wie paßt das zusammen, wie erklärt sich dieses paradoxe Nebeneinander? Mit dieser Frage befaßt sich die erwähnte Studie über schwarz-weiß gemischte Verbindungen. Rosenblatt/Karis/Powell untersuchen genauer die Aussage »Wir sind nicht besonders«. Sie bieten zwei Interpretationen an. Die erste könnte man den Gewöhnungseffekt nennen. Demnach erscheint den meisten Menschen ihr eigenes Leben – wie bunt, wie außergewöhnlich es für Außenstehende auch aussehen mag – als normal, weil sie sich daran gewöhnt und Formen entwickelt haben, wie sie damit zurechtkommen. Die Normalitätsaussage heißt in diesem Kontext: Wir haben unsere Routinen gefunden, wir schaffen es schon (Rosenblatt/Karis/Powell 1995: 37). Neben diesem Gewöhnungseffekt gibt es eine weitere Bedeutung – nämlich den Versuch, aus der Rolle des die Normalität gefährdenden Fremden auszubrechen. »Wir sind nichts Besonderes« ist demnach auch eine Aussage *gegen* die Widerstände und Vorurteile einer Umwelt, die gemischte Beziehungen mit einer Gemengelage aus Angst, Neugier und Ablehnung betrachtet. Sie meint: Laßt uns in Ruhe, wir gehören zusammen, ob es euch paßt oder nicht. Wir sind keine Zirkustiere, wir wollen nicht dauernd angestarrt werden. Und vor allem: Wir sind keine Exoten, wir sind es leid, als prinzipieller Problemfall zu gelten (Rosenblatt/Karis/Powell 1995: 36f.). Die junge Frau, die sich wie im Goldfisch-Glas fühlt (siehe oben S. 37), formuliert diesen Zusammenhang so: Weil wir uns dauernd angestarrt fühlen, »haben wir kein eigenes Leben, kein Privatleben ... Das ist es, was uns so oft in Abwehrhaltung bringt« (Interview-Aussage in Alibhai-Brown 2001: 85).

So gesehen mag der Satz »Wir sind nicht besonders« eine Art Schutzwall aufbauen gegenüber den kritischen Blicken der Umwelt. Er ist aus der inneren Dynamik verständlich. Aber, das arbeiten Rosenblatt/Karis/Powell heraus, eine solche Strategie hat ihre Kosten. Denn sie blendet aus, übergeht, schiebt beiseite, wo binationale/bikulturelle Paare tatsächlich vor besondere Herausforderungen gestellt sind. Wenn man kulturelle Unterschiede nicht wahrnimmt, heißt das nicht, daß sie verschwinden. Im Gegenteil, oft entwickeln sie gerade dann eine besonders heimtückische Wirkung, eine untergründige Kraft. »Die Partner bringen unterschiedliche Werte, Normen, Gewohnheiten, Erwartungen und Erfahrungen mit, was Familienrituale und die Äußerung von Gefühlen angeht, ebenso beim Umgang mit Geld, bei der Anschaffung von Gütern und Waren, im Umgang mit Krankheit, in bezug auf Höflichkeitsfragen, im Auftreten gegenüber Polizisten, Lehrern, Ärzten und anderen Autoritätspersonen. Kulturelle Differenzen sind eine Herausforderung für jede Paarbeziehung. Vielleicht sind die Herausforderungen größer für diejenigen Paare, die die Differenzen verdrängen, indem sie sich als ›ganz normales Paar‹ sehen wollen.« Die Autoren kommen deshalb zu folgendem Fazit: »Wir wollen die Normalitätsbehauptung der Paare nicht geringschätzen. Die Paare hatten gute Gründe für die Aussage, daß ihr Alltagsleben so verläuft wie das der meisten Paare. Aber wir wollen auch nicht die Ambivalenz ihrer Normalität unterschätzen. Man mag sagen, daß viele Paare ähnliche Schwierigkeiten erlebten wie die, die wir untersuchten. Widerstand von seiten der Familie, kulturelle Differenzen, unfreundliche Nachbarn usw. Aber dennoch bleibt ein bestimmter Bereich von Erfahrungen, die viele unserer Paare erlebten, dagegen Paare derselben Hautfarbe kaum je« (Rosenblatt/Karis/Powell 1995: 38 f.).

Sind also bikulturelle Paare anders als andere? Sie sind, das ist offensichtlich geworden, vielfach anderen Erfahrungen ausgesetzt. Dazu gehört vor allem der Umgang mit kulturell geprägten Signalen, die im Fall gemischter Verbindungen besondere Wirkung entfalten.

3. Interkulturelle Differenzen: Vom Entziffern kulturell geprägter Signale, Erwartungen, Normen

In der in den letzten Jahren schnell anwachsenden Literatur über interkulturelle Kommunikation bzw. interkulturelle Verständigung (Heringer 2007; Maletzke 1996; Oksaar 1996) wird durchgängig ein Thema behandelt: Es geht um die Regeln der Kommunikation, im verbalen wie im nonverbalen Bereich, und vor allem geht es darum, wie diese Regeln in unterschiedlichen Kulturen unterschiedlich bestimmt sind. Um nur einige Beispiele zu nennen: Wann soll man reden, worüber soll man reden, wann soll man schweigen, wie lange schweigen? Was ist das angemessene Verhalten in bezug auf Augenkontakt, Lautstärke der Stimme, Zeigen von Emotionen? Welche Höflichkeitsformeln, welche Komplimente, welche Geschenke werden erwartet – zu welchem Zeitpunkt, von wem und für wen –, welche dagegen wirken mißverständlich, peinlich bis anstößig?

Vasco Esteves ist Portugiese, mit einer Deutschen verheiratet. Wenn er seine ersten Eindrücke in Deutschland beschreibt, hört man noch immer ein Erschauern: »Mir fiel ... auf, daß die Deutschen mir nie in die Augen schauten, außer natürlich, wenn sie mit mir sprechen mußten! Das merkte und das merke ich vor allem in der Öffentlichkeit. Auf der Straße, zum Beispiel, läuft jeder am anderen vorbei – so, als wenn er ganz alleine auf der Welt wäre! Sogar in den öffentlichen Transportmitteln kann man eine ganze Fahrt lang jemandem gegenübersitzen oder -stehen, ohne daß man sich gegenseitig ein einziges Mal anblickt! ... Auch mit dem Reden habe ich in Deutschland am Anfang Probleme gehabt, das muß ich zugeben. In den Cafés konnte ich mich mit meinen portugiesischen Freunden nicht richtig unterhalten, weil es um uns herum immer so still war – obwohl die Cafés von Omas eigentlich immer gut besucht waren! In der Straßenbahn ebenso. Ich hatte immer das Gefühl, ich würde die anderen stören (oder störten *sie* mich?), wenn ich in der Öffentlichkeit sprach. Die Erklärung war allerdings ganz einfach: nicht das Reden an sich, sondern das *laute* Reden war unerwünscht! Unerwünscht und ungehörig ist es allerdings auch, daß man in der Öffentlichkeit Unbekannte ohne einen ganz wichtigen, dringenden Grund anspricht: Auf die Frage ›Fahren Sie auch nach Frankfurt?‹ bekommt man sehr wahrscheinlich ein ›Wie kommen Sie darauf?‹ zu hören, oder – im besten Falle – eine ganz sachliche und knappe Antwort wie ›Nein, ich steige am nächsten Bahnhof aus‹. Es wird offenbar nicht verstanden (oder man läßt es in Deutschland nicht gelten), daß eine solche allgemeine Frage nur ein freundliches Gespräch oder Interesse an dem Gegenüber einleiten soll … Mir wurde also langsam, aber endlich klar, daß wir (die Südländer, die Nordamerikaner und alle extrovertierten Völker dieser Welt) durch zu lautes Reden oder unberechtigtes Ansprechen der Deutschen ihre *private Sphäre* verletzen und ihre individuelle Freiheit einschränken! Bis ich das entdeckte, hatte ich schon Tausende Male diesen unverzeihlichen Unfug getrieben und tausendmal vermutlich irreparable Schäden angerichtet!« (Esteves 1993: 183-185)

Je stärker die kulturell bestimmten Regeln der Kommunikation – die uns meist gar nicht bewußt sind – voneinander abweichen, desto eher kommt es zu Mißverständnissen, Irritationen, peinlichen Situationen. Dies gilt für geschäftliche Beziehungen, die unter Umständen abgebrochen werden und scheitern (z. B. Thomas 1999). Und es gilt im privaten Bereich, zwischen Männern und Frauen, in der ersten Verliebtheit wie im weiteren Eheverlauf.

In solchen Situationen ist es sehr hilfreich, wenn es gelingt, die Signale des Andern als kulturspezifische zu erkennen, sie kulturell zu »decodieren«. Damit kann man Zusammenstöße vermeiden, die allein daraus entstehen, weil man die spontanen Äußerungen oder Reaktionen des Anderen mißversteht. Wenn zwei Partner, die beide in derselben Kultur beheimatet sind, Sätze sagen wie »Du bist ja verrückt« oder »Ich kann dich nicht ausstehen«, können sie das Gemeinte verstehen, weil ihnen dieselben Bedeutungshorizonte, Assoziationen, Sprachbilder vertraut sind. In gemischten Beziehungen dagegen kann die Fähigkeit zum Entziffern und »Decodieren« zu gering sein. Die in der Wut ausgestoßenen Worte werden dann wörtlich – zu wörtlich – genommen.

Eine Frau aus dem Norden Europas heiratet einen Mann aus dem Süden, doch schon bald beginnt es zu kriseln. Bei einem heftigen Streit wirft er, wütend, erregt, ihr ein paar Worte in seiner Muttersprache an den Kopf. Empört und verletzt packt sie sofort ihre Sachen und fährt in die Heimat zurück. Ihrem Bruder erklärt sie die Ereignisse so: »Dies Wort war es«, was sie zum Gehen veranlaßte, ja geradezu zwang. Sie könne es nicht aussprechen, das Wort, nur soviel: hier bei ihnen würde man es nicht einmal »einem Hund nachwerfen«, es sei eine unerträgliche »Schande« und bei einem Mann, von dem sie sich so etwas anhören müsse, könne sie niemals bleiben. Es war eine Lübeckerin, es war Tony Buddenbrook, der dies widerfuhr, und zwar von Alois Permaneder, dem Urbayern. Im Moment seiner Wut schrie er sie an: »Geh zum Deifi, Saulud'r, dreckats!« (Mann 1962: 336-346) Das mag zwar auch in seinem heimatlichen Idiom keine Liebkosung darstellen, aber es ist nicht ganz so abgrundtief schrecklich, wie es für Tony klang.

Man ahnt, das geforderte kulturelle »Decodieren« ist nicht immer leicht. Und es wird nicht unbedingt leichter, wenn Wut, Erregung, Enttäuschung ins Spiel kommen und die Regeln der Vernunft außer Kraft sind. Der Umgang mit solchen Situationen erfordert Übung, Geduld – nicht zuletzt Liebe, Vertrauen, den Glauben an den Partner und die Beziehung. Daß die Schwierigkeiten keine unüberwindlichen sind, belegen alle Paare, die über nationale und kulturelle Schranken hinweg zusammenleben und zusammenbleiben. Sie gewinnen, so kann man vermuten, mit der Zeit Erfahrung im Aufspüren, Ahnen, Heraushören der kulturgeprägten Signale und im Reagieren darauf. Sie werden die Alltagsexperten in einer hohen Kunst – der Kunst des interkulturellen Dialogs.

Der Einwand der Einheimischen

Wenn man in Seminaren oder bei Vorträgen über solche Unterschiede spricht und über die Explosivkraft, die sie in bestimmten Situationen entfalten, so kommt sehr häufig ein Einwand aus den Reihen der einheimischen Zuhörer. Einer oder eine wirft ein, solche Mißverständnisse seien ihnen genauso vertraut, ihr deutscher Partner reagiere oft ähnlich, sprich: ähnlich unverständlich und fremd, kurz, nicht die Differenz der Heimatländer, sondern die der Geschlechter breche hier auf. Und in der Tat: Männer und Frauen verfügen vielfach über unterschiedliche Gesprächsstile und Kommunikationsmuster, was entsprechende Mißverständnisse, Vorwürfe, Anklagen erzeugt. Insofern ist dieser Einwurf berechtigt, und man könnte ihn erweitern mit Verweisen darauf, wie sich innerhalb einer als gemeinsam definierten Kultur unterschiedliche Gruppen mit je eigenen Umgangsstilen, Gesprächsformen, Regeln der Distanz oder der Annäherung finden – in den USA z.B. Schwarze und Weiße oder innerhalb Deutschlands Ostdeutsche und Westdeutsche.

In die alltäglichen Umgangsformen fließen Gruppenunterschiede vielfacher Art ein. Aber falsch ist es, sie gegeneinander auszuspielen, so als seien, weil zwischen Männern und Frauen Unterschiede bestehen, die Unterschiede zwischen Kulturen und Herkunftsländern bedeutungslos. Das Gegenteil ist der Fall. Bei binationalen Paaren dürften die Unterschiede der einen wie der anderen Art sich überlagern, verstärken, in ihrer Wirkung vervielfachen, was den Knäuel der Mißverständnisse noch unentwirrbarer macht. Christine Miyaguchi ist Amerikanerin, mit einem Japaner verheiratet. Sie kennt die verschiedenen Schichten von Kommunikationshindernissen: »Alle Ehemänner und Ehefrauen tragen wahrscheinlich von Zeit zu Zeit einmal einen Kampf aus. Einige dieser Kämpfe sind lediglich kleinere Gefechte, andere nehmen schon eher die Dimension eines regelrechten Krieges an. An gewissen Ta-

gen möchte sich wohl jeder in eine entmilitarisierte Zone zurückziehen und seine Botschafter aussenden können, die für ihn Frie-
densverhandlungen führen. Und jeder weiß, wie verworren die
Kommunikation zwischen Ehepartnern manchmal sein kann – als
ob die beiden unterschiedliche Sprachen sprechen würden. Doch
wie groß wird die Verwirrung erst, wenn sie aus zwei verschiedenen Kulturen stammen und wirklich zwei verschiedene Sprachen
sprechen!« (Miyaguchi 1993: 172)

Liebe geht durch den Magen, Liebe schlägt auf den Magen

Wenn es nur die unterschiedlichen Kommunikationsstile und
Sprachformen wären. Wie einfach, wie eintönig wäre dann das
Leben in bikulturellen Beziehungen. Aber hinzu kommen ja oft
noch kulturell unterschiedlich gefüllte Gewohnheiten, Erwartungen, Normen in anderen Bereichen. Nehmen wir ein vergleichsweise harmloses Beispiel, Essen und Trinken und was darum
kreist. Noch einmal Tony Buddenbrook, die in ihren Briefen nach
Hause die seltsamen kulinarischen Sitten in Bayern beschreibt:
»Ich trinke mit großem Vergnügen sehr viel Bier, um so mehr, als
das Wasser nicht ganz gesund ist; aber an das Essen kann ich mich
noch nicht recht gewöhnen. Es gibt zu wenig Gemüse und zu viel
Mehl, zum Beispiel in den Saucen, deren sich Gott erbarmen
möge. Was ein ordentlicher Kalbsrücken ist, das ahnt man hier gar
nicht, denn die Schlachter zerschneiden alles aufs jämmerlichste.
Und mir fehlen sehr die Fische. Und dann ist es doch Wahnsinn,
beständig Gurken- und Kartoffelsalat mit Bier durcheinander zu
schlucken! Mein Magen gibt Töne von sich dabei.« Einige Zeit
später, sie war inzwischen mit einem Bayern verheiratet, versuchte
sie, ihm das Essen ihrer Heimat nahezubringen. Der Ehemann
konnte keinen Gefallen dran finden. »Gestern zum Beispiel [gab
es] Sauerampfer mit Korinthen, aber davon habe ich großen Kum-
mer gehabt, denn [er] nahm mir dies Gemüse so übel (obgleich er
die Korinthen mit der Gabel herauspickte), daß er den ganzen

Nachmittag nicht mit mir sprach, sondern nur murrte« (Mann 1962: 269 und 320f.). Die Ehe, wir wissen es, hielt nicht lange. Die Gegensätze zwischen Tony Buddenbrook, der feinen Lübekkerin, und Alois Permaneder, dem Bayern, waren nicht nur, aber auch kulinarischer Art.

Zum Glück sind die Temperamente nicht immer so unversöhnlich gestimmt. Essen und Trinken, das ist für viele bikulturelle Paare ein weites Feld, ein Schauplatz für ungeahnte Unstimmigkeiten und langwierige Abstimmungsmühen. Da meint Essen nicht nur die Nahrungsmittel per se, sondern auch die Art des Würzens (warum so höllisch scharf, warum so fade geschmacklos?). Essen zieht die Frage der entsprechenden Werkzeuge nach sich (mit Stäbchen, mit Besteck, mit den Fingern?). Essen beinhaltet elementare Höflichkeitsregeln (wann den Teller leer essen, wann einen Rest lassen; wann eine weitere Portion annehmen, wann dankend ablehnen, wie ist es richtig?). Essen rührt an kulturelle Tabuschranken (kein Schweinebraten für gläubige Juden; kein Rindsgulasch für den indischen Hindu). Essen rührt an tief verwurzelte Vorstellungen von Gesundheit, Körper, Natur (das ist heilsam, das ist bekömmlich) und an ebenso tief verwurzelte Abneigungen und Ängste (mein Magen dreht sich). Eine Schweizerin, mit einem Partner aus Ghana verheiratet, schreibt über unterschiedliche Essensgebräuche:

»Am Anfang unserer Ehe hat sich mein Mann immer darüber lustig gemacht, daß ich den Tisch schön deckte, besonders wenn Gäste kamen, und verschiedene Eßwaren auf den Tisch stellte wie Vorspeise, Salate, Hauptmahlzeit, Dessert etc. Er dachte, das sei meine persönliche romantische Ader, so ein Spleen von mir ... In Ghana wird das fertige Essen in kleinen Schüsseln bereitgestellt und jeder ißt, sobald er Zeit hat, wobei sich ein bis drei Personen eine Schüssel teilen. Die Leute essen im Innenhof und sitzen dabei auf kleinen Schemeln. Ein Tisch wird nicht gebraucht. Während des Essens wird auch nicht gesprochen. Essen ist da, um den Bauch zu füllen, kein gesellschaftliches Ereignis ... Wenn mein

Mann an den Tisch kommt und einfach zu essen beginnt, während ich noch in der Küche stehe, oder wenn er vom Tisch wegläuft, sobald er mit dem Essen fertig ist, so kann ich das heute verstehen, wenn auch nicht grundsätzlich akzeptieren. Essen am Tisch ist immer wieder ein Stein des Anstoßes in unserer Familie« (Knecht Oti-Amoako 1995: 11).

Wo die Erwartungen so unterschiedlich sind, meint Essen nicht nur Essen. Es meint zugleich: Wie hältst du's mit meinen Erinnerungen und Traditionen, mit dem, was mir vertraut ist und nah? Willst du dich durchsetzen um fast jeden Preis, oder respektierst du meine Gewohnheiten, meine Vorlieben? Bist du neugierig oder stur und verschlossen? Findest du Gefallen auch an der Welt, aus der ich komme, oder lehnst du alles ab, was zu meiner Herkunft gehört? Ziehst du dich zurück, oder kommst du mir ein Stück weit entgegen? Hilfst du mir beim Experiment unseres gemeinsamen Lebens?

4. Überraschungseffekte:
Das Phänomen der biographischen Rückwende

Selbst die Paare, die sich in die Kunst des interkulturellen Dialogs virtuos einüben, können über die Jahre hinweg mit einem Überraschungseffekt konfrontiert werden, in dem sich die Unterschiede ihrer Herkunftsbiographien und Herkunftswelten direkt spiegeln. Man findet diesen Überraschungseffekt – allerdings sehr verstreut, nicht systematisch gesammelt – in Texten und Studien zur Interkulturalität. Als wir in der einschlägigen Literatur immer wieder auf ähnliche Fallgeschichten stießen, nannten wir das darin enthaltene Grundmuster »biographische Rückwende«. Einige Beispiele vorweg:

Schon seit ein paar Jahren sind Ken und Jenny verheiratet, aber obwohl er aus einer jüdischen, sie aus einer methodistischen Familie stammt, hat es zwischen ihnen nie Streit um religiöse Fragen gegeben. Über Weihnachten sind sie stets zu Freunden oder Jennys Mutter gefahren, doch nachdem sie eine Tochter bekommen haben, wollen sie zum ersten Mal die Feiertage zu Hause verbringen. Und da passiert es: Als Jenny sagt, wie schön sie es fände, diesmal einen eigenen Weihnachtsbaum zu haben, reagiert Ken irritiert. Unwirsch setzt er dagegen: Er hätte gedacht, sie würden Chanukka feiern – und dabei hat er sich nicht mehr um Chanukka gekümmert, seit er vor Jahren bei seinen Eltern auszog (Mayer 1985: 142). Ähnliche Geschichten finden sich in einer Studie über gemischte Paare in Frankreich: Da ist der Armenier, mit einer Französin verheiratet und seit 40 Jahren in Frankreich lebend; mit einemmal will er seine Wurzeln entdecken, fährt nach Armenien und beginnt, nachdem er von dort zurückgekehrt ist, immer mehr armenische Musik zu hören. Da ist die Französin muslimisch-türkischer Herkunft, die schon vor vielen Jahren zum Katholizismus übergetreten ist; zur Überraschung ihres Ehemannes fährt sie plötzlich immer häufiger zu ihrer Herkunftsfamilie und beschließt endlich, die Fastengebote im Monat Ramadan einzuhalten (Barbara 1989: 55).

Partnerwahl als Provokation

Wie kommt es zu solchen biographischen Wenden? Der Partner, der sie vollzieht – zur Überraschung des anderen –, ist meist selbst überrascht. Im bisherigen Lebenslauf deutete nichts darauf hin, das Gegenteil war eher der Fall: Viele Menschen, die eine binationale/bikulturelle Ehe eingehen, haben in der Kindheit keine feste Bindung an ihre Herkunftskultur entwickelt; oder sie haben sich, wenn es eine solche Bindung gab, früh davon distanziert, gegen Werte und Weltbild der Eltern rebelliert (z.B. Barbara 1989; Elschenbroich 1988; Hecht-El Minshawi 1990, 1992; Katz 1996; Khatib-Chahidi u.a. 1998; Schneider 1989). So schreibt Elschenbroich über deutsch-ausländische Paare zusammenfassend: »In der Dynamik der Eltern-Kind-Beziehung [ist] die Partnerwahl eine provozierende Mitteilung an die Eltern: ›Ich bin anders, als ihr denkt, als ihr mich wollt!‹ ... Durch den fremden, vielleicht gar exotischen Partner will man anders werden, man versucht das Deutsche, das ›Bürgerliche‹ abzustreifen« (Elschenbroich 1988: 365).

Und dann – nach ein paar Jahren, manchmal erst nach vielen Jahren – die biographische Wende. Da fängt einer der Partner an, etwas wichtig zu nehmen, was ihm zuvor unwichtig war. Und der andere wundert sich. Immer wieder kommt es bei gemischten Paaren zu solchen »Überraschungsmomenten« (Mayer 1985: 145), die »rätselhaft« sind, zum »Schock« werden können (Schneider 1989: 7, 57). Ein nicht-jüdischer Mann fragt seine jüdische Frau mit irritiertem Erstaunen: »Wenn dir das Jüdische so wichtig ist, warum hast du nicht gleich einen Juden geheiratet?« – und diese Frage taucht in ähnlicher Form bei vielen Paaren auf (Schneider 1989: 81). In Elschenbroichs Untersuchung entwickelt sich bei den deutschen Männern und Frauen, welche sich anfangs vehement gegen Konformismus und deutsche Borniertheit wandten, später oft eine starke Identifikation mit der eigenen Herkunft. Bei Auseinandersetzungen mit dem ausländischen Partner erleben sie sich »deutscher als je zuvor« und entdecken, nicht selten zum ersten Mal, wie tief sie im Wertsystem ihrer Herkunft verwurzelt sind (Elschenbroich 1988: 368).

Unter ungünstigen Umständen entfalten solche Wendungen eine eigene Dynamik. Man kann sich vorstellen, wie die Mißverständnisse sich aufschaukeln: Wer die biographische Wende des andern erlebt, ist vom ungewohnten Verhalten des Partners erst verwirrt, dann verunsichert. Dann ist er oder sie empfindlich berührt, fühlt sich verletzt, abgelehnt, vom plötzlichen Fremdsein des Partners bedroht. So entsteht ein Kreislauf wechselseitiger Vorwürfe.

Phasen der bikulturellen Beziehung

Wenn biographische Rückwenden bei vielen gemischten Paaren auftreten, kann ihr Auslöser kein rein persönlicher sein, einem Anfall plötzlicher Irrationalität des Partners geschuldet. Vielmehr muß darin ein allgemeineres Grundmuster enthalten sein, das mit der besonderen Konstellation binationaler/bikultureller Beziehungen zu tun hat. Der amerikanische Sozialwissenschaftler Egon Mayer hat dazu eine Erklärungsperspektive entwickelt, die nach verschiedenen Phasen der Paarbeziehung differenziert. Folgt man diesem Modell, erscheint die biographische Rückwende nicht mehr wie ein plötzlich von außen hereinbrechender Schlag. Vielmehr handelt es sich um ein Ereignis, das aus dem inneren Phasenablauf der Paarbeziehung entsteht und sich daraus erklärt.

Am Anfang der Beziehung, im ersten Sturm und Drang des Verliebtseins, sehen die Liebenden nur sich. Die Außenwelt rückt in die Ferne, die Vergangenheit ist unwichtig, nur die Gegenwart zählt. In diesem Stadium fühlen sich die Liebenden voll ungestümer Kraft, lehnen sich auf gegen Konventionen, Schranken und Regeln: All dies gilt ihnen als überflüssiger Ballast. Sie wollen die Welt neu entdecken, neu entwerfen: Verliebtsein ist »Revolution zu zweit« (Alberoni 1983).

Doch Revolutionen sind anstrengend. Man kann sie nicht lebenslang durchhalten. Allmählich beginnen die Liebenden, in ihrer Beziehung Gewohnheiten herauszubilden, eigene Regeln und Rituale zu finden, die vom Zwang des dauernden Neu-Erfindens entlasten. Dabei stoßen sie auf kulturelle Traditionen, auch die der eigenen Herkunft, und müssen entscheiden: Was ist mir wichtig, was will ich? Was will ich nicht? Das Stadium der Beziehungsvertiefung, der Dialog des sich wechselseitig Öffnens und Entdeckens und Annehmens bringt für die Liebenden eine Begegnung mit der Vergangenheit – mit der eigenen wie der des Partners. Denn die inneren und innersten Schichten, in denen die Liebenden sich jetzt offenbaren, sind eingebettet in den Rahmen ihrer jeweiligen Kultur, Tradition, Herkunft. Es gibt, um es mit Mayer zu sagen, kein »kulturfreies Innen«, keine kulturfreie Identität (Mayer 1985: 68-73).

Erst recht werden die Partner, wenn die Beziehung sich festigt, immer wieder an Punkte gelangen, an denen eine Begegnung mit der eigenen Geschichte stattfindet. Nach Mayer liegt es geradezu an der Eigenart des Familienlebens, daß dies geschieht: Indem das Familienleben einen eigenen Rhythmus besitzt, eine typische Abfolge von Ereignissen, Einschnitten, Höhepunkten und Krisen – die Festtage und Feiertage im Jahr, Hochzeit, Geburt und Aufwachsen der Kinder, Älterwerden und Tod der jeweiligen Eltern –, enthält es viele Momente, die Erinnerungen aufsteigen lassen, Traditionen anrühren, auf die Herkunftsfamilie verweisen. Dabei wird man vieles, was man früher ablehnte, weiterhin ablehnen, genauso heftig und wütend wie damals. Aber an einigen Punkten entwickelt sich vielleicht ein neuer Blick – ausgelöst durch dieses oder jenes Ereignis, diese oder jene Wende im Leben –, und mit mehr Wärme, auch mit Sehnsucht denkt man zurück. Ja, ein Stück von damals will man ins gegenwärtige Leben hineinholen: So kommt es (wo es so kommt) zu den beschriebenen Überraschungseffekten, den biographischen Rückwenden (siehe Mayer 1985: 144 f.).

Typische Auslöser

Soweit die Erklärungsperspektive von Mayer. Schaut man in andere einschlägige Studien, kann man viele Materialien finden, die die von ihm vorgelegte Interpretation stützen. Da zeigt sich nämlich: Obwohl die biographischen Rückwenden im Erleben der direkt Beteiligten überraschend, fast unerklärlich erscheinen, lassen sie, von außen betrachtet, typische Muster und Auslöser erkennen. Oft sind sie mit biographischen Einschnitten verknüpft, mit familiär bedingten Statuspassagen der Art, wie sie Mayer dargestellt hat. Ein geradezu klassischer Auslöser ist die Ankunft von Kindern (siehe z. B. Barbara 1989: 107 ff.; Katz 1996: 164 f., 174; Pandey 1988: 135 ff.).

Der Blick auf die Zukunft der Kinder ruft Erinnerungen an die eigene Kindheit wach, führt unweigerlich zu einer Konfrontation mit der eigenen Vergangenheit, Sozialisation und Geschichte, mit den eigenen Wertvorstellungen und Wünschen – mit der eigenen Identität. Ob es um den Erziehungsstil geht; um die Namen, die die Kinder bekommen; um die Religion oder die Sprache oder die Lieder oder die Erzählungen, mit denen sie aufwachsen – immer wieder ergeben sich Fragen wie: Was von meiner Herkunft ist mir wichtig, lieb und vertraut? Was will ich weitergeben, worauf kann ich verzichten? Was soll in meinen Kindern weiterleben, was sollen sie bewahren? Oder anders gefragt: Wenn sie nichts davon annehmen, werde ich dann zum Fremden in der eigenen Familie? Wird dann mein Anteil, meine Geschichte völlig vergessen?

Weglaufen und zurückschauen

Aus unserer Sicht kann man den Ansatz von Mayer aufgreifen, durch einen weiteren Argumentationsschritt ausbauen und stärken. Unser Vorschlag, im Kern ganz einfach, lautet: Während Mayer den Blick auf den Phasenablauf richtet, der die Paarbeziehung bzw. den Familienzyklus kennzeichnet, kann man darüber hinaus den Phasenablauf betrachten, der sich im Lebenslauf des Individuums abzeichnet, also den Weg vom Heranwachsen zum Erwachsensein und zum Älter- und Altwerden. »Es ist wunderbar, von zuhause wegzulaufen, solange man hin und wieder zurückkehren kann«, heißt es in einer Untersuchung über interkulturelle Paarbeziehungen (Romano 1988: 114). Bekanntermaßen ist die Jugend die Zeit des Weglaufens wie die Zeit, in der man sich nach anderen umschaut, sich ihnen annähert, sich bindet. So ist es sicher kein Zufall, wenn manche die Partnerwahl mit dem Weglaufen verbinden – die Beziehung zu einem »anderen« (einem Ausländer, Schwarzen, Juden, auch dem gleichgeschlichtlichen Anderen, wer immer in den Augen der Eltern als Anderer erscheint) als Demonstration und Provokation, Auflehnung signalisierend und den eigenen Willen. »Liebe« und »Ablösung«, zwei starke Motive in einem: welcher Reiz!

Bis eines Tages die Jungen älter werden. Die meisten verlieren im Lauf der Jahre an jugendlichem Feuer und werden ruhiger. Ihr Blick ist nicht mehr nur nach vorn, auf die Zukunft gerichtet, sie schauen auch zurück, das bisher gelebte Leben abwägend. Viele sehen jetzt mit einem neu fragenden Blick, und wiederum gilt: Manches kann im Rückblick positive Bedeutung gewinnen, wird sentimental eingefärbt, weil mit der Kindheit sich gern Bilder von Liebe, Nähe und Wärme verbinden. Wo die Gefühle sich derart leise verschieben, da wächst der Wunsch, aus der Herkunftsfamilie erinnerte Formen, Feste, Gewohnheiten wiederaufzunehmen. Eine solche Wende mag für den Außenstehenden völlig unerwartet und unerklärlich erscheinen. Aber die Menschen sind »krumme Hölzer«, wie Immanuel Kant (1784) schon wußte, ihre Gefühlswelten nicht so eindimensional wie oft angenommen, vielmehr vielschichtig, komplex, ambivalent. Und dies gilt nicht zuletzt für das Verhältnis zur eigenen Herkunft. Auch das ist oft eigentümlich gespalten, oder wie Werner Sollors schreibt: Es besteht ein »grundsätzliches Spannungsverhältnis – auf der einen Seite der Wunsch, den eigenen Vorfahren zu entkommen, und auf der anderen Seite der Wunsch, das Vermächtnis der Vorfahren zu erfüllen« (Sollors 1986: 221).

Nun kann man einwenden, auch bei Partnern derselben Nationalität, Religion oder Kultur ließe sich im Lauf der Jahre oft eine Verschiebung der Denkmuster und Einstellungen finden, ein Bogen von der Ablösung zur Wiederannäherung. Der entscheidende Unterschied ist jedoch: Bei Partnern verschiedener Herkunft sind die »Erinnerungskisten« viel mehr mit unterschiedlichen Inhalten gefüllt. Und wenn man im späteren Leben wieder in der frühen Erinnerungskiste kramt, Teile davon hervorholt, neu betrachtet und wertet, wenn man, symbolisch gesprochen, das eine oder andere Teil jetzt gar in der Wohnzimmervitrine ausstellen will – dann wundert sich der Partner, der im selben Wohnzimmer wohnt. Das ist dann jener Überraschungseffekt, den wir biographische Wende genannt haben.

Wenn die beiden im Lauf der Jahre hinreichend Verbindendes aufgebaut, genug gemeinsame Erinnerungskisten gefüllt, wenn sie sich darüber hinaus Flexibilität, Phantasie und Neugier bewahrt haben, kann die überraschende Wende des einen auch für den anderen zur Anregung werden. Im glücklichen Fall wird aus der biographischen Rückwende des einen ein neuer Anfang für beide.

Ausblick

Es bedeutet eine Herausforderung, ein Wagnis, ein Abenteuer, wenn zwei Menschen unterschiedlicher Herkunft sich verlieben und ein gemeinsames Leben beginnen. Denn was aus der Sicht der Verliebten eine Begegnung zweier Individuen ist, ein Zusammenfinden der Herzen, das ist im Fall der gemischten Beziehungen immer auch die Begegnung zweier Welten. Menschen, die qua Herkunft weit voneinander entfernt sind, wollen sich zur Intim-Gemeinschaft verbinden, wollen Tisch und Bett teilen, in guten wie in schlechten Zeiten, bis daß der Tod sie scheidet. Welch ein Vorhaben, welch großer Anspruch! Da ist es kaum überraschend, wenn aus der Begegnung der Welten manchmal ein Zusammenprall wird. Auf der anderen Seite kann die Begegnung der Welten neue Einblicke bringen. Die Beteiligten beginnen dann, ihre vertraute Welt mit anderen Augen zu sehen, weiße Flecken auf dem Kontinent der Heimat auszumachen. Erst recht entdecken sie, so sie sich darauf einlassen, die Welt des Partners mit ihren Eigenheiten, Normen, Ritualen, Gewohnheiten, Werten, Erwartungen. Wer sich mit einem Partner anderer Herkunft verbindet, bekommt mitgeliefert, ob er das will oder nicht: eine Lektion in Weltkunde wie Heimatkunde.

Ein Grundmuster in gemischten Beziehungen ist die Gleichzeitigkeit von Nähe und Ferne, Vertrautheit und Fremdsein. »Sie ist die nächste aller fernen Frauen«, so hat ein Mann in einer gemischten Verbindung seine Partnerin charakterisiert (Barbara 1989: 193). Wer hofft, die Differenzen ein für allemal auslöschen zu können, scheitert. Statt dessen ist es angezeigt, die Unterschiede anzunehmen, anzuerkennen und auszuhalten: »Lernen, mit Unterschieden zu leben« (Schneider 1989: 1, 248). Trotz aller Gemeinsamkeit, allem Verbindenden gelingt es in manchen Situationen nur mühsam (und auch dann keineswegs immer), Brücken zu bauen. Einiges bleibt vielleicht für immer verschlossen, anderes wird mitteilbar auf dem Weg des Gesprächs, der Zuneigung, des gemeinsamen Lachens.

Binationale bzw. bikulturelle Paare sind auf diese Weise mehr als andere stets erneut vor unerwartete Fragen und Entscheidungen gestellt. Je nach Umständen kann dies zur Überlastung und Überforderung werden und zum Scheitern der Partnerschaft führen. Auf der anderen Seite liegt darin die Chance, im Alltag mehr Offenheit zu erhalten und immer wieder neue Anfänge zu wagen. Wenn es gutgeht, bleibt über die Jahre etwas erhalten von der Kühnheit der ersten Zeit, dem Optimismus und Aufbruch, dem Wagnis und Experiment. Dann sind bikulturelle Ehen, vielleicht mehr als andere, besonders frisch und lebendig (Elschenbroich 1988: 366). Wie eine Amerikanerin sagt, die mit einem Schweizer verheiratet ist: Eine solche Ehe bringt »die schlimmsten Überraschungen, aber auch die schönsten Erlebnisse. Es bedeutet im Grunde, daß nie etwas passiert, was man erwarten könnte, sondern ausgerechnet das, was man sich nie hätte träumen lassen« (Bonney 1993: 105).

KAPITEL III

Wieviel Ferne, wieviel Nähe verträgt die Liebe?

»Die Liebe krepiert an der Geographie«, schrieb schon Erich Kästner (1936: 85). Hat er recht mit dieser pessimistischen Diagnose? Wieviel Ferne verträgt die Liebe? Wieviel Ferne braucht die Liebe? Wie verwandelt Fernliebe die »Natur« der Liebe, ihre Gestalt, ihr Leuchten und ihre Anziehungskraft? Ist Fernliebe die ausgedünnte, die Restliebe, symbolisiert sie das Ende der Liebe? Ermordet die Fernliebe die Nahliebe, oder ernährt die Fernliebe die Nahliebe? Der Antworten gibt es viele, eine lautet:

Sahen sich die kühn Liebenden früherer Epochen von den irdischen Fesseln des Stands und der Klasse befreit (das bezeugen die Romane, Dramen und Briefwechsel der romantischen Liebe), wachsen den Hoffnungen der Liebe heute Flügel: Die Liebenden wollen nun auch Unabhängigkeit von den Fesseln des gemeinsamen Ortes, der gemeinsamen Sprache, des gemeinsamen Passes. So gesehen kann die Fernliebe als eine gesteigerte Form der Romantik gelten, die noch radikaler soziale und kulturelle Bindungen abstreift – nun die der nationalen und ethnischen Zugehörigkeit und der geographischen Nähe.

Historisch betrachtet ist dies nicht neu. Der europäische Adel und das reiche Bürgertum praktizierten Frühformen der »Fernliebe« und »Weltfamilien«, die am Beginn des 21. Jahrhunderts neu erfunden, demokratisiert und popularisiert werden. Die »Ewigkeit« der nationalen Kleinfamilie dauerte, so gesehen, nur wenige Jahrzehnte, nämlich bis zu den späten sechziger Jahren des 20. Jahrhunderts, als in den westlichen Industrieländern Studentenunruhen und Frauenbewegung einsetzten. Sie stellten nicht nur die Kleinfamilie in Frage, sondern auch die darin eingelassene, als naturgegeben angenommene Ungleichheit zwischen Männern und Frauen (Beck/Beck-Gernsheim 1990). Heute, am Beginn des 21. Jahrhunderts, wird der Ausbruch aus der Normalfamilie fortgeführt und um eine Dimension erweitert. Jetzt wird dem Ordnungsmodell des Nationalstaates, das auch in den Raum des Privaten eingreift, das Freiheitspathos der Liebe entgegengestellt. »Liebet Eure Feinde«, dieser ehrwürdige Satz der Bibel gewinnt dabei eine ganz neue Bedeutung: wird säkularisiert, ins Persönliche und Private, ja ins Erotische und Sexuelle gewendet.

In diesem Kapitel untersuchen wir, was aus der Liebe wird, wenn sie zur Fernliebe wird; wenn sie so mutig und kühn ist – oder vielleicht auch so übermütig, so tollkühn –, daß sie sich von nationalen Trennlinien und weiten Entfernungen nicht abschrecken läßt. Dabei unterscheiden wir zwischen zwei Formen der Fernliebe: einmal die, die durch geographische Entfernung zwischen den Liebenden gekennzeichnet ist, das andere Mal die, bei der die kulturelle Entfernung zwischen den Liebenden im Vordergrund steht.

1. Zur sozialen Anatomie der Fernliebe

Von der Nachbarschaft zum Treffpunkt Internet

Die Fernliebe ist durch geographische Entfernung gekennzeichnet, die Liebenden leben viele Kilometer voneinander getrennt, in verschiedenen Ländern oder gar verschiedenen Kontinenten.

Zu den Kennzeichen der Partnerwahl heute gehört, daß sich der Kreis der Möglichkeiten enorm erweitert hat. Pointiert formuliert: Die Welt der Liebesgrenzen hat sich in eine Welt der Liebesgelegenheiten verwandelt. Zunächst sind die sozialen Grenzen durchlässiger und die sozialen Kontrollen schwächer geworden. Einst war es der Familienverband, der die Partnerwahl regulierte und sie in die richtigen, zu Besitz und sozialem Status passenden

Bahnen lenkte. Heute hat dieser Verband – so es ihn denn noch gibt – einen großen Teil seines Einflusses verloren. Selbst die Institution der Anstandsdame ist spurlos verschwunden, die einst mit der Aufgabe betraut war, die Einhaltung von Anstand wie Stand zu überwachen. Auch von den Zugehörigkeitsregeln der sogenannten besseren Gesellschaft hat sich das Kennenlernen befreit, die Einladungslisten der gehobenen Schichten sind nicht mehr exklusiv nach Herkunft sortiert. Es sind andere Räume der Begegnung entstanden (z. B. Arbeitswelt, Verein, Fitneßclub usw.), die sozial weitaus stärker durchmischt sind.

Ebenso verlieren die Vorgaben der Geographie an Bedeutung. Während früher Berge und Schluchten die Verbindungen zwischen einem Dorf und dem nächstgelegenen sehr erschwerten, sich das Leben zumeist im Rahmen der weiteren Nachbarschaft abspielte, ist die Lebenswelt inzwischen großräumig. Ob Sprachkurs, Dienstreise, Urlaub – die Mobilität von Ort zu Ort, Land zu Land ist längst Teil unseres Alltags. Entsprechend erweitert sich der Raum der Begegnungsmöglichkeiten – und der potentiellen Liebespartner.

Hinzu kommt als neuer Begegnungsraum, der bei der Partnerwahl rasant an Bedeutung gewinnt, der virtuelle Raum, das Internet. Die Suchmaschine liefert ein weltweites, sich jede Minute erneuerndes Angebot direkt ins Haus bzw. auf den Laptop. Mit dem Internet erweitern sich die Verlockungen ins Endlose. Es eröffnet sich das Paradies der unbegrenzten Möglichkeiten – und der Terror der unbegrenzten Möglichkeiten. Die Suchmaschine ist »Ursache, Instrument und Ergebnis der Suche in einem – eine sich selbst erweiternde Suche« (Hillenkamp 2009: 126).

Optimierung ist das immanente Gebot dieser suchenden Suche. Je größer die Auswahl, desto stärker die Verlockung. Vielleicht bringt der nächste Mausklick den Idealkandidaten. Also: weiterklicken! Der/die Beste muß gefunden werden und wird doch nie gefunden. »Ich muß immer wieder schauen, was für eine neue, hübsche, interessante Frau oder Gesprächspartnerin da kommt.

Jeden Tag kann man gucken. Was könnte heute für ein Leben auf mich warten?« bekennt der Romantiker des Maximalen und Realist des Virtuellen. »Ich liebe dich« heißt: »Ich lösche für dich mein Postfach« (Moreno 2010: 85). Ein Versprechen, das, wie so vieles in der Liebe, leicht gesagt, aber schwer einzulösen ist.

Wo finden sich die Liebe-Suchenden? »Vor allem bei der Arbeit, dann im Freundeskreis, dann im Internet. Platz drei, vor dem Club, der Disco, dem Urlaub oder der Käseecke. Eine aktuelle Studie zeigt, daß bei den 30- bis 50-Jährigen ein Drittel aller Kontaktaufnahmen, die zu einer Partnerschaft führen, über das Internet erfolgen. Tendenz steigend« (ebd.).

Liebe war und ist immer *vorgestellte* Liebe. Sie findet, wir wissen es, wesentlich im Kopf statt. Das Besondere an der Internet-Liebe ist: Sie findet *nur* im Kopf statt. Das Internet verändert den Aggregatzustand der Liebe. Es ermöglicht erstens die körperliche Nicht-Anwesenheit der Beteiligten, zweitens die Anonymität ihres Kontaktes. So wird drittens die Phantasie entfesselt, und viertens kann sich das Optimierungsgebot durchsetzen: Darum prüfe, wer sich ewig bindet, ob sich nicht noch was Besseres findet.

Die Körperlosigkeit der Fernliebe und die Anonymität, die der Treffpunkt Internet gewährleistet, können die Romantik der Suchbewegungen steigern, aber auch Enthemmung erzeugen. »Es ist bekannt, wie die Partnersuche im Internet die Unendlichkeit der möglichen Partner organisiert und inszeniert: Die Agenturen für Partnervermittlung vermitteln dem Suchenden heute nicht mehr zwei oder drei mögliche Partner, sondern ein paar Hunderttausend, ein paar Millionen. Die Menschen werden darüber informiert, wie viele Hunderttausend oder Millionen Menschen *jetzt online* und *sofort kontaktierbar* sind, wie viele *Kontakte pro Stunde* augenblicklich zustande kommen, wie viele Tausende von Fotos während der letzten Stunde ins Internet gestellt worden sind ... Die Partnersuche im Internet löst, was in der Stadt und im Nachtleben passiert, aus Raum und Zeit. Es wird auch jenseits der Städte möglich, zu jeder Zeit. Die Verflüssigung des Raumes, die in der Stadt zu beobachten ist, wird aufs Land getragen. Die Über-schreitung der Nacht, die auch das Nachtleben kennzeichnet, ist noch konsequenter. Die Menschen sehen noch mehr andere Men-schen, noch schneller hintereinander ... [Das Internet] implantiert allen die Idee der unbegrenzten Möglichkeiten. Auch wer nicht im Internet nach Sex- und Lebenspartnern sucht, erfährt seine Welt als die Welt des Internets. Er kennt die Möglichkeiten. Er weiß, was andere tun. Er hat Phantasie« (Hillenkamp 2009: 123 ff.).

Liebe ohne Sexualität

Neu ist nicht nur das Anwachsen der Begegnungsmöglichkeiten ins Unendliche. Mit der Fernliebe ändert sich zugleich der Sehn-suchtsraum der Liebe, das, was Liebe für die Sehnsüchtigen be-deutet, was sie kann und was sie nicht kann, die Sinnlichkeit der Liebe, das Verhältnis von Liebe, Sexualität, Intimität, von Liebe und Alltag, von Liebe und Arbeit.[*]

   Die geographische Fernliebe leben heißt: an die Möglichkeit einer intensiven Intimität und Emotionalität glauben, in der über längere Zeiträume hinweg von Sexualität *nur die Rede sein kann*. Die über Medien vermittelte Liebe, die Telefon- und Internet-Liebe muß auf viele Formen der Sinnlichkeit von Liebe verzichten. Sie hat auszukommen ohne die Berührung der Hände, der Haut, der Lippen, ohne die reale Begegnung der Augen, ohne die vom Gegenüber herbeigeführte Ekstase des Orgasmus. Was bleibt, ist die Sinnlichkeit der Stimme und Sprache, des Erzählens und Zu-hörens, des Sehens und Zuschauens. Die Nahliebe kann sprachlos sein oder werden, die geographische Fernliebe allein mit der Spra-che und den Blicken ihren Reiz und Bestand erhalten. Das gibt ihr eine besondere Chance, macht sie gleichzeitig auch anfällig. Die

---

[*] Das alles ist *terra incognita*! Dazu gibt es – außer ersten Erlebnisberichten (z.B. Karin Freymeyer/Manfred Otzelberger 2000; Georg Brunold u.a. 1999) – gar nichts; im folgenden daher eine Skizze von Vermutungen, die einer empirischen Überprüfung noch bedürfen.

Eindimensionalität ihrer Sinnesmittel kann bedeuten: kurzes Leben, schneller Tod.

In einer Kultur wie der westlichen, in der die unmittelbare physische Begegnung und das Sich-berühren-Können einen wesentlichen Teil der Liebe ausmachen, ist die geographische Fernliebe kaum über lange Zeit durchzuhalten. Der »reine« Ort der Fernliebe ist der Klangkörper der Stimme, die Erzählung, die von den inneren Bedeutungslandschaften des Anderen weiß und darauf eingeht; die, mit anderen Worten, die Kunst der Intimität beherrscht: Nähe über Entfernungen hinweg fühlbar zu machen. »Kunst« ist hier im höchsten Sinne zu verstehen. Die Intimität der Stimmen lebt von dem Austausch der erzählten Selbstportraits, in denen der und die Andere auf ganz alltäglich-selbstverständliche Weise gegenwärtig ist. Fernbeziehungen haben damit die Chance, das laute Schweigen in Nahbeziehungen zu durchbrechen. Wenn die beiden Zeiten des Miteinander-Redens haben, die ganz dem wechselseitigen Austausch vorbehalten sind, kann sich sogar eine besondere Dichte und Intensität artikulieren. Indem das Gespräch nicht durch andere Sinne abgelenkt wird, sich ganz auf die Kraft der Sprache und/oder des Betrachtens konzentriert, eröffnet sich die Chance, wesentliche Fragen des Ich und des Du anzurühren.

Dennoch besitzt die geographische Fernliebe den Charakter des Mönchischen, Nonnenhaften, Klösterlichen. Sie bleibt abstrakt, denn ihr Ort sind E-Mail und Facebook, SMS und Skype. Die reine, die Nur-Fernliebe ist für Nicht-Nonnen und Nicht-Mönche kaum lebbar. Für die Normalmenschen muß es immer wieder Oasen der direkten, alle Sinne einbeziehenden Sinnlichkeit geben, des Sich-satt-Liebens. Und für die anderen Zeiten braucht es Rituale und Symbole, die an die Gemeinsamkeit erinnern, sie neu erfinden, bewahren und stärken. Intimität auf Distanz mag sich romantisch anhören, aber es ist eine Form der Romantik, die sich von den nüchternen Tugenden der Regelmäßigkeit, Zuverlässigkeit, langfristigen Planung nährt. Intimität auf Distanz ist angewiesen auf feste Vereinbarungen, um die innere Verbindung zu erhalten (z. B. jeden Abend skypen, alle sechs Monate ein Treffen). Und sie kann scheitern, wie Erich Kästner lakonisch festhält: »Wenn man in jedem Monat nur zwei Tage und eine Nacht beisammen ist, dann wird die Beziehung unterminiert, und wenn so ein Zustand, wie bei uns, jahrelang dauert, geht die Beziehung in die Brüche. Das hat mit der Qualität der Partner nicht sehr viel zu tun, der Vorgang ist zwangsläufig ... Natürlich entfremdet man sich. Man weiß nicht mehr, welche Sorgen der andere hat. Man kennt die Bekannten nicht, die er findet. Man sieht nicht, daß er sich verwandelt, und weswegen er's tut. Briefe sind zwecklos. Und dann reist man hin, gibt sich einen Kuß, geht ins Theater, fragt nach Neuigkeiten, verbringt eine Nacht miteinander und trennt sich wieder. Vier Wochen später vollzieht sich derselbe Unfug. Seelische Nähe, anschließend Geschlechtsverkehr nach dem Kalender, mit der Uhr in der Hand. Es ist unmöglich. Sie in Hamburg, ich in Berlin, die Liebe krepiert an der Geographie.« (Kästner 1936: 84 f.)

Kann man nicht aber auch ebenso nüchtern feststellen: Die Liebe erblüht an der Geographie? Eine Dialektik von Fernliebe und Nahliebe wirft die Frage auf: Wieviel Ferne, wieviel Nähe braucht, verträgt die Liebe?

Liebe ohne Alltag

Prediger gibt es genug – in Sachen Fernliebe wie Nahliebe. Die einen empfehlen die Fernliebe als Therapie gegen die Enttäuschungen in der Nahliebe, die anderen preisen die Nahliebe als Therapie gegen die Enttäuschungen in der Fernliebe.

Unbestreitbar ist: Die Fernliebe hat ihre Vorteile, insbesondere dann, wenn die Partner sie eigenen Bedürfnissen und Wünschen anpassen. Manche sagen sogar: Nähe ist Mythos. Sie sagen: Die Nahliebe, nach der sich die Fernliebenden sehnen, erstickt nicht im Alltagstrott. Zuviel Nähe zerstört Liebe. Fernliebe erhält sie jung. Sie entlastet die Liebenden von der Forderung und Überforderung, einander immer und ausdrücklich lieben zu müssen. Sie macht das Unmögliche möglich, sie versöhnt die Gegensätze, sie erlaubt Nähe und Distanz, eigenes Leben und gemeinsames Leben.

Solche Diagnosen enthalten einen zweifellos richtigen Kern: Fernliebe beruht nicht nur auf der Trennung von Liebe und Sexualität, sondern auch auf der Trennung von Liebe und Alltag. Fernliebe ist wie Sex ohne Bettwäsche waschen, wie Essen ohne Abwasch, wie eine Bergtour ohne Schweiß und schmerzende Knochen. Wer würde da etwas vermissen?

Dennoch ist Fernliebe nicht das Rezept für ewig währendes Glück, ermöglicht keinen Aufenthalt auf der Insel der Seligen, während ringsum die Mehrheit der Paare in Gewohnheit erstarrt. Denn man darf die Gefahren der Alltagsenthobenheit von Fernliebe nicht übergehen. Zum Beispiel die Gefahr, in der wechselseitigen Selbst-Präsentation nicht das Selbst, sondern eine korrigierte Version der eigenen Person vorzuführen. Oder die Gefahr, den Partner zu verklären, ein Idealbild von ihm zu entwerfen, das keinem Realitätstest standhält. So gesehen gilt: Fernlieben heißt schwärmen lernen. Fernliebe ist die Liebe des Feiertags-Ich zum Feiertags-Anderen, gereinigt von den Banalitäten des Alltags. Wo man sich nicht über die Routinen der Hausarbeit und die Schrekken bevorstehender Familienbesuche verständigen muß, ist man von manchen Zwängen befreit. Aber weil man vom Anderen nur Ausschnitte erlebt und vieles allein aus seinen/ihren Erzählungen kennt, kurz: weil die Entfernung viele potentielle Krisenzonen verdeckt, fehlt die Erdung. Dann hat die Phantasie leichtes Spiel.

»Die Fernbeziehung kann trügerisch sein. Man idealisiert den Partner, weil man vieles von ihm nicht sieht, was auch zu ihm gehört. Oder man wertet ihn ab, und projiziert eigene Enttäuschungen auf ihn: Geht es mir schlecht, so soll es ihm auch schlechtgehen, sonst liebt er mich nicht. Besonders oft verpaßt man den Anschluß an die Entwicklung des Anderen. Oder man ist selbst nicht mehr da, wo einen der Andere vermutet« (Freymeyer/Otzelberger 2000: 161).

Der Wirklichkeitstest naht, wenn eines Tages der große Traum der Fernliebespaare wahr wird: wenn sie wieder zusammen sind und ein Nah-Liebespaar werden. Dann findet der Abschied vom Abschied statt. Dann entdeckt mancher vorher unbekannte Seiten des Anderen, weil die Distanz sie gnädig verdeckte. Jetzt wird möglicherweise die Fernliebe wieder zum Wunschtraum. Und das »O wärst du da«, der Sehnsuchtsseufzer der Fernliebenden, schlägt um: »O wärst du dort.«

Die Fernliebe der Mütter

Auch die Beziehung zwischen Mutter und Kind wird immer häufiger zu einer Verbindung über Ländergrenzen, ja Kontinente hinweg. Aus Asien und Osteuropa gehen Mütter nach Nordamerika oder Westeuropa, um als Mädchen für alles zu arbeiten, oft illegal, oft schlecht behandelt, fast immer schlecht bezahlt. Viele sind in einer weltweiten Industrie, der Nanny-Industrie, beschäftigt. Während sie in der fremden Familie als »Ersatzmutter« die Kinder versorgen, füttern, baden, zu Bett bringen, mit ihnen spielen, sind sie gleichzeitig »Fernmutter« ihrer eigenen Kinder, die sie in der Heimat zurücklassen mußten, mutterlos, mehr oder minder zureichend von einer Tante oder Oma versorgt, manchmal sich selbst überlassen. Fernliebe meint hier: das Dilemma einer Mutter, die ihr Kind aus Liebe zu ihm verläßt, um in der Fremde Geld zu verdienen und damit diesem Ernährung, Gesundheitsversorgung, Ausbildung zu finanzieren. Fernliebe meint gleichzeitig: die Situation der zurückgelassenen Kinder, die sich nach Nähe, Wärme, Geborgenheit sehnen und die Mutter vermissen.

Die Kosten dieser Art der Fernliebe zeigen sich manchmal gerade dann, wenn die oft jahrelange Trennung vorbei ist, wenn die Mütter ihre Kinder wieder bei sich haben und sie den Traum ihres Lebens – die Nahliebe – verwirklichen wollen. Zwischen den einander fremd Gewordenen eskalieren nicht selten die Konflikte. So zum Beispiel in Los Angeles, wo viele Frauen leben, die aus

Lateinamerika als Migrantinnen kamen und nach einiger Zeit die Kinder nachholten. In einer dortigen Schule sind Beratungsstellen eingerichtet worden, um solche Familien zu unterstützen. Vor dem Berater feuern viele Kinder sofort eine Salve gegen die Mütter ab: »Ich weiß, du liebst mich nicht. Das ist der Grund, warum du mich verlassen hast!« Die Kinder erzählen, wie sie immer wieder gebetet haben, ihre Mutter möge an der Grenze zu den USA abgefangen und nach Hause geschickt werden. Und sie fordern von ihrer Mutter, endlich ihren Fehler zuzugeben und sich dafür zu entschuldigen, sie verlassen zu haben.

Umgekehrt schildern die Mütter, wie sehr sie unter der Trennung gelitten haben. Nur aus Liebe zu ihren Kindern haben sie durchgehalten, sich durchgekämpft und mit harter Arbeit das Geld verdient, das ihren Kindern eine bessere Zukunft ermöglichen soll. Nun fordern sie Respekt für die Opfer, die sie gebracht haben. Sie sind überzeugt, daß sie richtig gehandelt haben und die Trennung letztlich gerechtfertigt war, weil sie den Kindern die Aussicht auf eine gesicherte Existenz eröffnete.

Die Kinder aber sagen, es wäre ihnen lieber gewesen, hungernd mit der Mutter zusammenzusein, als satt, aber getrennt zu leben. »Ich wollte dein Geld nicht. Ich wollte dich bei mir.« Sie sagen ihrer Mutter, sie selbst würden, wenn sie eines Tages selbst Kinder haben, ihnen so etwas niemals antun: die eigenen Kinder verlassen, um fremde zu versorgen (Nazario 2007: 245 f.).

Beratungsstellen sind nicht der Ort, an dem die zusammenkommen, die ihr Leben im Griff haben, es sind die Anlaufstellen für jene, die sich nicht mehr zu helfen wissen. Nach anderen Berichten gibt es durchaus Familien, die die Jahre der Fernliebe ohne dramatische Folgen verkraften. Manche der älter gewordenen Kinder erkennen an, was die Mutter für sie getan hat und was ihnen das an Zukunftschancen gebracht hat. Aber auch diese Kinder bzw. jungen Erwachsenen sagen, für sie selbst komme eine solche Trennung nie in Frage (Parreñas 2003: 51).

Fernliebe und Arbeitsmarkt – Eine Wahlverwandtschaft

Warum leben immer mehr Menschen in Konstellationen der Fernliebe, warum nehmen sie die endlose Wiederkehr der Abschiede
auf sich und das Alleinsein dazwischen? Zum einen, weil diese
Lebensform unter günstigen Bedingungen ihre Vorteile hat. Zum
anderen ist diese Lebensform oft nicht freiwillig gewählt, sondern
das Ergebnis äußerer Zwänge – z. B. einer Erwerbsarbeit, die
Mobilität und Flexibilität zum ersten Gesetz des Erfolgs macht.
Schon in den siebziger Jahren des 20. Jahrhunderts beschrieb Arlie
Russell Hochschild, wie die Anforderungen an junge, aufstrebende
Wissenschaftler aussehen: »Nimm das beste Stellenangebot an und
zieh dorthin, egal wie deine persönliche und familiäre Situation
ausschaut ... und zieh quer durchs Land, wenn dir jemand eine
bessere Position anbietet, auch wenn es nur eine kleine Verbesse-
rung bringt« (Hochschild 1975: 49).

Seitdem sind die Anforderungen nicht geringer geworden. Und
sie gelten erst recht in der Wirtschaft und in vielen anderen Bereichen. Manche sagen, Fernliebende sind Liebesnomaden und Lie-
besmonaden, die in ihrem Laptop immer beides bei sich haben: ihr
mobiles Büro und ihre virtuelle Liebe.

In dieser Perspektive ist Fernliebe die Restliebe, wenn Arbeit
und Karriere alles überrollen und keine Grenze zur Privatheit
mehr kennen. Fernliebe in diesem Sinn ist Kofferliebe: die hand-
lich, quadratisch einpackbare Liebe, die, wie die elektrische Zahnbürste im Kulturbeutel, überall eingestöpselt werden kann – los
geht's, blitz und blank sind die Zähne. Sich zum »Unternehmer
seiner selbst« zu machen und die elektrische Zahnbürsten-Liebe
ein- und auszustöpseln paßt gut zusammen.

In dieser Gesellschaft haben Kinder keinen Ort mehr. Das
»Wir« der Fernliebe läßt sich auf die Formel bringen: Selbstliebe
zu zweit plus Beruf als Hobby – kinderlos. Dieses »Wir« kennt
keine kommende Generation – und in diesem Sinne keine Zu-

kunft. Es ist das Rest-Wir der radikal individualisierten Gesellschaft.

Wer, um flexibel zu sein, auf Kinder verzichtet, handelt nur konsequent, wenn er oder sie auch auf die Nahliebe verzichtet. Dann ist er oder sie »unbehindert«, die globalen Arbeitsmarktchancen zu ergreifen, wo und wann immer sie sich bieten. Die Grundfigur der Liebe in Zeiten des globalisierten Arbeitsmarktes ist die Fernliebe. Globaler Kapitalismus und Fernliebe sind, zu Ende gedacht, zwei Seiten desselben.

Deshalb besteht eine Wahlverwandtschaft zwischen dem nationalstaatliche Kontrollen und Grenzen durchbrechenden Kapital und der Fernliebe, die aus dem Gehäuse der Normalfamilie (gemeinsamer Haushalt, derselbe Paß) ausbricht. Der Bruch der Fernliebe mit den Konventionen der Normalfamilie ist also nicht nur eine Provokation. Vielmehr fügt er sich den Anforderungen des globalisierten Kapitals, das selbst die Lebensbereiche der Intimität und Sexualität durchdringt und ins Marktkompatible, Marktförmige verwandelt. Deshalb ist die Trennung der Liebe von Sexualität, Alltag, Elternschaft nicht allein – wie Niklas Luhmanns Theorie unterstellt – auf den »Kommunikationscode der Liebe« (Luhmann 1982) zurückzuführen, sondern auch auf das Korrespondenzverhältnis zwischen dem Wandel der Liebesformen und der Dynamik des sich nach außen und innen durchsetzenden Weltmarktkapitalismus. Fernliebe ist die flexible Liebe des »flexiblen Menschen« (Sennett 1998), ist die Lebens- und Liebesform, in der die Arbeitsmarktflexibilität zum Identitäts- und Organisationsprinzip des eigenen Lebens geworden ist. Wenn in Zukunft ein Arbeitsleben aus fünf Berufswechseln besteht, dann sind das bei einem berufstätigen Paar zehn tiefgreifende Wechsel. Welche Ehe, welche Familie hält das aus? Der Ausweg heißt: Fernliebe, kinderlos.

2. Liebe, Ehe, Lebensglück –
Über kulturelle Entfernungen hinweg

Weltfamilien können in zwei verschiedenen Formen existieren. Das Merkmal der einen Gruppe ist, wie gesagt, die geographische Entfernung, also das Faktum, daß Liebespaare und Familienmitglieder an verschiedenen Orten leben, ja in verschiedenen Ländern. Das Merkmal der zweiten Gruppe ist die kulturelle Entfernung: Die Familienmitglieder leben im selben Haus bzw. Haushalt, entstammen aber kulturell (ethnisch bzw. national) höchst unterschiedlichen Kontexten, besitzen folglich stark abweichende Erfahrungen und Erwartungen, nicht zuletzt bei persönlichen Lebensformen und dem Zusammenhang von Liebe, Ehe, Lebensglück.

Was heißt hier Liebe?

Manche vertreten die These, Liebe sei universell. Immer und überall haben sich die Menschen geliebt. In allen Sprachen werden die Lieder der verzehrenden Liebe gesungen. Es ist gerade die Macht und Kunst der Liebe, die Herzen der Menschen trotz aller Hindernisse zu erobern, die Trennlinien von Besitz, Religion, Nation, von Alter und Geschlechtszugehörigkeit zu überwinden.

Die Vorstellung ist betörend, aber gleichwohl falsch. Nach der Erschaffung Evas aus der Rippe Adams war die Menschheit für ihren Fortbestand auf Sexualität angewiesen; den Sagen der Antike liegen Liebesgeschichten zugrunde; die Epen, Dramen, Gedichte und Romane spielen die Liebe und Paarbildung in allen Varianten durch. Aber die Bedeutungen von Sexualität, Liebe, Heirat usw. und der Formen, in denen sie praktiziert werden, sind keineswegs überall auf der Welt gleich. Auch im Wort- und Werthorizont »Liebe« bestehen zwischen allen Sprachen ausreichend Überschneidungen, um wechselseitig zu verstehen, wovon die Rede ist. Aber man kann daraus nicht folgern (wie es die Verfechter des Universalismus der Liebe tun), alle gelangten zu übereinstimmenden Wertungen und Praktiken, wenn alle sich in identischer Weise auf »Liebe« beziehen, der Terminus interkulturell geteilt würde. Um eine aktuelle Debatte aufzugreifen: Wenn das, was die einen »arrangierte Ehe« nennen und als Teil der elterlichen Fürsorgepflicht ansehen, von den anderen als »Zwangsheirat« bezeichnet wird, als hemmungslose Durchsetzung elterlicher Interessen, mithin als krimineller Akt, sind diese Bewertungen kaum vereinbar. Der Abstand zwischen ihnen läßt ahnen, welches Dickicht konkurrierender Perspektiven sich auftut, wenn es darum geht, zu bestimmen, was »Liebe«, »Sexualität«, »Ehe« jeweils bedeuten, welche Gebote und Verbote darin angelegt sind.

»Liebe« ist ein Begriff mit »offener Textur«; das heißt, zwei Menschen aus unterschiedlichen Kulturkreisen, die beide verstehen, worauf er sich bezieht, können erbittert darüber streiten, ob eine bestimmte Verhaltensweise den hohen Ansprüchen des Wortes »Liebe« entspricht oder nicht. Die Folgen für Weltfamilien können wir ahnen: Immer wieder brechen solche Wertungsunterschiede auf. Und immer wieder müssen die Beteiligten nach Wegen der Verständigung suchen.

Homosexuelle und heterosexuelle Paarbeziehungen

Schon innerhalb des westlichen Liebes-Diskurses treffen die Bedeutungsgegensätze aufeinander, etwa im Binnenraum heterosexueller wie homosexueller Paare, ihrer Leitbilder und Praktiken von Liebe und Intimität. Heterosexuelle und homosexuelle Intimität und Sexualität sind geprägt von Geschlechtsstereotypen und patriarchalen Herrschaftsformen, die der unterstellten Autonomie der Individuen eklatant widersprechen – wobei, so die vorherrschende Annahme, die Ungleichheit bei homosexuellen Paaren weniger stark ausgeprägt ist als bei heterosexuellen. Tatsächlich zeigen Untersuchungen gleichgeschlechtlicher Paare, daß die Partner/innen nach neuen Formen der Intimität streben und sich bemühen, ihre Arbeits- und Lebensformen weniger hierarchisch zu gestalten (Dürnberger 2011; Kurdek 2007). Manchen Studien zufolge zielen die Phantasie und Energie allerdings vor allem auf die Ausgestaltung der Intimität, weniger auf Versuche, ein größtmögliches Maß an Gleichheit zwischen den Partner/innen zu erreichen (Connell 1995; Morgan 1996).

Zugleich zeichnen empirische Studien ein Bild mit unvermuteten Nuancen und Differenzierungen. Demnach können selbst in heterosexuellen Beziehungen, in denen die alten patriarchalen Geschlechterstereotype direkter in den Lebensformen fortwirken, Frauen und Männer wechselseitig mehr Gleichheit in der Intimität suchen und verwirklichen (Connell 1995; Hey 1997; Jamieson 1999; Morgan 1996). »Die Paare haben ihre reflexive Erfahrung von der Formbarkeit der Welt und von ihnen selbst dazu genutzt, um bestimmte Regeln festzulegen. Die von ihnen geführten Dialoge, in denen sie neu bestimmen, was als fair gilt und was nicht, bilden eine praktische wie politische, soziologische wie philosophische Form persönlichen Engagements. Nachhaltige Politisierung und Stärkung der eigenen Persönlichkeit entstanden nicht allein aus der Beschäftigung mit der eigenen Beziehung, sondern aus einer Auseinandersetzung mit der Welt im allgemeinen. Ihre Regeln der Fairneß resultierten zwar aus ihren eigenen Erfahrungen, beanspruchen jedoch universelle Gültigkeit.« (Jamieson 1999: 486)

Es ist sicher gewagt, solche Befunde mit Fernliebe und Weltfamilien in Beziehung zu setzen, und doch ist eine Gemeinsamkeit auffallend. Im Liebesspiel sind die sozialen Unterschiede der Lebenslagen nicht aufgehoben, im Gegenteil: Sexualität, Liebe und Familie bilden den Austragungsort der Gegensätze, der vorgegebenen Hierarchie der Lebenslagen. Der Universalismus der Liebe – genauer: das Versprechen desselben – betört, betäubt, verführt, schmuggelt die Gegensätze der Welt in die Betten und Herzen der Liebenden: Täuschung als Voraussetzung des Lusterlebens. Selbst da, wo unreflektiert gesellschaftliche Rollenerwartungen in die Paarbeziehung einwirken, kann etwas Neues entstehen: Die über die Barrieren der Ungleichheit hinweg Liebenden können gemeinsam zu eigenen Formen der Intimität und Sexualität finden. So entsteht die Möglichkeit, die Spannungen zwischen den Welten innerhalb der Familie auszuhalten und auszuhandeln.

Polnische Heirat versus amerikanische Heirat

Lost in Translation heißt ein Buch der Schriftstellerin Eva Hoffman, die als Jugendliche mit ihren Eltern von Polen in die USA kam. Das Buch zeigt anhand autobiographischer Szenen, wie alle Übersetzungen nur eine Annäherung an das Gemeinte vermitteln, weil Worte in kulturell geprägte Erfahrungen, Normen, Bedeutungshorizonte eingebunden sind, die im Prozeß der Übersetzung verlorengehen. In einer der Szenen beginnt bei einer Autofahrt ein innerer Monolog. Soll ich ihn heiraten, soll ich es nicht?

»Wir, mein Texaner und ich«, schreibt Eva Hoffman (1993: 217), »fahren in einem klapprigen alten Chevrolet von Houston nach Austin, wo wir Freunde besuchen wollen. Der Highway ist ziemlich leer, und es ist sehr heiß.« Sie schildert in der Ich-Form das Vergessen der Landschaften ihrer Herkunft, das ihr beim Anblick der texanischen Landschaft bewußt wird. »Sonst gibt es weit und breit nichts außer uns und der Geschwindigkeit des Autos und dem endlos zurückweichenden Horizont.« Um sich für die Freiheit zu öffnen, die das Leben in den USA bietet, mußte sie lernen, die Gerüche und Pflanzenwelten ihrer polnischen Jugend zu vergessen. Doch die Erinnerung an das Vergessene ängstigt. Und dann beginnt das innere Streitgespräch:

»Sollst du ihn heiraten? Die Frage stellt sich mir auf englisch.
Ja.
Sollst du ihn heiraten? Kommt das Echo der Frage auf polnisch.
Nein.
Aber ich liebe ihn; bin in ihn verliebt.

Wirklich? Wirklich? Liebst du ihn so, wie du lieben kannst? So, wie du Marek geliebt hast?

Vergiß Marek. Dein Texaner ist ein anderer Mensch. Er ist hübsch und freundlich und gut.

Du empfindest nicht die natürliche Wärme. Du machst dir etwas vor. Du machst dir deine Gefühle vor. Du willst es erzwingen.

Du willst mich also davon abhalten, daß ich heirate? Du weißt, daß dies eine wichtige Entscheidung ist.

Ja. Deshalb mußt du auf mich hören.

Warum sollte ich auf dich hören? Du mußt nicht unbedingt alles über mich wissen, nur weil du diese Sprache sprichst. Nur weil du aus meinem tiefsten Inneren zu kommen scheinst.« (Ebd.: 217 f.)

Auf die Frage »Heiraten: ja oder nein« gibt es für Eva Hoffman nicht eine Antwort, sondern zwei, die eine polnisch, die andere amerikanisch. In ihrer Erinnerung sieht sie das Polen ihrer Kindheit, eine Welt, in der Heirat eine Bindung für immer bedeutete, ohne Ausnahme und Ausweg, bis zum Tod. An diesen Ewigkeitsanspruch erinnernd, sagt die polnische Stimme: Nein. Aber sogleich meldet sich eine andere Stimme, die der neuen, amerikanischen Heimat: Hier in Amerika, so flüstert sie, muß Heirat keine Bindung fürs Leben sein. Sollte sie sich später als Irrtum erweisen, dann lassen sich Korrekturen vornehmen, sprich Scheidung und neuer Versuch. Die amerikanische Stimme rät also: Wag es! Sag ja!

Hier sind die Gegensätze der Welt in ein und derselben Person gegenwärtig. Ein Konflikt zwischen alter und neuer Heimat. Ein Konflikt zwischen zwei Welten und Weltbildern.

Zudringliche Männer versus leichte Mädchen

Auch Sexualität, das Ineinander von Liebe und Lust, folgt keineswegs allein den Gesetzen der Natur und der Hormone, sondern ist in ihren Ausdrucksformen wesentlich von kulturellen Regeln bestimmt. Je mehr diese Regeln aus verschiedenen Welten stammen, desto eher entstehen Mißverständnisse, Peinlichkeiten, Irritationen – oder es kommt zum Höhepunkt. Dazu eine Episode, die Watzlawick u.a. in einem Textbuch der Sozialpsychologie schildern. Sie handelt in der Zeit des Zweiten Weltkriegs, als amerikanische Soldaten in England stationiert waren (siehe Watzlawick u.a. 1972). Wie leicht zu vermuten, bahnten sich zwischen amerikanischen Männern und englischen Frauen bald die ersten Liebesbeziehungen an. Nicht viel später machten in beiden Gruppen Geschichten die Runde, wonach solche Begegnungen oft einen überraschenden Lauf nahmen, weit über die Grenzen von Schicklichkeit und Anstand hinaus. Zum weiteren Verlauf der Ereignisse gab es eine »männliche« und eine »weibliche« Version. Viele der amerikanischen Männer prahlten mit ihrem auf Erfahrung gegründeten Wissen, mit ihren Eroberungen: Englische Frauen sind leicht zu haben! Währenddessen erzählten die englischen Frauen einander: Die Amis sind wahre Draufgänger beim Sex! Sie wollen immer gleich alles! Wer war hier für wen zu stürmisch oder zu schnell oder zu vorpreschend? Waren es die Männer, waren es die Frauen, die die Gesetze des Anstands nicht einhielten?

Watzlawick u.a. bieten eine Auflösung an, die die kulturellen Unterschiede von Sexualität und Liebe ins Zentrum stellt. Demnach folgt die Annäherung der Geschlechter – vom ersten Kennenlernen bis zum Geschlechtsverkehr – einem unsichtbaren Protokoll, das sozial vordefiniert und dem einzelnen meist nicht bewußt ist. Dieses Protokoll enthält insbesondere Regeln über die zeitliche Abfolge der Annäherungsschritte. Wobei der entscheidende Punkt ist: In den USA gelten andere Regeln als in Großbritannien. Zwar lassen sich, so Watzlawick, hier wie dort 30 einzelne Stufen der Annäherung unterscheiden. Aber in Amerika darf man früh küssen (etwa nach der Berührung der Hände, auf der Skala der einschlägigen Schritte bereits auf Stufe 5). Das allerdings gilt den Engländerinnen als »unverschämt«, weil nach ihrem inneren Protokoll das Küssen (von einem Zungenkuß ganz zu schweigen) erst auf Stufe 25 erfolgen darf, also lange nach den schleichenden Fingerspitzenabenteuern beispielsweise auf der Innenseite der Schenkel.

Wenn der amerikanische Soldat, mit seiner Abhakliste im Kopf,
nach der fünften Teilkörperberührung (etwa dem Luftflügelstreifen einer Brustspitze) zum Stadium des Zungenkusses antritt, dann
fühlt sich die Engländerin überlistet, weil nach ihrer inneren
Checkliste der Zungenkuß kurz vor dem Zielpunkt rangiert, vor
der Penetration. Der unvermutet geküßten Britin bleibt nur die
Alternative: entweder die romantische Begegnung sofort abzubrechen (dann waren die ganzen Liebesmühen umsonst) – oder sich
zu ergeben. Grünes Licht zu geben für den Schlußakt, bei dem
nicht nur der Vorhang fällt, sondern auch alles andere, das der
Abwehr diente (Watzlawick u. a. 1972: 20).

Mit anderen Worten: Zwei kulturell begründete Mißverständnisse, einander in sexueller Lage begegnend, führen zum Höhepunkt.

3. Liebe, Ehe, Lebensglück: Verschiedene Modelle

Soll die Ehe auf Liebe gründen? Ist es zutiefst unmoralisch, ja barbarisch, wenn man heiratet, aber nicht liebt? Oder ist die Liebe ein
höchst unsicherer Begleiter, viel zu vergänglich, um darauf eine
Familie zu gründen? Wollen wir in der Ehe das Lebensglück finden, oder sollen wir dazu besser und sinnvoller anderswo suchen?
Ist die Liebe das schönste aller Gefühle oder gefährlich, weil die
Sinne betörend und das Denken verwirrend?

Verschiedene Epochen, Kulturräume, Nationen haben darauf
ganz unterschiedliche Antworten parat. Aus der Vielfalt der einschlägigen Modelle in Geschichte und Gegenwart wollen wir vier
herausgreifen und skizzieren. Sie lassen sich teilweise in eine historische Abfolge einfügen, was ihren Beginn und ihre Hochphase
angeht. Aber es wäre ein großer Irrtum, zu glauben, mit dem Auf

kommen neuer Modelle bzw. Lebensformen würden die früheren vollständig verschwinden. Sie wirken fort, in begrenzterem oder größerem Maß, teils untergründig, teils offen. Dies gilt insbesondere jenseits des mitteleuropäischen bzw. westlichen Raums: Zu Beginn des 21. Jahrhunderts zeigt sich nicht der Sieg eines Modells, sondern die Ko-Existenz und Konkurrenz verschiedener Modelle, und es entstehen vielerlei Mischformen.

Heirat – Kinder – vielleicht Liebe

Im vormodernen Europa zählten zu der (Untersuchungs-)Einheit, die man heute selbstverständlich »Familie« nennt, neben Familienmitgliedern im weiteren, verwandtschaftlichen Sinne auch Mägde und Knechte usw. Die Wünsche des einzelnen waren den Bedürfnissen der Gemeinschaft untergeordnet. Zwar gab es Leidenschaften, auch Sexualität vor und neben der Ehe, aber beim Heiraten standen nicht Zuneigung, Liebe, Gefühle im Mittelpunkt, vielmehr eine Verbindung, die in erster Linie den Regeln von Besitz und Stand gehorchte.

Anders gesagt: Man machte gute und schlechte Partien, verrichtete seine Arbeit, zeugte Kinder und zog sie auf. Die Menschen erwarteten nicht ihr »individuelles Glück«. Glückssuche war für sie ein Fremdwort. Man nahm sein Glück oder sein Unglück, wie es kam, hin – gottergeben. Das heißt keineswegs: Die Menschen waren unglücklich. Wer diese Schlußfolgerung zieht, legt den Maßstab der westlichen Gegenwartsgesellschaft an die vormodernen Lebens- und Liebesverhältnisse an.

Der Moral jener Epoche galt Sexualität nicht als Quelle der Lust, sie diente der Erzeugung der Kinder, dem Erhalt der Dynastie sowie der Familie. Wollust, von der Kunst derselben ganz zu schweigen, wurde von Theologen als Krankheit und Sünde verurteilt. Die Mönche, durch die Beichte ihrer sündigen Schafe aufs innigste mit den aufregenden Liebesdingen vertraut, entwickelten sich zu Pionieren einer schwarzen Verbotserotik: Schändlich handelt, wer in allzu großer Liebe zu seiner eigenen Frau entbrennt. Allzu groß, das ist die unbändige Liebe, die Leidenschaft, welche die Geliebten außerhalb der Ehe empfinden. »Ein vernünftiger Mann soll seine Frau mit Besonnenheit lieben und nicht mit Leidenschaft; er soll seine Begierde zügeln und sich nicht zum Beischlaf hinreißen lassen.« (Hieronymus, zit. nach Flandrin 1984: 155) Selbst der kluge Michel de Montaigne schreibt in seinem Essay *Von der Mäßigung*: »Der Ehestand ist eine fromme, heilige Verbindung«, für die sich Lust nicht ziemt, es sei denn, es handle sich um ein »bedächtliches, ernsthaftes und mit einiger Strenge vermischtes Vergnügen«, um »eine gewissermaßen kluge und gewissenhafte Wollust« (de Montaigne 1908 [1580]: 49).

Sollte sich im Lauf der Zeit keine Zuneigung einstellen, die wechselseitige Abneigung im Gegenteil täglich zunehmen, so waren die Eheleute dennoch aneinandergeschmiedet bis zum Tod. Eine Scheidung war kaum möglich. Allerdings wuchs im Lauf der Jahre mitunter eine Art von Liebe und Vertrautheit heran als Folge der Sorgen und Hoffnungen der Elternschaft, der gemeinsamen Arbeit in Haus und Hof, des Überstehens von Krankheiten und Krisen. Das jedenfalls belegen Zeugnisse, in denen die Eheleute durch Tat und Wort ihre Zuneigung füreinander bekunden.

Und wie lautet hier das Geheimnis der glücklichen Ehe? Eine mögliche Antwort: Wer das Glück in der Ehe nicht erwartet, kann nicht unglücklich werden.

Liebe – Heirat – Kinder

Die 1950er und 1960er Jahre gelten als das Goldene Zeitalter von Ehe und Familie. Die (westliche) Normalfamilie – Mann und Frau entscheiden sich aus gegenseitiger Liebe für die Heirat, beide Partner gehören derselben Nationalität an, die Ehefrau trägt den Namen des Ehemanns – sollte Gefühlsgemeinschaft sein oder zumindest als solche beginnen. Und sie sollte lebenslang halten. Wenn alles richtig ging, wenn das Leben in den vorgesehenen Bahnen verlief, stand am Anfang die Romantik, Herz findet zu Herz; dann die offizielle Bekanntgabe der gelungenen Partnerwahl, die Heirat; und darauf folgend die lange, mittlere Lebensphase, wesentlich dem Aufziehen der Kinder gewidmet. In Stichworten zusammengefaßt: *love, marriage, baby carriage.*

In dieser Epoche war der Einfluß von Religion, Konvention, Tradition in vielen Bereichen stark, insbesondere im Privaten. Strikte Normen von Anstand und Sitte regelten das Leben, jede Übertretung war anrüchig. Scheidung war möglich, der Preis dafür jedoch abschreckend hoch. Da mit ihr ein lebenslanger Makel, eine Schädigung der Reputation einherging, bildete Scheidung den äußersten Ausnahmefall, etwa wenn die Ehe zum Dauerkrieg eskalierte. Ansonsten zogen die meisten es vor, sich wie auch immer zu »arrangieren«, mit Resignation bzw. mit offenen oder versteckten Affären.

Liebe – Heirat – vielleicht Kinder – vielleicht Scheidung

Ende der 1960er Jahre begann die Macht der alten (Familien-) Normen zu schwinden. Neben die Normalfamilie traten immer mehr andere sozial akzeptierte Lebensformen. Infolge der massiven Kritik seitens Studentenbewegung und Frauenbewegung an den Institutionen von Ehe und Familie erlebte vor allem die Zweierbeziehung ohne Heirat einen Aufstieg, wurde emotional aufgeladen und mit höheren Erwartungen verknüpft. Bei vielen dominierte die Devise: Verwirkliche dein Leben ohne Rücksicht auf Konvention – auch in den Angelegenheiten der Liebe. Die Liebesfreiheit, das Ich und das Du, die zum Wir werden, die sich selbst als Wir erschaffen – dieses Wir sollte den Liebenden zur kleinen Unendlichkeit werden (Beck/Beck-Gernsheim 1990).

In diesem Modell beruht die Stabilität von Partnerschaft und Familie auf dem schwankenden Grund der Liebesgefühle. Am Anfang steht der Urknall der romantischen Liebe: die Herausbildung und Verfestigung der flüchtigen Liebe zweier freier Individuen zu

Partnerschaften, zu Heirats-, Ehe- und Elternschaftsbindungen auf der Basis persönlicher Wahl, gelenkt durch sexuelle Attraktion in einer Arena der unbegrenzten Möglichkeits-Verheißungen.

Da diese Liebe keine Fesseln kennt, sind, wenn sie vergeht, die Grundlagen von Partnerschaft und Ehe verschwunden. Löst die individualisierte Liebe ihr Glücksversprechen nicht ein, so ist dies nur ein Versuch, der, aus welchen Gründen auch immer, scheiterte, weshalb es zulässig, ja ein Gebot der Vernunft ist, ihn abzubrechen. Mit der Liebe, die ihr Recht in sich selbst begründet, sucht und findet, entsteht als deren Kehrseite die Scheidung, sie wird allmählich normal. Denn auf jeden gescheiterten Versuch der geglückten Liebe kann ein weiterer folgen. Die individualisierte Liebe beschert den Menschen nicht nur neue Möglichkeiten des Glücks, sondern zugleich, untrennbar damit verbunden, auch neue Formen des Unglücks – das ganz normale Chaos der Scheidung (Beck/Beck-Gernsheim 1990).

Liebe – vielleicht Kind – vielleicht Heirat –
vielleicht Scheidung – vielleicht wieder Liebe –
vielleicht wieder Kind

Heute, zu Beginn des 21. Jahrhunderts, hat das Leitbild der individualisierten Liebe sich verallgemeinert. Wo es radikalisierte Form annimmt, ist alles auf das Ich bezogen – auch das Wir. Ein Wir, das jetzt vor allem eines ist, Arena der Selbstdarstellung und Selbstinszenierung. Die schöne Literatur demonstriert diese Entwicklung in prägnanter Zuspitzung: War in früheren Zeiten der Ausbruch aus der Familie, ihrem Klammergriff, ihren Zwängen das beherrschende Thema, so kreist die neuere Literatur vielfach um die Vergeblichkeit eines Glücksverlangens, das keine Grenzen mehr kennt. In manchmal nüchterner, manchmal ironischer, manchmal satirischer Form werden Lebensformen im Zeitalter einer radikal vorangetriebenen Individualisierung beschrieben.

Folgt man diesen Darstellungen, so bewegen sich Männer wie

Frauen heute in den Endlosschleifen eines unstillbaren Glücksverlangens (Sven Hillenkamp 2009; Botho Strauß 1976). Der Bezugshorizont der Liebe wandelt sich. Zugespitzt formuliert: Es geht um Sex. Es geht um Liebe. Es geht um Kinder. Es geht um Versorgung, um Erhaltung und Erweiterung von Besitz. Aber zuallererst geht es darum, wie der oder die, mit der oder dem ich zusammen bin, den oder die ich heirate, mein Selbst bereichert, glorifiziert, offenbart.

Den Figuren, die hier als Protagonisten einer immer weiter gesteigerten Individualisierung geschildert werden, geht es beim Zusammenleben und Heiraten keineswegs in erster Linie um die Beziehung, um die Ehe (darum geht es auch). Man kleidet sich individuell. Man bildet sich individuell. Die weltweiten Kosmetik-, Haardesign- und Facelifting-Industrien erzeugen individuelle Selbstinszenierungen am Fließband. Aber die Entscheidung, die das Selbst für alle Welt ausweist, ist die Partnerwahl – auf Abruf (Elizabeth Gilbert 2010).

Egal, ob der Partner oder die Partnerin reich oder arm, katholisch, muslimisch oder religionslos ist, eines erweist sich mit einiger Verläßlichkeit als vorhersagbar: Sie oder er verfügt über ausgetüftelte, komplexe, bei geringster Nachfrage abrufbare, zum Wieder- und Wiedererzählen verinnerlichte Geschichten über das Wunder ihrer Liebe und Ehe oder die Wunden der Trennung. Und sogar die Struktur dieser Wie-wurde-ich-was-ich-bin-Eheerzählung ist voraussagbar.

Das erste Merkmal ist: Die Erzählung kreist um zwei und nur zwei Personen (nicht deren Eltern oder Verwandte, Freunde etc.). Diese Ichs und Dus befanden sich auf einer einsamen Lebensreise voller Versuchungen und Irrtümer, bevor sie sich trafen. Im Drehbuch der individualisierten Odyssee handelt es sich um eine sagenreiche Irrfahrt voller ironischer Wendungen, Widersprüche und Überraschungen.

Der Übergang von Liebe zur Partnerschaft bzw. Ehe (und später von der Ehe zur Scheidung) ist episch vergoldet (oder als Trauerspiel komponiert). Wenn man eine moderne westliche Frau fragt, wie sie ihrem Partner, ihrem Ehemann begegnet ist, wann, wo und wie sie sich in ihn verliebt hat, wird als Antwort ein kompliziertes und zugleich zutiefst persönliches Narrativ abgespielt, das diese Frau sorgfältig um ihre gesamten Erfahrungen gesponnen hat, das sie memoriert und für die passende Gelegenheit gespeichert hat, um für ihre originäre Selbstheit (der Prestige-Währung des Ich-Zeitalters) die Zinsen der Anerkennung zu kassieren. (Es wäre interessant, diese Wie-wurde-ich-was-ich-bin-Eheerzählung der Frauen und der Männer zueinander in Beziehung zu setzen oder in ihren geschlechtsstereotypen Erzählmustern miteinander zu vergleichen.)

Zweifel (»Sie war eigentlich nicht mein Typ«), glückliche Zufälle (»In der Enge meines Studentenzimmers, in dem wir unsere Seminararbeit besprachen, gab es eigentlich nur zwei Plazierungsmöbel: einen Stuhl und das Bett«), Widrigkeiten und Widerstände (»Mein Vater drehte den Geldhahn zu, um unsere Liebe zu verhindern, was den Effekt hatte, uns zusammenzuschweißen«) bilden das Rückgrat der erzählerischen Architektur.

Auch das Ende der Erzählung ist eine Prognose wert: *Vor* der Scheidung endete das Narrativ mit der Erlösung (»Heute kann ich mir ein Leben ohne ihn/sie gar nicht mehr vorstellen«). *Nach* der Scheidung treten die Immer-schon-Zweifel in den Vordergrund (»Warum habe ich meine frühen Zweifel unterdrückt und mir verboten, die vielen Beweise ihrer/seiner chronischen Untreue ernst zu nehmen«).

Dann gehört schließlich auch dieses voraussagbar zum Modell der radikal individualisierten Liebe: Der Erzähler ist seinem Selbstbild und seiner Erzählform nach nicht nur Opfer, sondern auch Autor seiner Liebes-Biographie. Er oder sie rechnet sich den Ablauf des Geschehens selbst zu, als Konsequenz eigener (Nicht-) Entscheidungen und eigener Taten(losigkeit). Allerdings in Grenzen: An der Trennung, an der Scheidung ist (natürlich) der oder die andere schuld!

Das heißt, im radikal gesteigerten westlichen Modell am Beginn des 21. Jahrhunderts wird Liebe absolut gesetzt, sind die Widersprüche zwischen Individualisierung, Glück, Freiheit und Liebe die *conditio sine qua non* für alles: Partnerschaft, Heirat, Elternschaft, gemeinsamer Haushalt, gemeinsames Geld. Aber auch Trennung, Scheidung. Und Wiederverheiratung.

Eine feste Reihenfolge? Gibt es nicht mehr. Statt dessen eine Folge von Wechseln, biographischen Stationen und Übergängen. Bei Familienfeiern trifft Mann auf Exmann, kommt die dritte Frau meines ersten Mannes dazu, streiten meine Kinder mit deinen Kindern und unseren Kindern. Heirat und Scheidung sind beide Offenbarungen des eigenen Ichs.

Pragmatische Heirat – Kinder – vielleicht Liebe

Die Biographie der amerikanischen Journalistin Elizabeth Gilbert ähnelt in vielem der vieler individualisierter Frauen im Westen. Erfolg im Beruf, doch Pech im Privaten: Ihre Ehe ist gescheitert. Bevor sie sich nochmals auf das Abenteuer Ehe einläßt, will sie das Geheimnis einer gelingenden Ehe ergründen und macht das Thema zum Gegenstand von Recherchen. Dabei stößt sie auf die Hmong, eine ethnische Gruppe, die ursprünglich in Südostasien beheimatet war, dann im Vietnam-Krieg auf seiten der USA kämpfte und große Verluste erlitt. Von den Überlebenden wanderten viele in die USA aus, wo sie bald auffielen durch ihren Gruppenzusammenhalt wie durch ihre kompromißlose Distanz zu den Segnungen der Moderne (Fadiman 1997).

Die Hauptgesprächspartnerin von Elizabeth Gilbert bei den Hmong ist eine alte Frau, eine Großmutter, die eine Schlüsselrolle in dem Netzwerk von Familien- und Verwandtschaftsbeziehungen der Hmong einnimmt. Das Gespräch beginnt schwierig zu werden, als Gilbert die alte Frau nach der Geschichte ihrer Heirat fragt – in der Hoffnung, Anekdoten darüber zu hören, wie sie ihren Mann liebenlernte.

»›Was dachten Sie über Ihren Mann, als Sie ihn zum ersten Mal sahen?‹

Ihr ganzes faltenreiches Gesicht drückte Erstaunen aus. Ich nahm an, daß sie die Frage mißverstanden habe, und versuchte es noch einmal: ›Wann kam Ihnen der Gedanke, daß Ihr Mann derjenige war, den Sie heiraten wollten?‹

Wieder wurde meine Frage mit einem stummen, freundlichen Erstaunen nicht beantwortet.

›War Ihnen von Anfang an bewußt, daß er etwas Besonderes war?‹ versuchte ich es noch einmal. ›Oder haben Sie erst später gelernt, ihn zu schätzen und zu lieben?‹

Nun begannen die anderen Frauen in dem Raum nervös zu kichern über die ein wenig verrückte Person, zu der ich in ihren Augen offensichtlich geworden war.

Ich versuchte es noch einmal auf einem anderen Weg: ›Ich meine, wann trafen Sie zum ersten Mal Ihren Ehemann?‹

Die Großmutter stöberte offenbar in ihren Erinnerungen herum, um eine Antwort zu finden, fand aber nicht mehr als den Hinweis: ›Vor langer Zeit‹.

Für sie schien diese Frage keine besondere Beachtung zu verdienen.

›Okay, *wo* haben Sie zum ersten Mal Ihren Mann getroffen?‹ fragte ich nun, um die Sache so einfach wie nur irgend möglich zu machen.

Wieder schien die Art meiner Neugierde für die Großmutter ein Mysterium zu sein … Was auch immer, sagte sie, für sie sei es keine wichtige Frage, ob sie ihn kannte oder nicht kannte, als sie ein junges Mädchen war. Zum Vergnügen der anwesenden Frauen fügte sie hinzu: Nun würde sie ihn allerdings gut kennen.

›Aber wann haben Sie sich in ihn verliebt?‹ fragte ich schließlich ganz unverblümt.

Nun brach bei den zuhörenden Frauen offenes Gelächter aus, außer bei der Großmutter, die zu freundlich war, um laut zu lachen …

Dann setzte ich mit einer Frage nach, die sie für noch verrückter hielten: ›Und was, glauben Sie, ist das Geheimnis einer glücklichen Ehe?‹

Nun verloren alle tatsächlich die Fassung. Sogar die Großmutter rang offen mit ihrem Lachen ... Alles aber, was ich verstehen konnte, war, daß diese Hmong-Frauen und ich ganz offensichtlich eine vollständig andere Sprache sprachen.« (Gilbert 2010: 33-35)

Was wir im Westen als Familie betrachten, ist so klein geworden, daß man es unter einem Elektronenmikroskop (unter-)suchen müßte. Handelt es sich doch um kleine Personengruppen, die nach den unausgesprochen geltenden Gesetzen des »eigenen Lebens« und des »eigenen Raumes« in großen, lose besiedelten Wohnungen zusammenleben. Das Gegenteil trifft auf die Hmong zu. Hier ist Familie eines gewiß nicht: eine Lebens-, Familien- und Liebesform, bei der die Menschen tagtäglich am Altar der individuellen Entscheidung niederknien und bei Strafe der Scheidung wechselseitig Inspiration einklagen.

Weltfamilien meint die Ungleichzeitigkeit der
ineinander verstrickten Liebeswelten

Weltfamilien bilden oft ein Patchwork der verschiedenen Modelle: In ein und derselben Familie können in Gestalt bestimmter Personen – z. B. säkulare Tochter, streng fundamentalistischer Vater, halbsäkulare, halbreligiöse Mutter und im Westen geborener, antiwestlicher, fundamentalistischer Sohn – die Widersprüche zwischen den Leit- und Leidbildern von Liebe, Sexualität, Ehe und Familie in gleichzeitiger Ungleichzeitigkeit konfliktvoll in-, neben- und gegeneinander existieren. Hieran wird exemplarisch deutlich, wie Weltfamilien einen Mikrokosmos unterschiedlicher, eng miteinander verknüpfter Lebensläufe bilden, in dem sich Vormoderne, Erste Moderne und Zweite Moderne mischen (Beck/Grande 2010). In der aktuellen gesellschaftstheoretischen Debatte lassen sich drei Positionen unterscheiden, die Liebe und Intimität

in der Moderne einmal »nationalstaatlich«, einmal »universalistisch«, einmal »kosmopolitisch« begreifen (siehe dazu auch die
Einleitung). Im nationalstaatlichen Ansatz macht die säkulare
Version der heiligen Dreieinigkeit – ein Haushalt, ein Paß und eine
Identität – den Kern der Familie aus. Doch Liebende und Familien
sind längst ausgebrochen und erproben eine Art Solidarität zwischen Fremden. Wahlverwandt mit dem nationalstaatlichen ist
der universalistische Ansatz; er verbindet die große Transformation von Liebe und Intimität mit der Entfaltung der europäischen
Moderne, genauer: mit dem historisch aufbrechenden Gegeneinander von Freiheit, Gleichheit und Liebe (Beck/Beck-Gernsheim
1990; Giddens 1993; Illouz 2011; Luhmann 1982 und andere
mehr). Hier wird die Besonderheit des europäischen Weges ver-
kannt und zum allgemeinen Weg in die Freiheitsparadoxien der
modernen Liebe erklärt (ein Fehler, der auch unsere frühere Diagnose des Liebeschaos kennzeichnet).

Der kosmopolitische Ansatz dagegen, den wir in diesem Buch
entwerfen, zeichnet nach, wie in Weltfamilien das europäisch-
westliche Modell der Liebe und die Liebes- und Familienkulturen
anderer Weltregionen teils miteinander verwoben werden, teils miteinander kollidieren. Weltfamilien bilden so gesehen neuartige Mischungen aus Tradition und Moderne, aus Nähe und Ferne, aus
Vertrautheit und Fremdheit, aus Gleichheit und Ungleichheit –
Mischungen, die Zeitalter, Länder und Kontinente überspannen
und im Binnenraum des Privaten, Intimen die Turbulenzen einer
globalisierten Welt widerspiegeln.

KAPITEL IV

Weltmarkt, Weltreligionen, Weltrisiken, Weltfamilien:
Wie globale Schicksalsgemeinschaften entstehen

Ob binationale Paare, Fernliebe, Hausarbeitsmigrantinnen, Kinderwunschtourismus – Liebes- und Familienformen, die wir unter dem Begriff »Weltfamilien« zusammengefaßt haben, ist eines gemeinsam: Sie können weder in einer nationalen noch in einer universalistischen Perspektive, sondern nur in einer kosmopolitischen Perspektive verstanden werden. Zugleich gilt: Tiefgreifende Veränderungen wie die, die gegenwärtig in den Geschlechterbeziehungen stattfinden, lassen sich in anderer Form auch in anderen Bereichen der Gesellschaft beobachten. Deshalb sind die Wandlungen innerhalb von Familien- und Liebesbeziehungen nicht ungewöhnlich oder exotisch, sie fügen sich vielmehr ein in eine größere Entwicklungslinie, in einen Grundzug der Moderne im frühen 21. Jahrhundert. Wir erleben gegenwärtig nicht nur die Entstehung von Weltfamilien, sondern auch die Überschneidung von Weltreligionen, die Zunahme von Weltrisiken usw. vor dem Hintergrund eines alle Bereiche durchdringenden Weltmarktes. Wir erleben den Wandel von einer Gesellschaftsform, die in Politik, Wirtschaft, Alltag wesentlich durch den Bezugsrahmen des Nationalstaates definiert war, hin zu einer Gesellschaftsform, in der die Nationalstaaten sich von innen her verändern und die Konturen einer Weltrisikogesellschaft immer stärker hervortreten.

Diesen Wandel bezeichnen wir als Kosmopolitisierung. Damit ist mehr gemeint als Globalisierung oder Transnationalisierung, mehr als eine quantitative Zunahme der Verbindungen zwischen Ländern und Kontinenten. Kosmopolitisierung meint eine nicht nur ökonomische und politische, vielmehr auch ethische Interdependenz zwischen einzelnen, Gruppen und Nationen über nationale, ethnische, religiöse, politische Trennlinien und Herrschaftsverhältnisse hinweg; wechselseitige Abhängigkeiten, die eine Art Schicksalsgemeinschaft, ja verschiedene Formen von Zwangs-Schicksalsgemeinschaften bilden (Beck 2004; Beck/Grande 2010).

Diese Schicksalsgemeinschaften, unabhängig von nationalen Grenzen und geographischen Entfernungen, bestehen in den verschiedensten Feldern und Formen, sei's als Liebe (siehe Weltfamilien), sei's als ökonomische Konkurrenz auf dem Weltmarkt (Hochlohn-Länder versus Billiglohn-Länder), sei's als Bedrohung der Menschheit (Klimawandel, Atomkraft usw.).

Kosmopolitisierung als Schicksalsgemeinschaft heißt: Der »globale Andere« ist Teil unseres Lebens geworden. Die Bewohner des Regenwalds in Brasilien, der Bauer in Ostanatolien, die Finanzberater in London oder Manhattan mögen sich kaum je begegnen, aber sie sind miteinander verbunden. Daraus folgt als oberstes Gebot der Kosmopolitisierung: Ob uns die Menschen anderer Hautfarbe, Nationalität und Religion sympathisch sind oder nicht, ob uns ihre Gewohnheiten gefallen oder seltsam erscheinen oder ob sie gar als Feinde gelten, wir müssen mit diesen entfernten und/oder fremden, zuweilen feindlichen Anderen koexistieren, uns mit ihnen verständigen und zusammenarbeiten, weil wir anders nicht leben und überleben können. Die Zeiten der Autonomie, des nationalen Alleingangs, der *splendid isolation* sind vorbei.

Die (Zwangs-)Schicksalsgemeinschaft, die mit Kosmopolitisierung einhergeht, manifestiert sich besonders deutlich in der global werdenden Medizinindustrie: Im Gefolge der Transplantationsmedizin ist eine Schattenwirtschaft entstanden, die den Weltmarkt mit frischen Organen versorgt. Was aber haben frische Nieren mit Kosmopolitisierung zu tun?

1. Organ-Tourismus: Wie die Organe der Armen der Welt den Körpern der Reichen einverleibt werden

Unsere Welt ist von radikaler sozialer Ungleichheit gekennzeichnet (Beck/Poferl 2010). Am unteren Ende der Welthierarchie sind unzählige Menschen im Kreislauf von Hunger, Armut und Schulden gefangen. Von blanker Not getrieben, sind viele zu einem verzweifelten Schritt bereit. Sie verkaufen eine Niere, einen Teil ihrer Leber, eine Lunge, ein Auge oder auch einen Hoden. So entsteht eine Schicksalsgemeinschaft der ganz besonderen Art: Das Schicksal von Bewohnern der Wohlstandsregionen (den auf Organe wartenden Patienten) ist gekoppelt mit dem Schicksal von Bewohnern der Armutsregionen (die nur ihren Körper als Kapital haben). Für beide Gruppen geht es um Existentielles im Wortsinn, das Leben und Überleben.

In einer empirischen Fallstudie zeigt die Anthropologin Nancy Scheper-Hughes (2005), wie die Ausgeschlossenen der Welt, die wirtschaftlich und politisch Enteigneten – Flüchtlinge, Obdachlose, Straßenkinder, Migranten ohne Papiere, Häftlinge, alternde Prostituierte, Zigarettenschmuggler und Diebe – Teile ihres Körpers an die Transplantationsmedizin liefern. Sie baut deren Organe den kranken Körpern anderer Personen ein, verleibt sie im wörtlichen Sinn ein (wobei diese Personen einer Schicht entstammen, die genug Geld hat, um die Organe der globalen Armen zu bezahlen). Das Resultat ist eine moderne Form der Symbiose: die durch Medizintechnologie vermittelte Verschmelzung zweier Körper über Grenzen und Entfernungen hinweg.

In den Körperlandschaften der Individuen verschmelzen Kontinente, »Rassen«, Klassen, Nationen und Religionen. Muslimische Nieren reinigen christliches Blut. Weiße Rassisten atmen mit der Hilfe schwarzer Lungen. Der blonde Manager blickt mit dem Auge eines afrikanischen Straßenkindes auf die Welt. Ein katholischer Bischof überlebt dank der Leber, die aus einer Prostituierten in einer brasilianischen Favela geschnitten wurde. Die Körper der Reichen verwandeln sich zu kunstvoll zusammengesetzten Patchwork-Arbeiten, die der Armen zu einäugigen bzw. einnierigen Ersatzteillagern, für viele Arten der Verstümmelung nutzbar – selbstverständlich ganz ohne Zwang, »freiwillig«, wie die Abnehmer der Organware, die wohlhabenden Kranken, gern betonen (und das, was sie den Verstümmelten als Entschädigung zahlen, als Beitrag zur Entwicklungshilfe umdeuten). Der stückweise Verkauf ihrer Organe wird so zur Lebensversicherung der Armen, in der sie einen Teil ihres aktuellen Lebens hingeben, um überhaupt überleben zu können. Und als Resultat der globalen Transplantationsmedizin entsteht der »biopolitische Weltbürger« – ein weißer, männlicher Körper, fit oder fett, in Hongkong oder Manhattan, ausgestattet mit einer indischen Niere oder einem muslimischen Auge.

Diese radikal ungleiche Kosmopolitisierung der Körper verläuft sprachlos, ohne Interaktion von Spender und Nehmer. Nieren-Geber und Nieren-Empfänger sind weltmarktvermittelt, bleiben anonym füreinander. Dennoch ist ihre Beziehung existentiell, (über)lebenswichtig für beide, wenn auch in unterschiedlicher Weise. Die nicht mehr auflösbare Verbindung mit dem entfernten und fremden Anderen – das, was wir Kosmopolitisierung nennen – setzt keine persönliche Verbindung, keinen persönlichen Kontakt, kein wechselseitiges Kennen voraus. Kurz, Kosmopolitisierung in diesem Sinn kann den Dialog und die direkte Verständigung mit dem »Anderen« einschließen (bei binationalen Ehen), aber sie kann sich auch als sprachlose, berührungsfreie Verbindung vollziehen (bei der Transplantation von Nieren).

In diesem Fall treten die Kennzeichen der *conditio humana* am Beginn des 21. Jahrhunderts hervor. Die Gegensätze zwischen national und international, Innen und Außen, Wir versus die Anderen werden vom Fortschreiten der Moderne überrollt, ja werden anachronistisch. Sie lösen sich auf und verschmelzen zu neuen

Formen.* »Frische Nieren«, die von Körper zu Körper, vom globalen Süden in den globalen Norden transplantierten Organe, stellen kein Ausnahmebeispiel dar: Sie sind Symbol für eine umfassende Entwicklung. In der inneren Verbindung der ungleichen Welten verwandeln sich Institutionen und Lebensbereiche – zum Beispiel Liebe, Elternschaft, Familie, Haushalt, Beruf, Erwerbsarbeit, Arbeitsmarkt. Das Ineinander der Welten zeigt sich alltäglich in den Regalen der Supermärkte, an den Etiketten der Lebensmittel, auf den Speisekarten der Restaurants (wer entsprechend bezahlt, kann »die Welt essen«); durchzieht Kunst, Wissenschaften, Weltreligionen; und bricht über uns herein in Form von Weltrisiken (Klimawandel oder Finanzkrise).

In den öffentlichen Debatten in Deutschland wird Globalisierung von den einen als Modewort abgetan, von den anderen zum neuen Menschheitsschicksal stilisiert. Aber beide Positionen unterstellen, sie finde irgendwo »da draußen« statt, die Nationalstaaten bestünden unverändert weiter. Kosmopolitisierung dagegen rückt die Verflechtung und unauflösbare Verbindung der Weltregionen unterhalb der nationalstaatlichen Oberfläche ins Blickfeld. Unterscheidungen zwischen »national« und »international« laufen ins Leere, wenn immer mehr Menschen kosmopolitisch arbeiten, kosmopolitisch lieben, kosmopolitisch heiraten, kosmopolitisch leben, reisen, kaufen und kochen; wenn die innere Identität und politische Loyalität von immer mehr Menschen sich nicht nur auf einen Staat, ein Land, eine Heimat beziehen, sondern auf zwei, drei oder noch mehr zugleich; wenn immer mehr Kinder binationalen Verbindungen entstammen, mit mehreren Sprachen aufwachsen, die Kindheit teils in einem Land, teils in einem anderen verbringen oder im virtuellen Raum von Fernsehen und Inter-

---

* Genau das meint »reflexive Modernisierung«: Die Nebenfolgen radikalisierter Modernisierung untergraben die institutionellen rechtlichen, politischen, moralischen, gesellschaftlichen Grundlagen und Dichotomien der Ersten nationalstaatlichen Moderne (siehe Beck 1993; Beck/Bonß/Lau 2001).

net. Wer in dieser Situation verkündet: der Multikulturalismus ist tot, kennt die Wirklichkeit nicht. Wir erleben nicht das Ende des Multikulturalismus, sondern das des nationalstaatlichen Monokulturalismus. Die Verflechtung der Welten ist unrevidierbar – und sie verändert die Nationalstaaten in ihren Fundamenten.

2. Weltmarkt als Kapitalmacht

Der Abbau nationaler Handelsschranken, der mit dem Zusammenbruch der Sowjetunion und dem Ende des Ost-West-Gegensatzes in schnellem Tempo voranschritt, hat zu einer Umverteilung der Macht zwischen nationalstaatlicher Politik und weltwirtschaftlichen Akteuren geführt. Dabei gewinnen die Unternehmen an Macht, weil sie sich (ähnlich wie Weltfamilien) aus der Bindung an einen Ort und an einen Nationalstaat herauslösen (Beck 2002). Zu diesem Wandel tragen mehrere Bedingungen bei: Zum einen ermöglichen es neue Kommunikationstechnologien und offene Grenzen für Kapital- und Informationsströme, Arbeitsplätze dorthin zu exportieren, wo Personalkosten, Sicherheitsvorschriften, Sozialabgaben usw. möglichst niedrig sind.

Zweitens erlauben es moderne Informationstechnologien, soziale Nähe trotz geographischer Entfernungen herzustellen, also innerhalb eines Konzerns Kooperationen zwischen den Standorten in den verschiedensten Ländern aufzubauen. Durch grenzübergreifende Formen der Arbeitsorganisation können Konzerne Arbeitskräfte in fernen Ländern und Kontinenten einstellen und die Vorteile des einen Standorts und Landes mit denen eines anderen kombinieren.

Transnationale Konzerne haben drittens die Macht, Nationalstaaten und/oder Produktionsorte gegeneinander auszuspielen, indem sie einen globalen Wettbewerb um die niedrigsten Lohnkosten, Steuerabgaben und günstigsten Infrastrukturleistungen in Gang setzen. Ebenso können sie Staaten »bestrafen«, wenn sie als teuer oder investitionsfeindlich gelten, indem sie Standorte schließen und Produktionsstätten in andere Länder verlagern.

Viertens schließlich können transnationale Konzerne eine Aufspaltung herbeiführen zwischen Investitionsort, Produktionsort, Steuerort und Wohnort und aus den grenzübergreifenden Produktionsketten ein kunstvolles Dickicht gestalten. So lassen sich die Vorteile und Nachteile der verschiedenen Orte ausnutzen – ein Spiel, das viel Geld bringen kann, sofern man zwischen den nationalen Regeln und Rechtslagen zu manövrieren versteht.

So vollzieht sich die Befreiung, die »Emanzipation« der ökonomischen Interessen von nationalstaatlichen Bindungen und demokratischen Kontrollinstitutionen. Es kommt zu einer folgenreichen Trennung von Herrschaft und Politik (Bauman 2010: 203).

In früheren Phasen hatte der sich herausbildende Nationalstaat es vermocht, Politik- und Herrschaftsinstitutionen zu entwickeln, die den Industriekapitalismus zähmten und die sozialen und kulturellen Folgeschäden in Grenzen hielten. Da dies im Rahmen des Nationalstaates durchgesetzt wurde, entstand eine Art Ehe zwischen Herrschaft und Politik. Diese Ehe ist jetzt offensichtlich zu Ende. Herrschaft, verwandelt in diffuse Macht, wird teilweise in den Cyberspace, in Märkte und mobiles Kapital ausgelagert, teilweise auf die Individuen abgewälzt, die die Risiken allein bewältigen müssen. Gegenwärtig ist keine Institution in Sicht, die – ähnlich wie zuvor der Nationalstaat – die Kapitalmacht kontrollieren und zähmen könnte, auch wenn es einige experimentelle, vielleicht sogar »embryonale« Orte des Regierens jenseits des Nationalstaates gibt, wie beispielsweise die Treffen und Ansprachen der G20- oder G8-Staaten.

3. Erwerbsarbeit: Die Arbeitsplätze wandern aus in die Armutsregionen

Der Machtgewinn des Kapitals setzte einen tiefgreifenden Wandel des Arbeitsmarktes in Gang, ohne öffentliche Abstimmung und demokratische Entscheidungen, ohne Anhörung und Mitsprecherecht der Betroffenen selbst. Auf dem Arbeitsmarkt kommt es zu tektonischen Verschiebungen – von Norden nach Süden, von Westen nach Osten –, die die Existenz von Millionen Menschen bedrohen. Diese sind mit einer historisch neuen Erfahrung konfrontiert: In den reichen Ländern werden die Beschäftigten ersetzbar, können entlassen und ausgetauscht werden durch Beschäftigte in den armen Ländern, den Niedriglohn-Ländern.

In der Epoche der (Ersten) Moderne, als die Nationalstaaten stark und souverän waren, wirkten nationale Grenzen einer internationalen Konkurrenz der Beschäftigten entgegen. Heute, im Stadium der Zweiten Moderne, erzeugt der auf *Outsourcing* spezialisierte Kapitalismus eine immer schärfere Konkurrenz zwischen einheimischer und ausländischer Arbeit – koreanische Fabrikarbeiter gegen japanische Fabrikarbeiter, polnische Handwerker gegen britische Handwerker usw. Existentielle Verflechtung meint hier: Der unbekannte Andere wird für die Bewohner der Wohlstandsländer zum inneren ökonomischen Feind, weil er ihre Arbeitsplätze, ihren Lohn, ihren Wohlstand bedroht.

Es findet eine Zwangskosmopolitisierung statt. Sie vollzieht sich, ohne daß nationale Grenzlinien sie aufhalten, am Macht- und Souveränitätsanspruch der Nationalstaaten vorbei. Die politischen Auswirkungen sind enorm. Im Gefolge der globalen Konkurrenz der Beschäftigten nehmen in den wohlhabenden Regionen die Ressentiments gegen die »Anderen« zu. Fremdenfeindlichkeit breitet sich aus. An diesem Beispiel läßt sich nachvollziehen, wie das Unterlaufen nationaler Grenzen deren neue Verfestigung nach sich zieht. Wenn die Lebenswelten nicht mehr kleinräumig, isoliert, provinziell sind, sondern immer mehr hineingezogen werden in den Strudel der globalen Ereignisse, so muß das also keineswegs heißen, daß sich der Horizont der Menschen erweitert und sie weltoffen und weltgewandt werden. Aus der Kosmopolitisierung der Lebenslagen und Lebenswelten entsteht keineswegs zwangsläufig Kosmopolitismus als Bewußtsein und Geisteshaltung. Anders gesagt: Weltbetroffenheit bringt nicht immer Weltoffenheit mit sich.

4. Die Wahrheitskonkurrenz der Weltreligionen

Jahrhundertelang wurde der universalistische Anspruch der drei großen monotheistischen Religionen gezähmt und zivilisiert durch territoriale Grenzziehungen. Je mehr die Migrationsströme zunehmen, je bunter und vermischter die Bevölkerungen werden, je mehr mit den neuen Kommunikationsmedien die Informationsströme anwachsen, desto direkter treffen die verschiedenen Religionen aufeinander: An ein und demselben Ort beten Muslime, Juden und Christen (Beck 2008; Bauman 2009). Mit den vielen Millionen der in der Fremde verstreuten Gläubigen haben sich ihre alleinseligmachenden Götter über den Globus ausgebreitet. Sie, die Weltherrscher, die keinen Konkurrenten neben sich dulden, müssen jetzt auf engem Raum zusammenleben. Welche Explosivkraft diese Gleichzeitigkeit von geographischer Nähe und sozialer Distanz besitzt, wird erst jetzt greifbar, da alle Versuche der wechselseitigen Abschottung aussichtslos sind.

Im Ineinander und Gegeneinander der Weltreligionen entsteht eine multi-monotheistische Verstrickung, bei der der eine und einzige Gott der religiösen Anderen, die universalistischen Glaubensansprüche der verschiedenen Gruppen direkt in unserer Mitte aufeinandertreffen – konfliktreich und möglicherweise gewaltsam.

5. Klimawandel als existentielle Verstrickung
der Menschheit

Im traditionalen Verständnis waren Klima und Wetter Beispiele
für Natur an sich, eine eigene Kategorie, unbeeinflußt von Gesellschaft und Kultur. Verschiedene Regionen, verschiedene Länder
hatten ihr je besonderes Klima: In Italien blühen die Zitronen; in
England regnet es; am Nordpol ist es eiskalt; und in Deutschland
gibt es den Wechsel der Jahreszeiten und Klimalagen – Frühling,
Sommer, Herbst und Winter.

Zu Beginn des 21. Jahrhunderts erleben wir das »Ende der Natur«, die Nach-Wetter-Epoche: Im Klimawandel verbinden sich
Natur und Gesellschaft. Gleichzeitig ist Wetter lokal/regional,
Klima ist global, genauer: kosmopolitisch, bestimmt also das lokale
Wetter – das Schicksal der Menschen in weit entfernten Regionen ist
mit dem unseren verknüpft und unseres mit dem ihren. Der Klimawandel wird in globalen Klimamodellen berechnet, denn er macht
nicht an den Grenzen der Nationalstaaten halt. Das eigene Leben
und das Überleben aller sind ineinander verstrickt. Wer in Deutschland eine elektrische Zahnbürste benutzt, wird mitverantwortlich,
mitschuldig, wenn auf der anderen Seite des Globus, in Japan oder
Australien, katastrophale Unwetter losbrechen.

6. Risikogemeinschaften als Schicksalsgemeinschaften

Warum mit den Großrisiken der Gegenwart globale Schicksalsgemeinschaften entstehen, wurde vor 25 Jahren – angesichts der
Kernreaktorkatastrophe von Tschernobyl – so formuliert:

»Arm an geschichtlichen Katastrophen war dieses Jahrhundert
wahrlich nicht: zwei Weltkriege, Auschwitz, Nagasaki, dann Har-
risburg und Bhopal, nun Tschernobyl. Das zwingt zur Behutsam-
keit in der Wortwahl und schärft den Blick für die historischen

Besonderheiten. Alles Leid, alle Not, alle Gewalt, die Menschen Menschen zugefügt haben, kannte bisher die Kategorie der ›anderen‹ – Juden, Schwarze, Frauen, Asylanten, Dissidenten, Kommunisten usw. Es gab Zäune, Lager, Stadtteile, Militärblöcke einerseits, andererseits die eigenen vier Wände – reale und symbolische Grenzen, hinter die die scheinbar Nichtbetroffenen sich zurückziehen konnten. Dies alles gibt es weiter und gibt es seit Tschernobyl nicht mehr. Es ist das *Ende der ›anderen‹*, das Ende all unserer hochgezüchteten Distanzierungsmöglichkeiten, das mit der atomaren Verseuchung erfahrbar geworden ist. *Not läßt sich ausgrenzen, die Gefahren des Atomzeitalters nicht mehr.* Darin liegt ihre neuartige kulturelle und politische Kraft. Ihre Gewalt ist die Gewalt der Gefahr, die alle Schutzzonen und Differenzierungen der Moderne aufhebt« (Beck 1986: 7).

Moderne Gesellschaften – westliche ebenso wie nicht-westliche, reiche wie arme – sind mit historisch neuen, globalen Risiken konfrontiert (Klimawandel, Finanzkrise, Terrorismus usw.). Diese Konfrontation nimmt in unterschiedlichen Gesellschaften unterschiedliche Formen an, aber sie stellt alle vor den »kosmopolitischen Imperativ«: Kooperation oder Scheitern! Nur gemeinsames Handeln bietet Aussicht auf Rettung! Die globalen Großrisiken – ökologische, technologische, ökonomische – erzeugen Entscheidungsketten, die die politische Dynamik der Nationalstaaten verändern. Es entsteht eine historisch neue, existentielle Schicksalsgemeinschaft zwischen dem globalen Norden und dem globalen Süden. Damit ist kein Kosmopolitismus gemeint, kein normativer Aufruf zu einer »Welt ohne Grenzen«. Vielmehr geht es um ein empirisches Faktum: Die Großrisiken erzeugen eine globale Zwangsgemeinschaft, weil das Überleben aller davon abhängig ist, ob sie zu gemeinsamem Handeln zusammenfinden.

Durch Initiativen zivilgesellschaftlicher Gruppen, einzelner Staaten, globaler Städte können »Risikogemeinschaften« entstehen, die auf dem Bewußtsein gemeinsamer Verantwortung gründen und auf dem Wissen darum, daß die Großrisiken sich geographisch nicht eingrenzen lassen und Folgewirkungen erzeugen, die bis in die ferne Zukunft hineinreichen.

Hieran wird sichtbar, daß es zwei unterschiedliche Wege gibt, die zu Kosmopolitisierung hinführen. Zum einen können Individuen, Gruppen und Gesellschaften sich aktiv öffnen für fremde Welten, Gewohnheiten, Glaubensgewißheiten (dafür bieten Weltfamilien zahlreiche Beispiele). Beim anderen Weg übernehmen die Individuen keine aktive Rolle, sie werden in den Strudel globaler Ereignisse hineingezogen. Auch wenn nun alle Menschen im selben Boot sitzen, der Schicksalsgemeinschaft der Moderne zugehören, so heißt das nicht, daß alle gleich oder gleichberechtigt wären. Im Gegenteil: Daß die Zerbrechlichkeit des Bootes – um im Bild zu bleiben – alle bedroht, macht in seiner Schicksalhaftigkeit die Ungleichheit der Welt auch den in ihren *gated communities* abgeschotteten Reichen bewußt. Universalität der Gefahr und die existentielle Verstrickung von Arm und Reich sind zwei Seiten der Medaille.

7. Kosmopolitisierung als Alltagsgeschehen

Der Kosmopolitismus handelt von Normen, die Kosmopolitisierung von Fakten. Kosmopolitismus im philosophischen Sinn, bei Immanuel Kant wie bei Jürgen Habermas, beinhaltet eine weltpolitische Aufgabe, die von oben (Regierungen und internationalen Organisationen) oder von unten (zivilgesellschaftlichen Akteuren) durchgesetzt wird. Kosmopolitisierung dagegen vollzieht sich von unten und innen, im alltäglichen Geschehen, oft ungewollt, unbemerkt. Kosmopolitisierung reicht von den oberen Etagen der Gesellschaft und Politik bis ins Alltagsleben von Familien, in die Verhältnisse auf dem Arbeitsmarkt, ja bis in individuelle Lebensläufe und Körper – selbst wenn weiterhin Nationalflaggen geschwenkt werden, die nationale Leitkultur ausgerufen und der Tod des Multikulturalismus verkündet wird.

Kosmopolitisierung meint die Erosion der eindeutigen Grenzen, die einst Märkte, Staaten, Zivilisationen, Kulturen, Lebenswelten und Menschen trennten; meint die damit entstehenden, existentiellen, globalen Verstrickungen, Konfrontationen, aber auch die Begegnung mit dem Anderen im eigenen Leben. Das gilt für Fernliebe und Weltfamilien, das gilt für Arbeitsmarkt, Religion, Großrisiken usw. Erst die Berücksichtigung der Parallelität solcher Entwicklungen erlaubt es, die Reichweite des Koordinatenwandels zu erfassen, der heute in Liebe und Familie stattfindet.

KAPITEL V

Heiratsmigrantinnen:
Der Traum vom besseren Leben

Immer mehr Menschen wagen Liebes- und Lebensformen über geographische und nationale Grenzen hinweg – es entstehen also Weltfamilien. Aber warum tun sie das, und wie geschieht das?

Keineswegs wachen die Menschen eines Morgens auf und stellen fest, daß sich ihr Zusammenleben verwandelt hat, sie nun Angehörige von Fern- und Weltfamilien sind. Diese Verwandlung erfolgt vielmehr schleichend, auf Samtpfoten, überdies (teilweise) als Konsequenz individueller Entscheidungen (zum Beispiel Heirat, Migration). Aber häufen sich nicht überall die Nachrichten, daß alte Grenzen und Mauern wieder errichtet und verstärkt werden? Geistert nicht das Gespenst des fundamentalistischen Islamismus durch Europa? Und hier die unverhoffte Gegenbotschaft: Individuen, die aus ungleichen Welten stammen, keine gemeinsame Muttersprache sprechen, verschiedene Pässe haben, heiraten – trotz bürokratischer Hindernisse. Wie ist das möglich? Ist das um sich greifende Zusammenleben und Heiraten von Fremden und Entfernten eine Art Rausch? Eine Euphorie, in die man zu Urlaubszeiten oder beim Klicken durchs Internet verfällt und die blind macht für die Gegensätze der Welt?

Nein, darin spiegeln sich allgemeine und individuelle Zwänge, Verlockungen und Motive. Das, was von unten – aus der Graswurzelperspektive – betrachtet den Individuen selbst als einmaliges und unvergleichliches Ereignis erscheint, ist von oben – aus der Vogelperspektive – betrachtet möglicherweise der Beginn epochaler Veränderungen. In einer Welt, in der die enge Verbindung zwischen Liebe, Ort, Paß, Nation brüchig wird, mischen sich die ungleichen Welten an allen Orten, und der Ehevertrag besitzt (vielleicht ungewollt) im Mikrobereich die Funktion, die dem Staatsvertrag im Makrobereich zukommt: Man schließt einen persönlichen Friedensvertrag zwischen fremden und entfernten Ländern und Staaten, um auf dieser Grundlage eine Beziehung zu leben, Kinder in die Welt zu setzen und eine Familie zu gründen.

Beginnen wir mit der Perspektive von unten, der Perspektive der Heiratsmigranten. Nicht immer ist es der Zufall oder die Macht der romantischen Liebe, der bzw. die binationale Paare zusammenführt. Manchmal steht am Anfang die gezielte Suche, die Hoffnung auf ein neues Land, ein besseres Leben. Manchmal steht am Anfang eine Heiratsvermittlungsagentur, die Partnerschaftsrubrik einer Zeitung, eine kommerziell oder staatlich organisierte Eheanbahnungstour, ein Internetforum. Kurz, zahlreiche binationale Verbindungen beginnen nicht mit Liebe, sondern mit der Hoffnung auf Auswanderung, um der Armut und Aussichtslosigkeit in der Heimat zu entkommen. Das Schauspiel »Heiratsmigration« folgt also dem Ratgeber, wie der Schwerkraft globaler Ungleichheit ein individuelles Schnippchen zu schlagen, eine Aufstiegsperspektive entgegenzusetzen ist. Die Umgangssprache hat dafür ebenso plastische wie spöttische Etiketten parat: von Katalog-Bräuten (*mail order brides*) über Visa-Ehen (*visa wives*) bis zu Import-Ehemännern (*imported husbands*).

Neben Kapital- und Informationsströmen sind Migrationsströme zur Signatur dieses Zeitalters geworden, und die Heiratsmigration spielt unter den verschiedenen Migrationsströmen eine gewichtige Rolle. Sie findet sich an zahllosen Orten, in verschiedenen Varianten, in länder- und geschlechtsspezifischen Routen – z.B. von Rußland nach Deutschland, von Indien nach Großbritannien, von China nach Südkorea.

Gegenwärtig nimmt die Zahl solcher Ehen nicht nur zu, sie rükken darüber hinaus zunehmend ins Blickfeld öffentlichen Interesses. Sie sind zum Gegenstand von Politik und Medien aufgestiegen, Wissenschaftler, Schriftsteller, Talk-Shows befassen sich mit ihnen. In solchen Debatten hat die Heiratsmigration meistens eine Aura des Zwielichtigen, ja Anrüchigen. Sie scheint abstoßend und faszinierend zugleich, eine Mischung aus Leidenschaft und Kalkül, Begehren und Täuschung. In Medien und Politik werden solche Ehen vielfach kriminalisiert, als Scheinehen verdächtigt. Feministinnen verorten sie oft im Bezugsrahmen der weltweiten Ausbeutung von Frauen, zitieren sie als Fallbeispiel für Männergewalt (im Grundmuster zusammengefaßt: dominanter westlicher Mann – hilflose ausländische Frau). Dem Normalbürger erscheinen solche Heiratsmuster vielfach fremd, ja barbarisch, weil sie den Vorrang instrumenteller Motive signalisieren – ein Verstoß gegen das Liebesideal der westlichen Gesellschaft, ein kultureller Tabubruch. Hier deutet sich eine Art »feministischer Nationalismus« an: Plötzlich entdecken die Konservativen die Rechte »unserer« – deutschen, französischen, westlichen – Frauen, um gegen das Eindringen »fremder Bräute« mobil zu machen und neue Mauern zu errichten.

In »Heiraten zwischen ungleichen Welten« spiegeln und mischen sich persönliche Motive, globale Herrschaftsverhältnisse, ideologische Abgrenzungsschlachten, Emanzipationshoffnungen und Familienrealitäten, die mit dem bürokratisch-rechtlichen Entweder-Oder der Nationalstaaten auf Kriegsfuß leben. Diesen Dschungel erkunden wir in drei Schritten:

(1) Wir lüften das Geheimnis der Verknüpfung von Heirat und Migration. Warum kommt diese eigenartige, paradoxe Verbindung zweier unterschiedlicher Lebensbereiche zustande und warum gerade heute? Was bewegt Männer, was bewegt Frauen dazu, einen doppelten Neuanfang zu wagen? Warum der geographische Aufbruch in eine unbekannte Welt, besiegelt mit dem Entschluß, ein Zwei-Welten-Leben zu zweit zu beginnen?

(2) Das große Thema Heiratsmigration beginnt mit dem Kleingedruckten, der pragmatischen Frage: Wie können sich die beiden Welten überhaupt finden, die sich via Heirat verbinden wollen?

(3) Schließlich wenden wir uns dem Zwielichtigen zu, das »Hei-

ratsmigration« zum Kampfwort werden ließ: Was macht das An-
stößige aus, die Gefühle von Unbehagen, woher kommt die Ausgrenzung der Eingeheirateten, die im öffentlichen Bild von Heiratsmigration deutlich wird und mit der Politik gemacht wird?
Wie werden diese Bilder erzeugt, und wer erzeugt sie? Und nicht
zuletzt, wo werden welche Mythen, welche Legenden in die Welt
gesetzt, die Nebelschleier über die Wirklichkeit werfen, in der
wir leben?

1. Migrationswünsche versus Migrationsbarrieren

Heiratsmigration: Warum diese paradoxe Verbindung zweier separater Lebensbereiche?

Der in der Verbindung von Heirat und Migration abgebildete Vorgang bezeichnet nicht bloß ein Geschehen zwischen zwei Individuen. Darum handelt es sich auch, aber nicht nur. In dem Wort
sind die Kluft zwischen reichen Ländern und Armutsregionen präsent, die Auswirkungen von Migrationspolitik, die Informations-
und Bilderströme, der Tourismus sowie der zunehmende Anspruch auf Gleichheit in den nicht-westlichen Ländern. Heiratsmigration bildet ein individualisiertes Gruppenereignis, bei dem
Hoffnungen und Widerstände aufeinanderprallen.

Das hat zunächst zur Konsequenz: Der Blick, der sich nur auf
das Geschehen bei »uns« richtet, also auf das, was sich in den
westlichen Ländern abspielt, verfehlt die Wirklichkeit. Bei einer
Heiratsmigration heiraten Welten, und eine derartige Heirat der
Welten kann nur verstanden werden, wenn die Fusion der Horizonte ins Zentrum rückt. Anders gesagt: Heiratsmigration ist
multiperspektivisch; ein Geschehen, das Herkunftsländer und
Ankunftsländer verbindet, das aus dem alltäglichen Mit- und Gegeneinander zwischen dem »Hier« und dem »Dort« entsteht und
dieses weiter verstärkt.

Das Wort »Heiratsmigration« erinnert an den Terminus »Globalisierungsschicksal«. In dieser Perspektive erscheinen Heiratsmigrantinnen (zumeist handelt es sich um Frauen) als *Opfer* auf einem nicht näher bezeichneten Territorium. Allerdings setzen beide Wörter – Heiraten ebenso wie Migration – ein Mindestmaß an Aktivität voraus.

Wenn durch solche Aktivitäten Ankunfts- und Herkunftsland existentiell ineinander verwoben sind, wird deutlich, wie die Orientierungen und Maßstäbe, Lebenspläne und Praktiken nicht mehr nur aufs direkte Umfeld bezogen, sondern immer stärker durch Einflüsse der gesamten Welt bestimmt sind. Heiratsmigration vollzieht sich in der Kluft zwischen wachsender Armut und wachsendem Reichtum, zugleich im Wissen um die Normen von sozialer Gleichheit und Gerechtigkeit, die von den westlichen Demokratien bis in die letzten Winkel der Erde getragen werden. Daraus entsteht beides: die Verzweiflung und die Hoffnung, die Erwartungen und die Enttäuschungen; nicht zuletzt das Selbstbewußtsein, daß angesichts der Gleichheitsrhetorik der reichen Länder grenzenübergreifende Aufstiegsbemühungen Legitimität beanspruchen können. Die Errichtung der Zäune und hochmodernen Befestigungsanlagen, mit denen sich die wohlhabenden Demokratien des Westens umgeben, sprechen ihren Gleichheitsverkündigungen hohn. Der Bau solcher Mauern scheint nicht länger ein »natürliches Recht«, er erweist sich als eine Strategie der Besitzenden, den Besitzlosen der Welt die Teilhabe an ihrem Wohlstand zu verwehren.

Heiratsmigration ist keine Bewegung, die im fernen Nirgendwo der armen Länder beginnt und unerwartet die westlichen Familien erreicht. Ihre Dynamik ist Ausdruck einer Bewegung, die zum guten Teil im Westen beginnt, und zwar durch beides: die Suche nach Lebens- und Liebespartner(innen) und die Verkündung und Verbreitung universeller Menschenrechte. Heiratsmigration ist, so betrachtet, auch eine Selbstkonfrontation des Westens mit seinen eigenen Widersprüchen.

Rapide Zunahme der Migrationswünsche

Das enorme Ausmaß globaler Ungleichheit ist bekannt und durch viele Studien belegt (zusammenfassend Beck/Poferl 2010). Während ein Teil der Menschheit in Frieden und relativem Wohlstand lebt, lebt der andere Teil – die Mehrheit – in politisch und ökonomisch instabilen Regionen, unter Bedingungen von Armut und Elend, Verfolgung und Rechtlosigkeit. Gleichzeitig sind diese gegensätzlichen Welten immer stärker vernetzt, nicht nur im Bereich der Wirtschaftsbeziehungen, auch in Politik, Rechtssystem, Bildungswesen – nicht zuletzt im kulturellen Bereich. Indem die Medien die Bilder und Verheißungen westlicher Lebensformen exportieren, erzeugen sie in den nicht-westlichen Ländern neue Bezugspunkte und Vergleichsmaßstäbe, verändern dort die alltagprägenden Erwartungen, Hoffnungen, Ziele. Und dies gilt besonders für die Armutsregionen der Welt. Wie vielfach beschrieben, haben sich in den letzten Jahrzehnten und Jahren die Angebote der Massenmedien vervielfältigt und sind immer breiter zugänglich geworden. Film und Fernsehen, Video und Internet, all diese Medien vermitteln Informationen, wahre und andere. Sie erzählen Geschichten, wiederum wahre und andere. In jedem Fall transportieren sie Botschaften, Anreize, Verheißungen, die die Phantasie der Menschen anregen. Auf diesen Zusammenhang hat insbesondere der Anthropologe Arjun Appadurai (1998) verwiesen. Der Wirkungskreis solcher Medien ist, so Appadurai, heute enorm: Sie finden Verbreitung bis in ferne Länder und Kontinente; und sie gelangen dort nicht mehr nur in die Metropolen, sondern immer mehr auch in die entferntesten Dörfer.

Die derart vermittelten Bilder sind, wie gesagt, nicht immer realitätsgerecht, sie transportieren Fiktionen und Mythen. Aber solche Bilder beeinflussen heute die Lebensprojekte von immer mehr Menschen an immer mehr Orten der Welt. »Auf der ganzen Welt betrachten mehr und mehr Menschen durch die Optik mög-

licher, von den Massenmedien in jeder nur denkbaren Weise angebotenen Lebensformen ihr eigenes Leben. Das bedeutet: Phantasie
ist heute eine soziale Praxis geworden; sie ist … Motor für die
Gestaltung des Lebens vieler Menschen in vielerlei Gesellschaften« (Appadurai 1998: 22). Statt das eigene Leben als Schicksal
hinzunehmen, beginnen immer mehr Menschen, sich andere Welten vorzustellen und mit der eigenen zu vergleichen. Dadurch wird
deren Leben nicht mehr allein von den unmittelbaren Gegebenheiten bestimmt, sondern immer mehr durch weltgesellschaftliche
Szenarien, die von den Medien vorgeführt und (direkt oder indi-
rekt) als erreichbar suggeriert werden. Wie als Konsequenz Mi-
grationsträume sich bilden und zum Lebensziel avancieren, hat
z. B. Sonia Nazario in ihrer Dokumentation der Erfahrungen latein-
amerikanischer Hausarbeitsmigrantinnen in den USA beschrieben.
Eine zentrale Figur in ihrem Bericht ist Lourdes, eine Frau aus den
Armutsvierteln von Honduras, für die die Fernsehbilder des glit-
zernden und glänzenden Nordamerika schon früh das Ziel der
Träume vorgaben:

»Lourdes kennt nur einen einzigen Ort, der Hoffnung bietet.
Als sie sieben Jahre alt war und die von ihrer Mutter gebackenen
Tortillas in die Häuser der Reichen brachte, sah sie diesen Ort auf
den Fernsehbildschirmen. Die flimmernden Bilder unterschieden
sich in allem von Lourdes' eigenem Zuhause: eine Baracke mit
zwei Räumen aus Holzlatten, darauf ein dünnes Wellblechdach,
mit Steinen beschwert, die Toilette ein paar Büsche im Freien. Im
Fernsehen sah sie die aufregende Skyline von New York, die glänzenden Lichter von Las Vegas, das verwunschene Schloß in Dis-
neyland« (Nazario 2007: 4).

Ähnliche Auswirkungen hat auch der weltweite Tourismus, wie
etwa Scott Lash und John Urry zeigen (Lash/Urry 2002). Denn
was die Einheimischen sehen, sind Touristen in endloser Zahl, die
Wochen mit Nichtstun verbringen, dabei massenhaft konsumie-
ren und kaufen – auch hier also Bilder des Wohlstands.

Die Frage, die unter den neuen Bedingungen der Weltvernetzung aufkommen muß, liegt auf der Hand: Warum hier in Armut und unterdrückt leben, wenn es anderswo Menschen gibt, die reichlich zu essen haben, ein Haus und ein Auto besitzen, bei Krankheit zum Arzt gehen können? Warum hier leiden? Warum nicht versuchen, dorthin zu kommen?

Verschärfung der Migrationsgesetze

Solche Migrationshoffnungen lassen sich nicht leicht erfüllen. Denn seitdem Armut und Arbeitslosigkeit auch in der Ersten Welt zunehmen, reduzieren viele Länder die Arbeitsmigration drastisch: Die »Festung Europa« bzw. »Festung Erste Welt« umgibt sich mit immer höheren Mauern. Doch solche Maßnahmen erweisen sich als nur bedingt effektiv. In den Armutsregionen der Welt existieren trotz wachsender Migrationshürden die Migrationshoffnungen weiterhin. Wie einschlägige Untersuchungen zeigen, geben viele der Migrationswilligen nicht auf, sie suchen statt dessen nach Auswegen, Umwegen, möglichen Lücken, um dorthin zu kommen, wo sie sich ein besseres Leben erhoffen. Wie die amerikanische Soziologin Caroline H. Bledsoe schreibt: »Eine Politik, die Zugangsbeschränkungen erläßt, wird immer auch zum Anreiz, solche Beschränkungen zu unterlaufen« (2004: 97). In der Folge entwickeln sich zwischen Einwanderungsbehörden und Einwanderungsuchenden Katz-und-Maus-Spiele der verschiedensten Art (Palriwala/Uberoi 2007: 46), wobei von den jeweiligen (nationalen und lokalen) Bedingungen abhängt, welche Seite sich als erfolgreicher erweist.

2. Auf der Suche nach Migrationswegen

Artisten der Grenze

In dieser Situation gewinnen die Einreisebestimmungen der westlichen Länder zentrale Bedeutung. Sie werden, weil das Lebensprojekt Migration wesentlich davon abhängt, zum Orientierungsmaßstab, an dem die Menschen in der restlichen Welt sich ausrichten – nicht in der Form einfacher Hinnahme, vielmehr auf dem Weg aktiver Gestaltung, indem sie darin Vorgaben für eigene Handlungsoptionen entdecken und nutzen. Dabei erweisen sich viele Migrationswillige als geschickt, einfallsreich und flexibel: als »Artisten der Grenze« (Beck 2004: 157). Das heißt, sie übersetzen die Vorschriften in Handlungsstrategien, sie bemühen sich, ihre persönlichen Voraussetzungen, Merkmale, Lebensumstände möglichst »paßgerecht« zuzuschneiden; und dies im durchaus wörtlichen Sinn, nämlich tauglich für den Wettbewerb um Migrationschancen (Bledsoe 2004).

Zum Beispiel via Ausbildung: Eine Fallstudie von Annett Fleischer (2007) zeigt, wie sich in Kamerun eine besondere Art der Sozialisation entwickelt hat, eine »Erziehung zum Weggehen« oder genauer: eine Erziehung zum Studium in Deutschland (in Kamerun ist Deutschland das Sehnsuchtsland, weil es hier historisch etablierte Verbindungen gibt).* Die älteren Mitglieder des Familienverbands suchen aus der Gruppe der heranwachsenden Söhne und Töchter, Nichten und Neffen die Person aus, die besonders intelligent, sozial gewandt, sprachbegabt ist. Er – oder sie – wird zum Hoffnungsträger des Familienverbands, für den sämtliche verfügbaren Mittel mobilisiert werden. Für ihn legen alle zu-

---

* Kamerun war einst deutsche Kolonie. Vor dem Hintergrund dieser historischen Verknüpfung boten im späten 20. Jahrhundert sowohl die Bundesrepublik Deutschland als auch die DDR Stipendienprogramme für Studenten aus Kamerun an.

sammen, um Sprachkurse, weiterführende Schulen, Visa und Rei-
sekosten zu finanzieren. So wird der auserwählte Kandidat systematisch aufgebaut, sprich: tauglich gemacht für die Anforderungen deutscher Behörden. Für den Familienverband handelt es sich
um eine Investition in die Zukunft: In Kamerun wie in vielen anderen Ländern ist Migration ein Familien- und Gemeinschaftspro-
jekt, nach festen Regeln der Ehre und des wechselseitigen Austau-
sches organisiert. Wer also dank der Hilfe des Familienverbandes
nach Deutschland gelangt, von dem kann der Familienverband
später Gegenleistungen erwarten – Geldüberweisungen, Konsum-
güter, Unterstützung für den Nachzug weiterer Familienmitglieder.

In anderen Regionen Afrikas konzentrieren sich die Hoffnungen auf eine Ausbildung sportlicher Art. Wenn einer der Söhne
Bewegungstalent und Ballgeschick zeigt, legen die Familien alle
Ressourcen zusammen, um sein Talent durch spezielles Training
zu fördern in der Hoffnung auf einen professionellen Talentsu-
cher, der den jungen Mann für einen der internationalen Vereine
entdeckt – und damit den Einstieg in die millionenträchtige Fuß-
ballkarriere ermöglicht (Walt 2008).

Die Heiratsoption

Aber das sind Ausnahmeprojekte, Sonderfälle, historisch gewach-
sene Verbindungen oder spezielle Talente voraussetzend. Im Normalfall bleiben den Migrationswilligen drei Optionen: der Weg in
die Illegalität (sehr risikovoll); der Antrag auf Asyl (wenig aus-
sichtsreich); das Recht auf Familienzusammenführung.

Je nach Land sind die Bestimmungen für die Familienzusammenführung einmal enger, einmal weiter gefaßt, aber im Kern
ähnlich (Kofman 2004). Wer in den USA, in der EU, in Kanada
oder Australien legal ansässig ist, kann enge Familienangehörige
nachholen, die anderswo leben. In der Regel zählen zu diesen
engen Familienangehörigen Eltern, Kinder und Ehepartner. Da

ein enormes Spannungsverhältnis zwischen Migrationshoffnungen und Migrationshürden besteht und Familiennachzug die Option ist, die noch am ehesten Migrationswege eröffnet, gewinnt für die jüngere Generation der Migrationswilligen – für diejenigen, die noch keine Familie gegründet haben – Heirat eine historisch neue Bedeutung. Heirat wird unter diesen Bedingungen Türöffner und Sprungbrett zur Ersten Welt: Das Spannungsverhältnis zwischen Migrationshoffnungen und Migrationshürden ist der Stoff, aus dem sich neue Präferenzen der Partnersuche entwickeln. Es ist der Stoff, aus dem ein neuer Traum entsteht und sich global verbreitet: der Traum von der Heirat, die (via Familiennachzug) die Einreise in eines der Wohlstandsländer erlaubt.

Die Wege, um den passenden Ehepartner für eine solche Verbindung zu finden, variieren, je nach lokalen Gegebenheiten und persönlichen Umständen. Wir stellen zwei Haupt-Formen vor: zum einen eine »Basis-Option«, die jedem offensteht; zum anderen eine »Spezial-Option«, die an bestimmte Voraussetzungen gebunden und nur bestimmten Gruppen zugänglich ist. (Es handelt sich hier um eine idealtypische Gegenüberstellung. Das heißt, sie hat Unschärfen und diffuse Ränder, die im folgenden beschriebenen Formen stellen nicht absolute Gegensätze dar, in der Realität gibt es Übergänge und Mischformen.)

3. Die Basis-Option: Kommerzielle Formen der Heiratsvermittlung

Wie können Menschen der Armutsregionen einen heiratswilligen Mann oder eine heiratswillige Frau von der anderen Seite der Welt kennenlernen? Die Antwort: Mit dem Bedarf hat sich ein entsprechender Markt entwickelt. Im Zeitalter der Globalisierung und des globalen Kapitalismus ist ein Welt-Heiratsmarkt entstanden, eine breite Palette kommerzieller Angebote und Möglichkeiten umfassend, die gezielt die Interessen von Migrationswilligen bedienen. Zur Branche der internationalen Heiratsvermittlung – einer Branche, die etwa Mitte der achtziger Jahre des 20. Jahrhunderts ihre Anfänge hat, seit Mitte der neunziger Jahre stark expandiert (Lu 2008: 133) – gehören Heiratsagenturen, professionell oder halbprofessionell tätige Einzelpersonen. Die Vermittlungsformen reichen von Internet, Zeitungsanzeigen, organisierten Partnerwahl-Reisen bis zum Sex-Tourismus. Allein in Rußland gibt es inzwischen fast 1000 Agenturen, die einschlägige Dienste anbieten. Und pro Jahr sind es zwischen 10 000 und 15 000 Frauen, die Rußland auf dem Weg des Ehegattennachzugs verlassen (UNFPA 2006).

Welcher der genannten Vermittlungswege gewählt wird, hängt ebenso von rechtlichen, ökonomischen, kulturellen Rahmenbedingungen – im Herkunftsland wie im Zielland – ab, ebenso wie von persönlichen Voraussetzungen, Merkmalen, Präferenzen der Migrationswilligen selbst. Im folgenden stellen wir exemplarisch drei Konstellationen der transnationalen, kommerziell vermittelten Partnersuche vor, die geographisch wie kulturell weit auseinanderliegen.

Bauer sucht Frau: Brautschaureisen und Werbekampagnen

Die wenigen Landwirte, die es in den hochindustrialisierten Ländern noch gibt, leben oft unter sehr bedrängenden Umständen (geringes Einkommen, unsichere Zukunft, lange Arbeitszeiten, schlechte Arbeitsbedingungen). Da sie davon genug haben, gehen viele der auf dem Land aufgewachsenen Frauen in die Stadt. Die zurückbleibenden Männer, mit einer Situation massiven Frauenmangels konfrontiert, bleiben nicht selten allein. Einige versuchen ihr Glück über organisierte Wege der Partnersuche, zunehmend jenseits der Grenzen, weil sie dort vielfach weit bessere Aussichten haben – bei den zahlreichen Frauen, die vom Leben im Westen träumen und dafür Schwierigkeiten und Hindernisse in Kauf nehmen. Inzwischen gibt es zahlreiche Formen der organisierten Begegnung, damit diese beiden Gruppen sich kennenlernen können – von Aktivitäten kommerzieller Heiratsvermittler bis zu Brautschaureisen, angeboten von den jeweiligen Kommunen.

Zum Beispiel Südkorea. Das Land hat in den letzten zwei Jahrzehnten einen rasanten wirtschaftlichen Aufschwung erlebt und damit verbunden eine Globalisierung in vielen Bereichen. Gleichzeitig sind Traditionen noch stark, die Abstammung und Herkunft betonen, und die ethnische Homogenität ist eine wesentliche Grundlage der nationalen Identität. In diesem kulturellen Umfeld müssen binationale Ehen auf Ablehnung stoßen, als Störfall erscheinen, weil sie eine Überschreitung von Gruppengrenzen und eine enge Verbindung mit den »Anderen« bedeuten.

Trotz solcher Barrieren steigt auch in Korea seit ein paar Jahren die Zahl der binationalen Verbindungen, und zwar beträchtlich. Während 1990 nur bei 1,2 Prozent aller Eheschließungen entweder die Braut oder der Bräutigam aus dem Ausland kam, wurden im Jahr 2008 bereits 11 Prozent solcher Heiraten registriert (Shim/ Han 2010: 241 f.). Betrachtet man die demographischen Daten genauer, so zeigt sich, daß der Zuwachs durch eine bestimmte Gruppe ausgelöst wird (ebd.: 246). Es sind die Landwirte Südkoreas, die sich für eine Frau aus Vietnam, Indien oder anderen asiatischen Ländern entscheiden und damit zum Boom der binationalen Heiraten wesentlich beitragen. Und so finden sich, in Südkorea wie anderswo auch, ausgerechnet auf dem Land binationale Verbindungen – mithin dort, wo Bodenständigkeit, Heimatliebe, Traditionsverbundenheit vor der Offenheit gegenüber dem »Anderen« rangiert. Wenn dennoch die binationalen Eheschließungen nun in schnellem Tempo zunehmen, so ist dies nicht zuletzt ein Ergebnis massiver Werbekampagnen.

»In Südkorea finden sich über das ganze Land verstreut Plakate, in denen für Hochzeiten geworben wird, Flugblätter werden in der U-Bahn von Seoul verteilt. Viele Bezirksregierungen in ländlichen Regionen, die unter Entvölkerung leiden, fördern Heiratstouren, die normalerweise 10 000 Dollar kosten. Das Ganze nahm

Ende der neunziger Jahre seinen Anfang, als ... koreanische Bauern und körperlich Behinderte mit in China lebenden Koreanerinnen zusammengebracht wurden. 2003 jedoch kamen die meisten Kunden aus der Stadt, hatten einen Universitätsabschluß, und ihre Partnerinnen stammten aus einer Vielzahl von Ländern. Der Verband für Konsumentenschutz erklärt, daß im Moment zwischen 2000 und 3000 Vermittlungsagenturen tätig sind.« (Onishi 2007)

Von Indien in die USA:
Über Heiratsannoncen und Internet

Auch zu Beginn des 21. Jahrhunderts werden in Indien Ehen immer noch sehr häufig von den Eltern arrangiert, nicht selten mit Unterstützung des gesamten Familienverbandes. Die Kriterien allerdings, die die Kandidatensuche anleiten, sind häufig von Elementen der Moderne, ja, der Globalisierung bestimmt. Dies macht eine Fallstudie deutlich, die Verlaufsformen der Eheanbahnung bei Brahmanen in Tamil beschreibt, einer Gruppe, die (in westlichen Begriffen) zur gehobenen Mittelschicht Indiens gehört (Kalpagam 2008). Die Pläne, Hoffnungen, Ambitionen der Brahmanen in Tamil richten sich demnach vor allem auf ein Ziel: auf die Migration nach Nordamerika. Den Sprung in die USA oder nach Kanada schaffen – das ist zum vorrangigen Lebensprojekt, Prestigemaßstab, Statussymbol geworden.

Nach dieser Skala kulturellen Begehrens gestaltet sich nicht zuletzt die Bewertung und Auswahl der Ehe-Kandidaten. Ganz oben auf der Schwiegersohn-Wunschliste stehen junge Männer indisch-brahmanischer Herkunft, die in den USA bzw. in Kanada leben. Um hier eine möglichst breite Auswahl zu haben, sind die Formen der Suche allmählich verändert und optimiert worden. Während früher Kontakte im unmittelbaren sozialen Umfeld dominierten, gewinnen nun andere Vermittlungsinstanzen an Bedeutung, die einen erweiterten Radius erlauben. Zum Beispiel die sogenannte »Anzeigenroute« (*advertisement route*):

»In den sechziger und siebziger Jahren des 20. Jahrhunderts kamen Verbindungen zwischen im Ausland lebenden Indern und Partnern/Partnerinnen in der Heimat meist über persönliche Kontakte, über Verwandte und Freunde zustande. Aber nachdem es immer schwieriger geworden war, Verbindungen auf diesem Weg herzustellen, wurden die privaten Netzwerke zunehmend durch andere ergänzt, insbesondere durch Zeitungsannoncen in der Rubrik Partnerschaftssuche ... Und als immer mehr Frauen berufstätig wurden, gingen auch manche der hoffnungsvollen Heiratskandidatinnen selbst zur Annoncen-Annahme der Zeitung, um eine Annonce aufzugeben ... Inzwischen ist das Internet hinzugekommen und hat weitere Möglichkeiten der Partnersuche eröffnet« (Kalpagam 2008: 100).

Für solche indisch-amerikanischen Verbindungen, *varan* genannt, hat sich eine spezielle Bewertungsskala entwickelt. Grundsätzlich sind *varan*-Verbindungen besonders begehrt und prestigeträchtig, wobei es zusätzliche Abstufungen gibt, je nachdem, ob der junge Mann eine Green Card besitzt oder ein H1-Visum, ob er zum Studium nach Nordamerika ging oder aus beruflichen Gründen. Wenn die Migration beruflich motiviert war, wird zusätzlich danach unterschieden, ob er nur einen zeitlich begrenzten Arbeitsvertrag hat oder einen längerfristigen, der einen dauerhaften Aufenthalt erlaubt. Ganz oben auf der Liste der Wunschkandidaten stehen junge Männer, die eine Green Card vorweisen können (ebd.: 101).

Kettenmigration: Migranten werden zu Heiratsvermittlern

Wie viele Untersuchungen gezeigt haben, erfolgt Migration oft im Rahmen einer Kettenmigration. Das heißt, wenn ein paar Männer oder Frauen einer ethnischen Gruppe den Sprung in den Westen geschafft und sich an einem Ort dauerhaft niedergelassen haben, kommen bald weitere Personen aus ihrem Heimatdorf oder Heimatort nach. Denn für sie ist der Sprung in das neue Land schon nicht mehr so schwer, weil sie von der Pionier-Generation Unterstützung und einschlägige Informationen erwarten können.

Dasselbe Muster gilt bei der Heiratsmigration. Manchmal organisieren Migrantinnen, die selbst via Heirat in den Westen gekommen sind, Arbeitsmöglichkeiten für Frauen aus ihrer Heimatregion. Damit verhelfen sie ihnen zu einem ersten Einstieg in das neue Land – und viele der Nachzüglerinnen lernen einen westlichen Mann kennen und heiraten ihn (Jensen 2008). Manchmal werden die Pionier-Migrantinnen direkt als Heiratsvermittlerinnen tätig, indem sie in der neuen Umgebung nach möglichen Partnern Ausschau halten, die zum Ehemann für Frauen aus ihrem Dorf oder ihrer Familie taugen (Lu 2008: 132f.). Solche Aktivitäten beginnen oft damit, daß eine migrationswillige Cousine oder Nichte darum bittet, für sie einen Ehekandidaten zu suchen; oder ein westlicher Mann wünscht sich eine nicht-westliche Frau und fragt die Pionier-Migrantin, ob sie ihm weiterhelfen könne (Lauser 2004: 124f.). Manchmal gilt die Suche als Freundschaftsdienst, erfolgt ohne Bezahlung, in anderen Fällen erwartet die Vermittlerin eine finanzielle Gegenleistung.

4. Die spezielle Option: Heiratsvermittlung über transnationale Familiennetzwerke

Soweit die Basis-Option der transnationalen Heiratsvermittlung, die allen Migrationswilligen offensteht. Hinzu kommt eine spezielle Option; sie steht nur Weltfamilien offen, die zwei Voraussetzungen erfüllen: Zum einen muß es in den Familien Personen geben, die bereits im globalen Westen ansässig sind; und zum anderen spielen im sozialen Leben dieser Gruppen transnationale Familienbeziehungen eine entscheidende Rolle.

Zu den Regionen, in denen oft beide Bedingungen erfüllt sind, gehören vor allem die Anwerbeländer der Arbeitsmigration. Wie hinreichend bekannt, haben in der zweiten Hälfte des 20. Jahr-

hunderts viele westliche Industrieländer ausländische Arbeitskräfte angeworben, weil sie ihnen im eigenen Land fehlten. Viele
der damaligen Arbeitsmigranten kehrten nicht mehr in die Heimat
zurück, sondern ließen sich im neuen Land nieder. Deshalb gibt es
in den einstigen Anwerbeländern – und zwar nicht nur in den
Großstädten, sondern insbesondere auch in den ländlichen Regionen – heute viele Familien, die einen Onkel oder Bruder, eine
Schwester oder Nichte im Ausland haben.

Gleichzeitig sind Weltfamilien in vielen nicht-westlichen Gesellschaften – vor allem in den Anwerbeländern der Arbeitsmigration – weiterhin stark von Normen der kollektiven Verpflichtung
bestimmt. Das heißt, Solidarität, Respekt und Gehorsam regulie-
ren den weitverzweigten Familienverband, wechselseitige Unterstützung über Grenzen und Kontinente hinweg ist selbstverständliche Erwartung und Pflicht. Man hilft einander beim Hausbau,
bei Geschäften, bei der Suche nach Arbeit. Und man hilft einander
insbesondere bei der Auswanderung. Migration ist in vielen Fällen kein Individualunternehmen, sie ist vielmehr ein Familienpro-
jekt (z.B. Pries 1996; Shaw 2001). Ähnlich bei der Heirat: Hier ist
die Ehe nicht die Verbindung zweier Individuen, sondern zweier
Familiengruppen, weshalb die Suche und Auswahl geeigneter
Heiratskandidaten vor allem eine Aufgabe der Eltern ist – wobei
die Söhne und Töchter meist ein Mitspracherecht haben und oft
auch die Familiennetzwerke beteiligt sind.

Deshalb haben diejenigen, die in einem der einstigen Anwerbeländer leben, eine besondere Chance. Statt auf kommerziellen Wegen nach einem »migrationstauglichen« Ehepartner zu suchen,
können sie Familiennetzwerke einsetzen und an Familienloyalität
appellieren. Zum Beispiel in Pakistan: »Nach England auswan-
dern – das ist das Sehnsuchtsziel der jungen Männer, die vom Aufstieg träumen. Und so setzen sie all ihre Hoffnungen darauf, unter
den in England ansässigen Verwandten eine junge Frau zu finden,
die ihnen via Heirat die Einreise ermöglicht« (Shaw 2004: 279;
siehe auch Bledsoe 2004: 104). Ähnliche Hoffnungen haben junge

Männer – und Frauen – auch in anderen Ländern. Von der Türkei bis Marokko macht eine ähnliche Botschaft die Runde: »Die Heirat mit einer Migrantentochter ist der beste Weg, um legal in die Niederlande oder ein anderes westliches Land zu kommen« (Böcker 1994: 97).

Die im Westen angekommenen Verwandten sind darüber hinaus oft aus eigenen Interessen bereit, in der alten Heimat nach einem Schwiegersohn oder einer Schwiegertochter zu suchen, um die Verbindung dorthin zu erhalten (Beck-Gernsheim 2008). Und sollte dies einmal nicht der Fall sein, können die Angehörigen im Herkunftsland der Familienloyalität aktiv nachhelfen, indem sie sozialen Druck ausüben (Ballard 1990: 243; Shaw 2001: 326; Shaw 2004: 281; Straßburger 1999: 157 f.). Hier spielt der Begriff der Ehre eine entscheidende Rolle, der in vielen nicht-westlichen Ländern eine Grundlage der sozialen Ordnung und des sozialen Zusammenhalts darstellt. Wer die Gebote der Familienloyalität nicht einhält, dessen Ruf und dessen Ehre sind bedroht. Wenn also die Migranten den Heiratsanfragen aus der Heimat nicht zustimmen, können ihre Angehörigen ihnen vorwerfen, sie mißachteten die moralischen Grundsätze, wodurch ihre Ehre, ihr Ruf, ja ihre gesamte soziale Stellung beschädigt würden. Man nehme z. B. die Mirpuris, moslemische Migranten pakistanischer Herkunft in Großbritannien. Roger Ballard beschreibt anschaulich die Mischung aus eigener Entscheidung und äußerem Druck, die zu Verbindungen mit Partnern aus dem Herkunftsland führt:

Sobald es um die Verheiratung ihrer Söhne und Töchter geht, erinnern diejenigen Mirpuris, die Geschwister in Großbritannien haben – und das sind die meisten –, ihre Verwandten nachdrücklich an die familiären Pflichten und die gemeinsame kulturelle Tradition. Dazu gehört zunächst, den Ehepartner vorrangig aus dem unmittelbaren Umfeld der Familie zu wählen (Cousin heiratet Cousine). Deshalb sind die in Großbritannien aufwachsenden Nichten und Neffen, so die unmißverständliche Botschaft, die vorrangigen Ehekandidaten für die Kinder der in der Heimat gebliebenen Geschwister. Darüber hinaus, so sind viele der in Pakistan lebenden Mirpuris überzeugt, genießen die in Großbritannien ansässigen Verwandten ein angenehmes Leben, weshalb sie den weniger begünstigten Verwandten daheim um so mehr verpflichtet sind: Wer es zu Glück und Erfolg gebracht hat, muß den weniger vom Glück gesegneten Familienmitgliedern nach Kräften helfen, so besagen es ihre Gebote. Dem massiven Druck solcher Erwartungen und Forderungen können sich die Mirpuris in Großbritannien kaum widersetzen. Nicht nur fühlen sie sich den geographisch fernen Angehörigen weiterhin verbunden. Sie wissen darüber hinaus, was sie erwartet, wenn sie Heiratsofferten aus der Heimat ablehnen. Die Verwandten daheim empfinden dies als Affront, als Verfehlung, Zurückweisung und tiefe Kränkung – und sie reagieren entsprechend, indem sie allen davon erzählen und die Ehrvergessenheit der Ausgewanderten anprangern. Auch um dies zu vermeiden, sind die in Großbritannien ansässig gewordenen Mirpuris meist bereit, auf die Heiratsvorschläge ihrer Verwandten einzugehen (Ballard 1990: 243; Shaw 2001: 326; Shaw 2004: 281).

Unter diesen Bedingungen verwundert es nicht, daß transnationale Heiratsverbindungen zwischen Herkunftsland und Ankunftsland weit verbreitet sind. Die Daten weisen eine ähnliche Grundlinie auf: Ob Türken in Deutschland, Pakistani in Großbritannien, Marokkaner in Frankreich – viele Migranten selbst der zweiten und dritten Generation heiraten einen Partner bzw. eine Partnerin, die aus dem Herkunftsland kommt. Um drei Beispiele zu nennen:

– Eine Untersuchung von Migranten-Ehen in Belgien anhand von Daten der belgischen Volkszählung des Jahres 1991 zeigt: Von den türkischen Migranten haben circa 70 Prozent einen Partner/eine Partnerin geheiratet, der/die bei der Eheschließung aus der Türkei nach Belgien kam. Von den marokkanischen Migranten haben gut 50 Prozent einen Partner/eine Partnerin geheiratet, der/die bei der Eheschließung aus Marokko nach Belgien übersiedelte (Lievens 1999).

- Eine Studie von Gaby Straßburger, die die 29 000 Eheschließungen türkischer Migranten in Deutschland im Jahr 1996 untersucht hat, kommt zu dem Ergebnis: Mehr als 60 Prozent heirateten einen Partner/eine Partnerin, der/die vor der Heirat in der Türkei lebte (Straßburger 1999: 148).
- Die Daten des Statistischen Zentralinstituts der Niederlande zeigen für die Jahre 1999-2001: Fast zwei Drittel aller in den Niederlanden lebenden Türken und Marokkaner heiraten einen Partner/eine Partnerin, der/die nach der Eheschließung vom Heimatland in die Niederlande einreiste. Das gilt für Männer wie für Frauen. In der zweiten Generation liegen die Werte etwas niedriger, erreichen aber immer noch zwischen 50 und 60 Prozent (Bijl u. a. 2005: 4).

Fazit

Ob Basis-Option oder spezielle Option, beide Formen der transnationalen Partnerwahl zeigen denselben Trend. Im Zeitalter von Migration und Globalisierung etabliert sich ein neues Kriterium der Partnerwahl: In den Ländern der Zweiten und Dritten Welt wird immer mehr danach gefragt, ob der junge Mann/die junge Frau Migrationschancen eröffnet. Dabei ist die geographische Distanz zwischen Herkunftsland und Aufnahmeland kein Zufall, im Gegenteil: Sie ist der heimliche Heiratsvermittler und Trauzeuge der Paare.

5. Geschichten des Unglücks:
Heiratsmigrantinnen als Opfer

Die Menschen aus den Ländern der Heiratsmigrantinnen verbinden mit dieser Form der Migration vor allem eine positive Bedeutung: Sie ist *a passage to hope* (UNFPA 2006).

Ganz anders dagegen in den Zielländern der Heiratsmigration:

Hier hat, wie gesagt, Heiratsmigration eine Aura des Zwielichtigen. Sie gilt als anrüchig und anstößig, sie wird mit Mißtrauen betrachtet, sie ist Gegenstand des Verdachts. Mit ihr verbinden sich zumeist Geschichten des Unglücks, Geschichten von Täuschung und Enttäuschung. In vielerlei Formen wird immer wieder eine ähnliche Botschaft vermittelt, auf den Kern reduziert: Was als Projekt der Hoffnung beginnt, wird unglücklich enden.

Zwei gegensätzliche Geschichten des Unglücks lassen sich unterscheiden. In der ersten, der häufigeren, erscheinen Heiratsmigrantinnen als Opfer; in der zweiten, vergleichsweise selteneren, haben sie die Rolle der Täterinnen.

Von der Hoffnung zum Unglück

In sozialwissenschaftlichen Studien, populärwissenschaftlichen Veröffentlichungen, ebenso in Medienberichten, Romanen usw. erscheinen Heiratsmigrantinnen meist in der Rolle derjenigen, denen Gewalt angetan wird (Beck-Gernsheim 2007; Beck/Beck-Gernsheim 2010). Sie sind Opfer von Zwangsheirat und Menschenhandel und vor allem von Männern, die ihre Notlage ausnutzen – ihren ungesicherten Status, ihre unzulänglichen Sprachkenntnisse, ihr mangelndes Wissen über das neue Land –, von Männern, die gefühlsarm sind, ihre Arbeitskraft ausbeuten, sie zum Sexualobjekt degradieren oder sogar gewalttätig werden, sie körperlich und seelisch mißhandeln.

Frauenhandel: Die Opfer-Perspektive ist dominant z. B. in einer vom Bundesministerium für Frauen und Jugend herausgegebenen Studie, die den »Menschenhandel mit ausländischen Frauen und Mädchen« untersucht. Stillschweigend setzen die Autorinnen kommerzielle Formen der transnationalen Heiratsvermittlung mit Frauenhandel gleich und diesen mit Menschenhandel. Von dieser Voraussetzung her ist es nicht weit zu der Schlußfolgerung, Heiratsvermittlung sei aufs engste verknüpft mit der Erniedrigung und Unterdrückung von Frauen. Kennzeichnend ist, so die Autorinnen, daß »die Frauen in menschenunwürdiger Weise vermittelt werden … [Sie] werden einseitig an Männer vermittelt, nicht umgekehrt. Hier sucht der Mann aus und bezahlt für die Frau … [Dies] macht den Mann zum ›Besitzer‹ der Frau« (Heine-Wiedenmann/Ackermann 1992: 111).

Falsche Zufriedenheit: Eine von Elvira Niesner und Mitautorinnen verfaßte Studie beschäftigt sich mit der Situation thailändischer und philippinischer Frauen, die einen deutschen Mann geheiratet haben und ihm nach Deutschland gefolgt sind (Niesner u. a. 1997). Bei der Auswertung der Interview-Aussagen fällt den Forscherinnen die pragmatische Haltung der Migrantinnen bei Eheproblemen auf. Solange ein Grundkonsens besteht, sind sie bereit, vieles zu tolerieren. Die Forscherinnen, von dieser Haltung offensichtlich irritiert, erklären sie zum Zeichen von Resignation und Fatalismus: Die Migrantinnen »verfolgen eine resignative Beziehungsstrategie, die ihnen die Ehe erleichtert und eine scheinbare Zufriedenheit auf einer funktionalen Ebene beschert« (Niesner u. a. 1997: 44). Was heißen soll, diese Zufriedenheit sei in Wirklichkeit gar keine, nur Selbsttäuschung und Fassade, hinter der sich die wahren Gefühle verstecken. Wenn die Migrantinnen die Wahrheit zugeben könnten, dann würden sie ihr Unglück erkennen. Dann wäre es mit der Zufriedenheit aus.

Aber schon in den Interview-Ausschnitten, die die Forscherinnen zitieren, stößt man auf Passagen, die erkennen lassen, worin die Migrantinnen Anlaß zur Zufriedenheit sehen. Wenn sie die Männer in Deutschland mit denen in ihrer Heimat vergleichen, erscheinen die deutschen in deutlich besserem Licht, ausdrücklich werden an ihnen Treue, Zuverlässigkeit, auch Bereitschaft zur Mithilfe im Haushalt gerühmt (ebd.: 43 f.). Die Forscherinnen nehmen solche Aussagen nicht ernst. Statt dessen zweifeln sie das Urteilsvermögen der Migrantinnen an: Diese seien befangen, ja gegenüber den Männern ihrer Heimat in Vorurteilen gefangen (ebd.: 43 ff.).

Zwangsheirat: Ein besonders prominentes Beispiel für Opfergeschichten ist Necla Keleks Buch *Die fremde Braut*, das in Deutschland breite Aufmerksamkeit fand und hohe Auflagen erreichte (siehe Beck-Gernsheim 2007: 76 ff.). Hier ist Zwangsheirat das beherrschende Thema, ja wird in der Darstellung der Autorin zum Schicksal der türkischen Frauen insgesamt. Nach Kelek verfolgen türkische Eltern allein ihre eigenen Interessen, wenn sie ihre Tochter mit dem Sohn einer in Deutschland lebenden Migrantenfamilie verheiraten. Das Wohlbefinden der Tochter ist ihnen egal, und es stört sie auch nicht, wenn die neue Familie die junge Ehefrau mißhandelt, ausbeutet, wie eine Sklavin behandelt. Die Folgen sind tragisch: »Die typische Importbraut … spricht kein Deutsch, kennt ihre Rechte nicht, noch weiß sie, an wen sie sich in ihrer Bedrängnis wenden könnte. In den ersten Monaten ist sie total abhängig von der ihr fremden Familie, denn sie hat keine eigenen Aufenthaltsrechte. Sie wird tun müssen, was ihr Mann und ihre Schwiegermutter von ihr verlangen. Wenn sie nicht macht, was man ihr sagt, kann sie von ihrem Ehemann zurück in die Türkei geschickt werden – das würde ihren sozialen oder realen Tod bedeuten« (Kelek 2005: 171).

Kelek formuliert ihre Aussagen mit großer Geste und umfassendem Anspruch, so als würden die jungen Ehefrauen stets unterdrückt, ihre Grundrechte dauernd mit Füßen getreten. Aber die empirische Grundlage für ihre Behauptungen ist äußerst dürftig, bleibt unklar und vage. Ihre Darstellung ist extrem vereinfachend, einseitig, an zentralen Punkten verzerrend. Indem sie die arrangierte Ehe mit Zwangsheirat gleichsetzt, sieht sie ab von der Vielfalt der Formen, die die arrangierte Ehe annehmen kann, und erklärt den Extremfall – und zwar den negativen Extremfall, die völlige Unterwerfung der Tochter unter den Willen des Vaters – zum Normalfall. Demselben Schema folgt die Darstellung der türkischen Väter: nach Kelek ausnahmslos Tyrannen, gefühllose Monster, allesamt der Familie ihren Willen aufzwingend, dazu noch dem Vorgestern verhaftet, rücksichtslos, starrköpfig, brutal.

Kurz, Keleks Buch ist keine wissenschaftliche Studie, es ist eine

Streitschrift. Es fordert Mitleid mit dem Los der Unterdrückten – und verbindet damit ebenso pauschal wie aggressiv formulierte Anklagen gegen »die« Türken und »den« Islam.

Aus guten Gründen ist im Gefolge der Frauenbewegung die Unterdrückung und Ungleichbehandlung von Frauen ins öffentliche Bewußtsein gerückt und zum Gegenstand politischen Handelns geworden. Entsprechend sind die mittels Heiratsmigration entstandenen Ehen ins Blickfeld geraten, weil die Asymmetrie der Rechte und Ressourcen im Geschlechterverhältnis hier besonders ausgeprägt ist. Welche Folgen dies hat, inwieweit sich damit der Machtvorsprung des Mannes weiter vergrößert, inwieweit die Unterdrückung und Gewalt gegen Frauen tatsächlich zunehmen und welche Möglichkeiten es gibt, die Rechte der Migrantinnen zu stärken – dies alles sind wichtige Fragen (Kapitel VII).

Unter Generalverdacht

Aber die genannten Autorinnen stellen keine Fragen, sie haben immer schon die Antwort parat. Und die lautet stets: Unglück und Unterwerfung erwarten die Frauen bei einer Heiratsmigration. Ihre Antwort ist eine Anklage: Die Männer, so wie sie hier dargestellt werden, nutzen Heiratsmigration zur weiteren Unterwerfung der Frau.

Ein Generalverdacht also, potentiell alle Männer einschließend, alte wie junge, wohlhabende wie weniger wohlhabende, Professoren wie Analphabeten, Briefmarkensammler wie Hundebesitzer. Aus der Sorge um die Rechte der Frauen wird hier unterderhand der Mann zum Feindbild. Vielleicht sind ja die mitteleuropäischen Männer, die sich aus Osteuropa oder Asien eine Ehefrau holen, tatsächlich so, wie die Medien sie schildern: ein wilder Haufen von Emanzipationsgegnern, nicht mehr ganz jung, durch die Erwartungen der neuen Frauengeneration verunsichert, im Berufsleben wenig erfolgreich, soziale Einbindung schwach. Aber wo sind die Belege dafür?

Einseitigkeit

Bei den genannten Autorinnen wird man sie nicht finden. Denn im methodischen Zuschnitt ihres Vorgehens ist die Botschaft von Unglück und gescheiterten Hoffnungen vorgegeben: Das Untersuchungsfeld ist verengt, eine Vorauswahl der Daten findet statt. Wer wie die genannten Autorinnen in Häuser für geschlagene Frauen geht, in Zentren der Frauenhilfe Befragungen durchführt, Kriminalitätsstatistiken auswertet, Moscheen besucht, wird kaum Frauen treffen, die in einer harmonischen Beziehung leben, einen Beruf und eine qualifizierte Ausbildung haben, gut integriert sind – sondern die, deren Ehe unglücklich ist, die keinen Beruf und keine Ausbildung haben, die in der neuen Gesellschaft am Rand stehen. Mit anderen Worten, wer an Orten sucht, wo Opfer sich sammeln, wird Opfer finden.

Ähnlich einseitig sind viele Medienberichte zum Thema Heiratsmigration. Hier ist die Einseitigkeit oft das Resultat der den Medien eigenen Dramaturgie: Der Normalfall, die Durchschnittsversion ist langweilig. Statt dessen wird das Ungewöhnliche herausgestellt, die Sensation: Das ist der Stoff, aus dem Nachrichten gemacht werden. Nicht zu vergessen die Regeln *Sex sells* und *Crime sells*, Liebe und Verbrechen sind gut fürs Geschäft. Ein grell aufgemachter Text, der in Schlagworten und passenden Fotos das Leiden einer Heiratsmigrantin aus Novosibirsk vorführt, der davon erzählt, wie sie vom Ehemann geschunden und zu Sexpraktiken aller Art gezwungen wurde – ein solcher Bericht findet Leser. Wer dagegen interessiert sich für die russische Heiratsmigrantin, die seit zehn Jahren in einer Kleinstadt im Niederbayerischen lebt, inzwischen zwei Kinder hat, mit dem Mann ganz gut zurechtkommt, auch wenn er nicht viel redet und manchmal starrköpfig ist, die zur Frauengymnastik geht und im Kirchenchor mitsingt, kurz: deren Leben unauffällig verläuft – wer will davon lesen?

Die den Medien eigene Dramaturgie hat ihre Kosten. Die emotionale Aufmachung läßt keine rationale Abwägung zu. Texte, die nach dem Muster »Berliner Mann prügelt thailändische Ehefrau« komponiert sind, können auf erwartbare Reaktionen beim Publikum bauen: Mitgefühl und spontane Empörung. Weil der Einzelfall direkt mit Tragik und menschlichem Leiden konfrontiert, gewinnt er eine besondere Eingängigkeit. Genau da liegt das Problem. Auf die Schmerzen der geprügelten Frau kann man nicht mit allgemeinen Hinweisen antworten. Es klingt unpassend, ja verharmlosend und grausam, wenn man sagt, dies sei ein Extremfall, nicht der Normalfall.

Die eine und die andere Hälfte

Ein wesentliches Kennzeichen – und ein entscheidender Mangel – der genannten Texte ist das, was wir »methodologischen Nationalismus« genannt haben. Das heißt, sie bleiben fast durchgängig dem Hier und Jetzt verhaftet, kommen mit dem Blick nicht über die Wohlstandsregionen des Westens hinaus. Entsprechend sehen sie beim Thema Heiratsmigration nur diejenigen Ausschnitte, die sich im Aufnahmeland abspielen. Das Ursprungsland ist *terra incognita*. Aber das Leben der Frauen, um die es hier geht, ist stets in zwei Welten eingebunden, in ein Hier und ein Dort, ein altes Land und ein neues. Es kann nur aus der Verflechtung dieser zwei Welten begriffen werden, aus dem Spannungsbogen zwischen beiden. Fügt man sie zusammen, kann man erkennen, wo die gängigen Bilder falsch sind:

Heiratsmigrantinnen sind keineswegs nur schwache und hilflose Wesen, von Männern verkauft und in die Fremde gezwungen. Viele sind Heiratsmigrantinnen geworden, weil sie selber es wollten oder weil sie keinen anderen Weg sahen, dem Elend zu entkommen. Heiratsmigration resultiert oft aus einer eigenen Entscheidung, einem Abwägen mit Blick auf die sonstigen Möglichkeiten – in der Heimat bleiben und versuchen, dort eine Existenz aufzubauen; oder versuchen, sich als Hausarbeitsmigrantin in den

Metropolen des Westens durchzuschlagen; oder ins Prostitutions-
gewerbe gehen und dort Geld verdienen. Wenn man solche Aussichten realistisch beurteilt – die geringen Verdienstmöglichkeiten
in der Heimat, das harte Dasein als Illegale in der Fremde –, kann
Heiratsmigration durchaus die attraktivere Alternative sein. Je
nach Umständen mag sie die vergleichsweise besten Aussichten
bieten für ein besseres Leben.

Wenn man das Hier und das Dort sieht, dann wird klar, daß keineswegs alle Hoffnungen sich als Illusionen erweisen. Denn viele
der Frauen haben sich nicht zuletzt deshalb zum Weg in den Westen entschlossen, um ihre alternden Eltern zu unterstützen, eine
Aufgabe und Pflicht, die in ihrer Herkunftskultur zentrale Bedeutung hat. Und wie einschlägige Studien zeigen, gelingt es vielen
Heiratsmigrantinnen tatsächlich, regelmäßig Geld an die Familie
in der Heimat zu schicken. Daß sie dies können, trotz widriger
Umstände und vieler Belastungen, ist eine Leistung, auf die sie
stolz sind, die zu ihrem Selbstbewußtsein beiträgt. Darüber hinaus
wird diese Leistung in den meisten Fällen auch im sozialen Umfeld
honoriert, genauer: in jenem sozialen Umfeld, in dem sie aufgewachsen sind und zu dem sie weiterhin eine starke Bindung haben,
also in der Herkunftsfamilie und am Herkunftsort. Dort wächst
ihr Ansehen, sie werden mit Respekt und Achtung behandelt
(Constable 2005; Bélanger/Linh 2011).

So gesehen kann die Bilanz für die Frauen durchaus positiv sein,
oder wie Nicole Constable schreibt: Frauen können »Heiratsmo-
bilität nutzen, um mehr Lebenschancen zu gewinnen« (Constable
2005: 16). Wenn das zutrifft, kann man Heiratsmigration nicht
mehr allein als Falle begreifen. Dann kann sie, je nach Umständen,
eine positive Option bieten, und zwar eine, die Frauen in gewis-
sem Sinn privilegiert – weil sie damit Chancen haben, die Männern nur selten offenstehen (ebd.).

Die Bindung an einen Mann als Chance der Frau? Das ist provozierend – jedenfalls solange man die Lebenslage von Frauen
allein an westlichen Maßstäben mißt. Die Frauenbewegung der

siebziger Jahre des vorigen Jahrhunderts hat zu Recht die individuelle Freiheit betont und hat Frauen aus der Abhängigkeit von der Familie befreien wollen. Sie hat dabei immer die gesellschaftlichen, politischen, ökomischen Bedingungen des Westens unterstellt – eine Voraussetzung, die zunehmend fraglicher wird, je weiter die Globalisierung voranschreitet. Wer die Interessen von Frauen vor Augen hat, muß wissen: In der Vergangenheit war Heirat für Frauen oft die einzige Möglichkeit der Existenzsicherung und des sozialen Aufstiegs; und in der Gegenwart ist es an vielen Orten weiterhin so. Für Frauen der ärmeren Regionen und Schichten ist Heiratsmigration heute oft der effektivste und sozial am meisten akzeptierte Weg, um Sozialstatus und ökonomische Sicherheit zu erreichen. Rajni Palriwala und Patricia Uberoi, die Herausgeberinnen eines breitangelegten internationalen Sammelbandes zum Thema *Heirat, Migration und Geschlechterverhältnisse*, schreiben: »Die Sozialwissenschaften dürfen nicht die Häufigkeit des Mißbrauchs ignorieren, aber sie sollten sich gleichzeitig auch nicht nur auf die Opferrolle konzentrieren. Wir brauchen eine Perspektive, die auf den gesellschaftlichen Kontext abgestimmt ist und die zeigt, daß die Verknüpfung von Migration und Heirat für Frauen Chancen wie Risiken enthält« (Palriwala/Uberoi 2008: 24).

6. Noch mehr Unglücksgeschichten:
Heiratsmigrantinnen als Täterinnen

In den Zielländern der Heiratsmigration ist diese, wie gesagt, mit einer Aura des Zwielichtigen verbunden und mit den Erwartungen von Unglück. In der häufigeren Version werden daraus die beschriebenen Opfergeschichten, Frauen als Opfer männlicher Ausbeutung und Gewalt. Daneben stößt man gelegentlich auf eine zweite Version, Frauen in der Rolle der Täterin: kalt, rücksichtslos und berechnend, die Einsamkeit, die körperliche und geistige

Schwäche meist alter Männer ausnutzend. Sie täuschen Gefühle vor, die sie nicht haben. Sie setzen ihre körperlichen Reize ein, um sich materielle Vorteile zu verschaffen. Sie wollen vom Mann nur das Geld, das Konto, das Haus. Dazu zwei kurze Beispiele:

In ihrem Roman *Kurze Geschichte des Traktors auf Ukrainisch* erzählt Marina Lewycka von den Turtelspielen eines solchen ungleichen Paares, er verwirrt, seiner Sinne nicht mächtig, von letzten Hormonschüben getrieben, sie lockend und gurrend. Die Ehe, gegen den Widerstand der Familie des Mannes geschlossen, wird von der Frau bald in eine Geldforderungsanstalt verwandelt (sie will Auto, Komfort, Shopping), bis die finanziellen Ressourcen versiegen. Dann ist auch die Ehe am Ende.

Ein frühes und unglückliches Ende finden auch einige der indisch-amerikanischen Verbindungen, die wir weiter oben beschrieben haben, zwischen in den USA ansässigen, aus Indien stammenden Männern und migrationswilligen jungen Frauen in Indien. Nicht wenige der jungen Frauen, so berichtet die amerikanische Wochenzeitschrift *Time*, wurden bitter enttäuscht (die Männer, nur an der Mitgift interessiert, ließen die Frau gleich nach der Hochzeit sitzen; *Time*, 22 Oktober 2007). Bald darauf erschien ein Leserbrief mit der Gegenversion: Man möge doch auch an diejenigen indischen Männer denken, die »zum Opfer einer sie täuschenden, nur egoistische Ziele verfolgenden Braut werden. Manche Frauen schließen eine transatlantische Ehe, weil sie im Zielland einen Liebhaber haben. Sie benutzen den nichtsahnenden Ehemann, um zum Liebhaber zu kommen. Oder sie benutzen den Ehemann, um ihre berufliche Karriere weiterzutreiben oder um Geschwister und Eltern von Indien ins neue Land zu bringen« (*Time*, 3. Dezember 2007).

Wo Liebe sein soll, findet sich nur das Streben nach Geld. Darin besteht die Aura des Zwielichtigen, das Mißtrauen, das viele bei dem Wort Heiratsmigration empfinden. Geld versus Liebe, das verweist auf ein anderes Gegensatzpaar, die Unterscheidung zwischen Liebes- und Zweckehe. Darin ist stets die Annahme enthalten, die westliche Version, die Verbindung der Herzen, repräsentiere eine moralisch höhere Stufe, die nicht-westliche dagegen sei aufs Materielle reduziert, rückständig oder barbarisch und dies gälte erst recht für die Heiratsmigration, die oft an Scheinehe grenze.

Liebesehe versus Zweckehe, dieses zur kulturellen Norm aufgestiegene Gegensatzpaar enthält allerdings charakteristische Fehlannahmen und Verzerrungen. Zunächst ist es geschichtsblind: Wenn jede aus instrumentellen Motiven geschlossene Ehe eine Scheinehe wäre, gründeten alle europäischen Fürstenhäuser mindestens bis zum Beginn dieses Jahrhunderts auf Scheinehen. Damals ging es um die Sicherung und Mehrung von Macht und Besitz (wie es zur Heiratspolitik in Österreichs Herrscherhaus hieß: »Bella gerant alii, tu, felix Austria, nube«). Wenn alle aus instrumentellen Motiven geschlossenen Ehen Scheinehen wären, so wären auch wir alle Produkte von Scheinehen. Ob Adel, Bürgertum oder Bauern: Die romantische Liebe als Heiratsmotiv ist in Europa erst mit dem Übergang zur Moderne entstanden (Stone 1979; Borscheid 1986).

Romantische Liebe

Mit der Unterscheidung zwischen Liebes- und Zweckehe verbindet sich meist eine geographische Zuordnung, wonach die westliche Gesellschaft der Ort der Liebesehe, die Zweckehe dagegen das Muster der nicht-westlichen Gesellschaften ist. Daß diese Gegenüberstellung ein gutes Stück kultureller Selbstverklärung des Westens enthält, darauf hat schon Peter L. Berger hingewiesen. Denn bevor das Programm der Romantik startet, hat bereits eine Vorauswahl stattgefunden, so Berger. Demnach ist es keineswegs zufällig, wem wir unsere Zuneigung schenken. Vielmehr basiert das, was uns als ganz persönliche Anziehung erscheint, auf einer Übereinstimmung der Werte, Vorlieben, Interessen – der Vorstellungen von »gutem« Geschmack bis zu »schöner Wohnen« –,

die wesentlich durch die soziale Herkunft geprägt sind. Auf diese
Weise wird die Wahl der Herzen meist in die passende Richtung
gelenkt: Die romantische Liebe verbleibt im Radius des Standes-
gemäßen. Oder wie Berger sagt: »Wenn gewisse Umstände vor-
handen sind ..., gestatten wir uns den Luxus der Liebe« (1977:
45).

Die kulturelle Logik des Begehrens

Eine komplementär im Ergebnis ähnliche Argumentationslinie ist
in neueren internationalen Fallstudien angelegt, z.B. in Nicole
Constables Arbeit *Romance on the Global Stage* (2003). War
nach Berger das Bild von der romantischen Liebe zu einfach, so
wird hier vorgeführt, warum umgekehrt das Bild von der instrumentellen Partnerwahl zu kurz greift. So geht es bei der Heiratsmigration zwar qua Definition um das Ziel, Einlaß zur Ersten
Welt zu erhalten. Aber das schließt keineswegs aus, im Gegenteil,
macht vielleicht sogar eher wahrscheinlich, daß romantische Motive hereinspielen. Hier wirkt nämlich, was man mit einem Begriff
von Constable als »kulturelle Logik des Begehrens« bezeichnen
kann. Wer den Westen als Paradies und verheißenes Land sieht,
der nimmt diesen in einem bestimmten Licht wahr, und alles, was
das Etikett »westlich« trägt, wird davon verklärt. Studien über
binationale/bikulturelle Familien haben schon früher deutlich
gemacht, welche Mythen, Träume, Phantasien, welche Wunsch-
bilder vom kulturell »Anderen« die Partnerwahl untergründig
beeinflussen (Spickard 1989; Wießmeier 1993). Um so mehr gilt
dies für die Gegenwart, unter den Bedingungen des globalen Zeitalters, wenn die Migrationshoffnungen enorme Schubkraft gewinnen. Gerade da dürften sich viele Phantasien entfalten, Ideal-
bilder von den Eigenschaften der Männer und Frauen des Westens.
Wenn dies stimmt, müssen wir unser Bild von der Heiratsmigration korrigieren. Während sie üblicherweise als zweckförmige
Partnerwahl gilt, könnte man sie nun eher als Wahl des »doppel-

ten Begehrens« bezeichnen: Begehrt wird das Land *und* der Partner.

Ein anschauliches Beispiel findet sich in dem Dokumentarfilm *Garantiert heiratswillig* (1993), der sich mit Heiratsvermittlung zwischen Rußland und Deutschland befaßt. Eine der Szenen spielt sich in St. Petersburg ab, in den Räumen einer Agentur, die russische Frauen an deutsche Männer vermittelt. Als die Filmemacherin fragt, was die jungen Frauen zu dieser Art der Partnersuche bewegt, antworten einige, indem sie ein leidenschaftliches Loblied auf die deutschen Männer und ihre Tugenden (Ehrlichkeit, Treue usw.) anstimmen. Der Zuschauer spürt förmlich ihre Hoffnungen. Wenn, wie ein englisches Sprichwort sagt, Schönheit im Auge des Betrachters liegt, dann sind die edlen Eigenschaften des deutschen Mannes in den Augen und Herzen dieser russischen Frauen.

Von daher ist die Gegenüberstellung von Liebesehe und Zweckehe zwar nicht ganz falsch, aber erst recht nicht ganz richtig. Sie als Gegensatzpaar zu behandeln ist irreführend. Sie trennt als Entweder-Oder, entweder Liebe oder instrumentelle Motive, was man für die beiden Enden eines Kontinuums halten sollte, zwischen denen viele Mischformen ihren Platz haben, einmal näher der einen, einmal näher der anderen Seite.

Wie Berger zeigt, ist es ein Mythos, daß die sogenannte Liebesehe nur auf Liebe aufbaut. Statt dessen ist sie ein weit komplexeres Gebilde. Der Gedanke einer »kulturellen Logik des Begehrens« läßt ahnen, inwieweit auch die Zweckehe nicht so eindimensional ist, wie es auf den ersten Blick scheint. Pointiert formuliert: Auch die Zweckehe ist nicht nur auf Zwecken gebaut.

Deshalb ist in dem abwertenden, mißtrauisch abwehrenden Blick auf Heiratsmigration ein Stück westliche Selbstverklärung enthalten. Ob St. Petersburg, Indien oder Sri Lanka: Auch Frauen, die Heirat als Migrationsticket nutzen wollen, können romantische Hoffnungen haben. Ja, vielleicht ist es manchmal gerade das Projekt Migration, das zum Aufblühen romantischer Hoffnungen beiträgt. Wenn Migration den Traum vom besseren Leben bedeutet, warum soll zu diesem Leben nicht auch ein besserer Mann gehören? (Was immer »besser« heißen mag – vielleicht Traummann mit Hollywood-Lächeln; vielleicht ganz bescheiden nur: einer, der nicht soviel säuft wie die russischen Männer.) Und die Frage liegt auf der Hand: Wenn wir die Heiratsmigration unter Pauschalverdacht stellen, von vornherein als Scheinehe betrachten, sind wir da in unseren eigenen kulturellen Vorstellungen gefangen – unfähig, über den Tellerrand der vertrauten Lebensformen zu schauen?

7. Ausblick: Welche Zukunft?

In den letzten Jahrzehnten ist eine Zunahme der Heiratsmigration zu konstatieren. Betrachtet man allerdings speziell den Zeitraum der letzten Jahre, nimmt das Bild eine etwas andere Färbung an. Die Daten zeigen: In Teilen von Mittel- und Nordeuropa ist der Anstieg abgebremst, ja, ein leichter Rückgang wird sichtbar.

Eine wesentliche Rolle spielt dabei der Wandel im politischen Klima. Immer mehr Anstrengungen werden unternommen, um die »Festung Europa« nach außen abzuschließen. Multikulturalismus, früher als Tugend der Moderne gelobt, gilt heute als naiv, suspekt, weltfremde Utopie. Statt dessen ist Integration der neue Leitwert, wird zur Pflicht der Migranten erklärt. In den Buchhandlungen stapeln sich die Bücher, die, speziell mit Blick auf andere Religionen und Kulturen, das Thema »Frauen als Opfer« umkreisen – Frauen als Opfer von Ehrenmord, Zwangsheirat, Beschneidung, Unterdrückung, Frauen als Objekt archaischer Sitten, ritueller Praktiken, patriarchaler Gewalt.

Im Zuge dieses politischen Klimawandels werden Gesetze und Vorschriften, die die Lebenssituation von Migranten betreffen, enger ausgelegt oder restriktiver gefaßt. Dies gilt auch für den Familiennachzug, insbesondere den Ehegattennachzug. In der Schweiz z. B. dürfen seit Januar 2011 nur noch Personen heiraten, die ein Bleiberecht haben. Und die Standesbeamten sind verpflichtet zu prüfen, ob die Heiratswilligen ihren rechtmäßigen Aufenthalt mit einem Visum oder einer Aufenthaltserlaubnis belegen können (Newsletter ›Migration und Bevölkerung‹, Januar 2011). In Dänemark ist bereits 2002 ein ganzes Paket von Bedingungen eingeführt worden, um den Familien- und Ehegattennachzug zu begrenzen. Demnach müssen beide Partner mindestens 24 Jahre alt sein; der in Dänemark ansässige Partner muß über hinreichend Wohnraum verfügen; er muß finanziell in der Lage sein, für den Lebensunterhalt des nachziehenden Partners zu sorgen, und darf im Jahr vor der Antragstellung keine Sozialhilfe bezogen haben; der in Dänemark ansässige Partner muß darüber hinaus einen bestimmten finanziellen Betrag als Bankgarantie vorweisen, damit auch zukünftig der Lebensunterhalt für den nachziehenden Partner abgesichert ist; und schließlich müssen beide Ehepartner eine dokumentierbare Bindung an Dänemark haben. Der Erfolg der neuen Bestimmungen zeigte sich bald: Waren es im Jahr 2001 noch 6499 Männer und Frauen, die auf dem Weg des Familiennachzugs nach Dänemark kamen, so betrug deren Zahl im Jahr 2008 nur noch 2619 (Ritter 2010). Ähnlich in Deutschland: Seit September 2007 muß der nachziehende Partner, um überhaupt einreisen zu können, ein Mindestalter erreicht haben (18 Jahre) und über Grundkenntnisse der deutschen Sprache verfügen. Gegen die letztere Bestimmung haben Migrantenverbände, Flüchtlingsgruppen, kirchliche Organisationen protestiert, sind aber nicht durchgedrungen. Die Sprachtests bleiben weiter bestehen, die Möglichkeiten des Nachzugs werden unterderhand weiter beschränkt. Das hat zu einem drastischen Rückgang bei den Migrationszahlen geführt: Im ersten Halbjahr 2008 sind fast ein Viertel weniger Visa im Rahmen des Ehegattennachzugs erteilt worden als im selben Zeitraum 2007 (Newsletter ›Migration und Bevölkerung‹, Dezember 2008).

Sollten im Katz-und-Maus-Spiel zwischen Migrationswilligen und Migrationsverhinderern die Vertreter einer restriktiven Poli-

tik in Zukunft weiter an Boden gewinnen, könnte dies die Zahl
der Heiratsmigranten und -migrantinnen weiter absenken. Aber
was heißt das? Ein Zurück zur ethnischen Homogenität (deutscher, französischer, dänischer oder sonstiger Art) wird es kaum
geben. Solange die Kluft zwischen armen und reichen Ländern
und der daraus entstehende Migrationsdruck existieren, so lange
ist kaum zu erwarten, daß die Menschen in den Armutsregionen
der Welt ihre Hoffnungen aufgeben. Sie werden sich andere Wege
suchen – vielleicht auf andere Formen des Familiennachzugs ausweichen (Bledsoe 2004; Ritter 2010), vielleicht auch auf sonstigen
Wegen sich durchzuschlagen versuchen – durch illegale Beschäftigung, etwa in privaten Haushalten.

KAPITEL VI

Hausarbeitsmigrantinnen:
Mutterliebe aus der Ferne

Wer von Familie redet, assoziiert damit Emotionen, Liebe, Zugehörigkeit und Sehnsucht, Ärger und Haß. Manche romantisieren
die Familie zum »Hafen in einer herzlosen Welt« (Christopher
Lasch 1977). Manchmal erscheint Familie als ein Kampfplatz, auf
dem Geheimnisse und Lügen dominieren. Es ist nun schon eine
ganze Zeit her, seit feministische Studien ins Blickfeld gerückt
haben, daß die Familie auch ein Ort der Arbeit ist. Zu dieser
Arbeit zählt eine große Bandbreite von Aktivitäten, die im Englischen auf die Formel der »drei Cs« gebracht werden: caring, cook-
ing, cleaning (versorgen, kochen, saubermachen). Und, na klar,
bis weit ins 20. Jahrhundert hinein wurden auch im Westen diese
Aufgaben den Frauen zugewiesen – unter Berufung auf Gott oder
die Natur oder die Männer (wobei das »oder« nicht ausschließlich
gemeint ist).

Am Beginn des 21. Jahrhunderts hat sich manches geändert –
und manches nicht. Beispielsweise hat sich die Beteiligung der
Männer an der Hausarbeit (sieht man von dem Ausnahmefall
Schweden ab) nicht dem Versprochenen angenähert. Die Männer
perfektionieren beides: ihre verbale Aufgeschlossenheit und ihre
faktische Verhaltensstarre. Deshalb wurde Hausarbeit mit zuneh-
mender Berufstätigkeit der Frauen ausgelagert, um das ansonsten
Unvereinbare zu vereinbaren: die Emanzipation der Frau und das
Waschen der schmutzigen Wäsche, das Füttern und Wickeln der
Babys usw.

Wenn wir die Familie aus einer nationalen Perspektive betrachten, also den Blick etwa auf die Veränderungen des nationalen

Familienrechts in westlichen Ländern richten, stellen wir fest, daß in der Tat mehr Gleichheit zwischen Männern und Frauen verwirklicht wurde, zumindest aber versprochen. Wenn wir die westliche Familie mit einem kosmopolitischen Blick betrachten, sehen wir, daß das bestenfalls die halbe Wahrheit ist, setzt der Zuwachs an Gleichheit doch die »Auslagerung« wesentlicher Teile der Eltern- und Hausarbeit an die »globale Andere« – »Ersatzmütter« und »Hausarbeitsmigrantinnen« – voraus.

Das ganz Große, die internationale Arbeitsteilung – eine existentielle Verstrickung mit dem »globalen Anderen« –, vollzieht sich also ganz konkret, direkt und persönlich im inneren Bezirk homogener, normaler, nationaler Mittelschichtfamilien und -haushalte in den USA, in Europa, Israel, Südkorea, Kanada usw. Diese »Fusion der Horizonte« wird nicht von außen in die Familien hineingetragen, ist vielmehr deren interne Bedingung, die aus dem Zusammenspiel von westlicher Frauenemanzipation, männlicher Verhaltensstarre, fehlenden Kindertagesstätten, reichen und armen Weltregionen usw. hervorgeht und sich weltweit hinter den Fassaden ganz normaler Ein-Paß-eine-Muttersprache-Familien (egal ob sie homosexuell oder heterosexuell, religiös oder säkular sind) vollzieht. Man kann also fremdenfeindliche Ressentiments pflegen und gleichzeitig, wenn es ums eigene Leben geht, die national ausgeschlossenen globalen Anderen privat in seine Dienste nehmen.

Auf diesem Weg sind die Antagonismen der Welt interne Antagonismen der Nationalfamilien geworden. Plötzlich ist die ungleiche Welt »persönlich« gegenwärtig hinter den wohlbehüteten, verschlossenen Türen der Privatheit und des Familienlebens. Und dagegen hilft kein Mauerbau (oder die bei Bundeskanzlerinnen und Premierministern sehr beliebte Verkündigung, der Multikulturalismus sei nun endgültig tot).

Diese existentielle Angewiesenheit auf globale Andere besitzt eine besondere Qualität: Die globalen Anderen – sprich: Hausarbeitsmigrantinnen – bleiben »exkludiert« und sind zugleich »inkludiert«. Exkludiert sind sie z. B. rechtlich, weil sie nicht über die gleichen Staatsbürgerrechte verfügen, möglicherweise sogar illegal arbeiten; inkludiert sind sie geographisch und mit ihrer Arbeitskraft, also weil sie bei »uns« sind und unverzichtbare Arbeit für uns leisten. Eine fortbestehende Exklusion (Illegalität) ist durchaus vorteilhaft für die »emanzipierten« Mittelschicht-Familien, verbilligt sie doch die Arbeit der Hausarbeitsmigrantinnen.

Dieses grenzenübergreifende Beziehungsgefüge, das sich hinter dem Wort »Hausarbeitsmigrantin« verbirgt, analysieren wir in fünf Schritten: Erstens rücken wir die historische Konstellation ins Blickfeld, die diese »innere Globalisierung« der Familienarbeit bewirkt hat: *die neue Arbeitsmigration – weiblich.* Dann fragen wir zweitens nach der Situation der Migrantinnen im Aufnahmeland, die in den Grauzonen der Legalität leben. Drittens: Wie »Heiratsmigration« (siehe Kapitel V) erfordert »Hausarbeitsmigration« eine doppelte Perspektive, da man die Lage von Hausarbeitsmigrantinnen im Herkunfts- *und* Aufnahmeland zueinander in Beziehung setzen muß. Viertens: Auch Hausarbeitsmigrantinnen praktizieren eine Art »Fernliebe« – nicht nur im Hinblick auf ihre Ehemänner, sondern vor allem zu ihren Kindern im Herkunftsland. Fünftens schließlich impliziert Hausarbeitsmigration eine Reihe moralischer und politischer Dilemmata: Werden Feministinnen, die die Gleichberechtigung aller Frauen fordern, zu Arbeitgeberinnen, die die Weltungleichheit der Frauen für ihre private Emanzipation nutzen?

1. Die neue Arbeitsmigration: Weiblich

Nach den Verwüstungen des Zweiten Weltkriegs erlebten viele westliche Länder in den 1950er und 1960er Jahren eine Phase großen wirtschaftlichen Aufschwungs. Die expandierende Wirtschaft benötigte dringend Arbeitskräfte – und wenn man sie im eigenen Land nicht fand, holte man sie »aus der Fremde«. In der Folge verließen viele Menschen aus den wirtschaftlich schwächeren Ländern, vor allem aus Südeuropa, ihre Heimat, um in den stärker industrialisierten Ländern Arbeit und bessere Lebenschancen zu finden. Die meisten übernahmen ungelernte oder angelernte Tätigkeiten in der Industrie – und die meisten von ihnen waren Männer.

Seit einiger Zeit erleben wir nun eine neue Form der Arbeitsmigration, beginnend ungefähr in den achtziger Jahren des 20. Jahrhunderts (Ehrenreich/Hochschild 2003). Frauen aus Mexiko arbeiten in Kalifornien als Kindermädchen; Philippinas betreuen in Israel alte Menschen; Polinnen putzen, waschen und bügeln in deutschen Haushalten – diese Arbeit findet vorwiegend in privaten Haushalten statt. Nicht wenige von denen, die sie verrichten, weisen eine qualifizierte Ausbildung auf. Aufgrund der wirtschaftlichen Bedingungen in ihrer Heimat haben sie aber dort kaum Aussicht auf ein gesichertes Einkommen.

Wohlstandsgefälle und politische Umbrüche

Diese neue Form der Arbeitsmigration hat verschiedene Ursachen. Die erste liegt auf der Hand. Es ist dieselbe, die die frühere Welle der Arbeitsmigration in Gang setzte, das Wohlstandsgefälle zwischen den reicheren und den ärmeren Ländern. Doch anders als in den fünfziger und sechziger Jahren des letzten Jahrhunderts benötigen heute die hochindustrialisierten Länder kaum noch ungelernte oder angelernte Arbeitskräfte. Im Gegenteil, viele Industriezweige sind von Wirtschaftskrisen und Umstrukturierung betroffen; einfache Arbeitsplätze werden wegrationalisiert und zwar gerade in den Bereichen, in denen vorher Migranten Anstellung fanden.

Hinzu kommen die Veränderungen der politischen Landkarte Europas. Mit dem Zusammenbruch des Sozialismus sind in den ehemals sozialistischen Staaten viele staatlich subventionierte Arbeitsplätze entfallen. Ob in Rußland, in der Ukraine, in Polen –

immer mehr Menschen in Osteuropa sind nun von Arbeitslosigkeit betroffen. Immer mehr Menschen dort wissen nicht, wie sie sich und ihre Familie ernähren sollen.

Der Ausweg, der sich in früheren Jahrzehnten bot – der Weg in die Industrien des Westens –, ist heute versperrt. So wird nun ein anderer gesucht, der in die privaten Haushalte des Westens.

Die Arbeitsteilung im Privaten

Das führt zum zweiten Ursachenbündel der neuen Arbeitsmigration, zur Arbeitsteilung zwischen Männern und Frauen. In den fünfziger und sechziger Jahren des 20. Jahrhunderts war die sogenannte traditionelle Arbeitsteilung die Norm: der Mann der Ernährer, die Frau zuständig vor allem für Heim und Familie. Die neue Frauenbewegung setzte dem ein anderes Leitbild entgegen, stellte die vorherrschende Arbeitsteilung grundsätzlich in Frage. Beide Geschlechter, so die neue Vision, sollten an beiden Bereichen teilhaben. Und das hieß im Klartext: Männer sollten die Arbeit im Privaten mit übernehmen, sie sollten putzen, waschen, kochen und Kinder wickeln.

Seit damals hat sich zweifellos manches verändert. Aber ebenso zweifellos ist, daß der Wandel – wenn man von wenigen Ausnahmen absieht – sich in engen Grenzen hält.

Wie einschlägige Studien zeigen, haben viele Männer der jüngeren Generation tatsächlich ein engeres Verhältnis zu ihren Kindern entwickelt. Sie spielen mehr mit ihnen, sie bringen sie morgens zum Kindergarten oder abends zu Bett. Aber dieselben Studien zeigen auch, daß es bis heute vorwiegend Frauen sind, die den größten Teil der Kinderversorgung und -erziehung übernehmen. Und dies gilt um so mehr für die allgemeinen Aufgaben im Haushalt, da bleibt die Beteiligung der Männer äußerst bescheiden – und dies selbst dann, wenn die Frauen berufstätig sind. Das Ergebnis ist eine »unfertige soziale Revolution« im Bereich der Geschlechterbeziehungen (Hochschild/Machung 1990: 34); oder eine »Schieflage in der Geschlechtszuständigkeit«, wie es im Siebten Familienbericht der Bundesregierung heißt (BMFSFJ 2006: 175).

Notlagen und Überlebensstrategien

Da die berufstätigen Frauen nicht alles allein leisten können, suchen sie die Unterstützung anderswo. Und das heißt: von anderen Frauen. Die neue Arbeitsteilung im Privaten, die sich in den letzten Jahrzehnten etabliert hat, sieht so aus: Die Frauen der Mittelschicht, gut ausgebildet und berufsmotiviert, delegieren einen Teil der Familienaufgaben an Hilfskräfte. Um den Alltag zu bewältigen, werden oft ganze Netzwerke von Unterstützerinnen eingesetzt (Tagesmutter, Au-pair-Mädchen, Babysitter, Schwester und Schwiegermutter als letzte Reserve). Und zumindest in den Städten gilt: Die Helferinnen kommen immer seltener aus dem direkten Umfeld, sondern oft von weit her. Es sind Frauen aus der Zweiten und Dritten Welt, die in der Ersten Welt Erwerbschancen suchen: Frauen aus Polen oder Rumänien, aus Mexiko oder Sri Lanka, die in Hongkong, Rom oder New York Arbeiten im privaten Haushalt verrichten – eine Wanderungsbewegung von den armen zu den reichen Nationen.

Diese Entwicklung ist das Ergebnis eines »patriarchalen Webfehlers« (Rerrich 1993: 333) in den politischen und institutionellen Vorgaben unserer Gesellschaft. Zum einen bestehen familienfeindliche Strukturen auf dem Arbeitsmarkt, setzen Bildungs- und Sozialpolitik wesentlich auf die unentgeltliche private Dienstbereitschaft von Frauen. Das schafft erhebliche Belastungen im Alltag von Millionen berufstätiger Frauen. Diese werden deshalb – sofern sie es sich irgendwie leisten können – notgedrungen jeweils individuelle Entlastung suchen. Zum anderen stehen Arbeitsmigranten infolge der Ausländerpolitik keine anderen Erwerbschancen als die in privaten Haushalten offen. Das Zusammenwirken beider Faktoren schafft eine Nachfragesituation, in der häusliche

Arbeit transnational zwischen verschiedenen Gruppen von Frauen neu aufgeteilt wird und in der Männer überwiegend außen vor bleiben.

Alternde Gesellschaft

Als weiterer Faktor kommt hinzu, daß in den letzten Jahrzehnten die Lebenserwartung von Frauen wie Männern kontinuierlich gestiegen ist. Da mit höherem Alter Krankheiten und chronische Beschwerden zunehmen, wächst die Zahl der Menschen, die für ihre alltägliche Versorgung auf Unterstützung durch andere angewiesen sind – sei's gelegentlich und stundenweise, sei's täglich und rund um die Uhr. Die Plätze in Seniorenheimen und Pflegeheimen sind teuer, und die Versorgung ist oft unzulänglich. In dieser Situation bieten die ausländischen Helferinnen einen willkommenen Ausweg: Statt Massenabfertigung lockt persönliche Betreuung rund um die Uhr zu einem bezahlbaren Preis. So verwundert es nicht, wenn der Pflegebereich zu einem Arbeitsmarkt für Migrantinnen geworden ist – Tendenz steigend.

Genaue Zahlen hat allerdings niemand, weil sehr viele der Hausarbeitsmigrantinnen halblegal oder illegal eingewandert sind und deshalb von keiner Behörde erfaßt werden. So ist man auf Schätzwerte angewiesen. Die machen deutlich: Es handelt sich hier nicht mehr um eine kleine Gruppe von Migrantinnen. In Deutschland beispielsweise arbeiten 100000 Haushaltshilfen aus Mittel- und Osteuropa in der privaten Altenpflege; nur 2000 davon sind sozialversicherungsrechtlich angestellt (Lutz 2007). Für Italien geht man von circa 774000 Haushaltshilfen aus, davon 90 Prozent mit ausländischem Paß – und die meisten von ihnen sind in der privaten Altenpflege tätig (Lamura u. a. 2009; Lyon 2006). Gleichzeitig zeigen sich charakteristische Unterschiede zwischen verschiedenen Regionen Europas. Während in den skandinavischen Ländern nur wenige Migrantinnen in der Hausarbeit bzw. Altenpflege tätig sind, ist deren Zahl in den westlich-mitteleuropäischen Ländern deutlich höher und erhöht sich nochmals beträchtlich in Südeuropa. Die Unterschiede erklären sich damit, daß in den skandinavischen Ländern der Sozialstaat am weitesten ausgebaut ist, insbesondere eine Reihe familienunterstützender Dienste anbietet. In Spanien und Italien dagegen fehlt eine entsprechende Infrastruktur, weil die Politik dort immer noch von der Vorstellung geprägt ist, für Aufgaben wie Altenpflege und Kinderbetreuung sei die Familie zuständig (Lamura u. a. 2009; Lyon 2006; Peterson 2007).

Eine Win-win-Situation

Man kann diese Geschichte positiv interpretieren, als Wohltat für alle. Dank der wachsenden Zahl von Arbeitsmigrantinnen können Frauen der Ersten Welt einen Teil der Aufgaben von Haushalt und Kindererziehung delegieren. Gleichzeitig können Frauen aus ärmeren Ländern mit dem Geld, das sie dadurch verdienen, für sich und ihre Familien die Basis für eine bessere Zukunft schaffen. Eine Situation des Ausgleichs und der Gerechtigkeit also – so deuten es manche der privaten Arbeitgeberinnen. In Interviews reden sie von »Hilfe und Unterstützung«, bei einigen wird aus der Übertragung der Hausarbeit auf Arbeitsmigrantinnen eine Art private Entwicklungshilfe (Anderson 2007: 253 ff.). Zum Beispiel: »Ich bin der festen Überzeugung, daß man damit jemandem etwas Gutes tun kann … Für eine junge Frau von den Philippinen ist es meiner Meinung nach befreiend, Reisfeld und Dorf zu verlassen und dabei große Geldsummen nach Hause senden zu können und einen Job in England zu bekommen.« (Ebd.: 254)

Gemäß derartigem Verständnis profitieren beide Seiten, oder schön neudeutsch gesagt: Es liegt eine *Win-win-Situation* vor. Eine solche Sicht ist angenehm, weil sie – für die Bewohner und Bewohnerinnen der Ersten Welt – unbequeme Einsichten verdeckt. Ob diese harmonische Deutung auch stimmt, steht allerdings auf einem anderen Blatt.

2. In den Grauzonen der Legalität:
Die Situation der Migrantinnen im Aufnahmeland

Da sich die westlichen Nationen durch immer restriktivere Migrationsgesetze nach außen abzuschotten versuchen, bewegen sich viele Migrantinnen in den Grauzonen zwischen Legalität und Illegalität. Entsprechend prekär ist ihr Status: Vielfach sind sie von Entdeckung und Ausweisung bedroht. Da eine Alternative auf dem offiziellen Arbeitsmarkt fehlt, müssen sie eine vergleichsweise geringe Entlohnung akzeptieren. Um dennoch möglichst viel zu verdienen, arbeiten sie um so länger und mehr. Darüber hinaus werden sie leicht zum Opfer von Ausbeutung und sind kaum in der Lage, sich dagegen zu wehren – weil sie mit den einschlägigen Gesetzen nur spärlich vertraut sind; weil sie oft nur geringe Sprachkenntnisse haben; und weil sie jeden Kontakt mit offiziellen Institutionen vermeiden, um nicht die Abschiebung zu riskieren. Einige der Arbeitgeber/innen schätzen die Illegalität als Vorteil und nutzen sie aus.

»... besonders die Illegalen, sie suchen verzweifelt Arbeit, sie wollen auf keinen Fall entlassen werden, sie wollen ihre Arbeit behalten, so, wenn man sie einigermaßen anständig behandelt, macht sich das mehr als bezahlt ... Sie haben so viel Angst, rausgeworfen zu werden, daß sie auf alle krummen Touren verzichten« (Anderson 2007: 260).

Der Migrationsexperte Klaus J. Bade hat diesen Zusammenhang in drei Worten zusammengefaßt: »Fleißig, billig, illegal« (Bade/Böhm 2000).

Bewußte Duldung und Pakt des Schweigens

Gerade weil sie viel leisten und wenig kosten, werden Migrantinnen beschäftigt. Davon profitieren nicht allein die Frauen der Ersten Welt mit ihren Berufswünschen, sondern mindestens ebenso die dazugehörigen Männer. Sie können erst recht beruflichen Ambitionen nachgehen, unbelastet von der Forderung nach Beteiligung am Waschen-Putzen-Pflegen oder gar vom wirklichen Tätigwerden. Es herrscht in dieser Angelegenheit eine Art Pakt des Schweigens, ein wechselseitiges Stillhalte-Abkommen der Geschlechter: Wenn die Frauen der Ersten Welt es schaffen, daß die private Alltagsarbeit einigermaßen funktioniert, dann »dürfen« sie beruflich engagiert sein und sogar eine eigenständige Karriere verfolgen. Und umgekehrt: Wenn die dazugehörigen Männer ihren beruflichen Ambitionen nicht im Weg stehen, dann organisieren die Frauen die private Alltagsarbeit, und zwar durch Delegierung nach außen, statt das Binnenverhältnis der Paarbeziehung mit unbequemen Auseinandersetzungen zu belasten.

Machen wir ein Gedankenexperiment: Wenn es die Migrantinnen aus Polen oder Rumänien, aus Mexiko oder Honduras nicht gäbe; wenn sie allesamt das täten, was der Gesetzgeber des Ankunftslandes von ihnen erwartet; wenn sie morgen in ihre Heimat zurückkehren würden – dann würde es nicht mehr reichen, daß die deutschen oder die US-amerikanischen Männer verbal die Norm der Gleichberechtigung preisen. Statt dessen wären sie weit mehr mit den alltagspraktischen Folgen dieser Norm konfrontiert. Dann ergäben sich konkrete Fragen wie: Wann machst du was? Wann putzt du das Bad, wann kümmerst du dich einmal um Opa, wann begleitest du das Kind zur Krankengymnastik?

Indem die Migrantinnen die unsichtbare Hintergrundarbeit in der Familie übernehmen, stabilisieren sie also den prekären Frieden im Geschlechterverhältnis.

In ähnlichem Sinne profitieren der Staat bzw. die Politiker, Kommunenvertreter, Behördenleiter von den Arbeitsmigrantinnen. Auch sie werden durch deren Tätigkeiten von lästigen Forderungen und Ansprüchen verschont. Dazu noch einmal dasselbe Gedankenexperiment: Gäbe es die Migrantinnen nicht – dann wären insbesondere die unzumutbaren Zustände in der Altenversorgung noch eklatanter und sichtbarer, es gäbe kein Entkommen vor dem Zorn der Bürger. Eine höchst brisante Situation, denn bezahlbare Lösungen sind nirgendwo in Sicht. Das wissen die Verantwortlichen. Das erklärt die zwiespältige Praxis, die sich heute eingespielt hat: Offiziell gilt die Hausarbeits- und Pflegemigration als »illegal«, sie wird verurteilt, ja kriminalisiert. Inoffiziell wird sie stillschweigend und massenhaft toleriert, bewußt und systematisch geduldet, längst als normal akzeptiert. Die »große Scheinheiligkeit« – so hat das Klaus J. Bade genannt (Bade, zit. nach Metz 2007).

Auch hier also ein Pakt des Wegschauens, ein Stillhalteabkommen – in diesem Fall zwischen Politikern und betroffenen Familien. Es wird möglich, weil die Migrantinnen die drängendsten Versorgungslücken überbrücken. Sie sind unsichtbar, die stillen Helferinnen im Innern. Und sie sind unverzichtbar, wesentliche Stützen für die Alltagsbewältigung in modernen westlichen Gesellschaften.

3. Versorgungslücken und globale Betreuungsketten: Wie sich in der Heimat der Migrantinnen die Familien verändern

Viele der Frauen, die im westlichen Ausland arbeiten, haben zu Hause selbst Familie. Sie haben Mann und Kinder in der Heimat zurückgelassen, weil es dort kaum Verdienstmöglichkeiten gibt. »Transnational motherhood« ist die Bezeichnung, die sich in der angelsächsischen Welt für diese Gruppe von Migrantinnen durchgesetzt hat, und inzwischen hat sich eine eigene Forschungsrichtung dazu etabliert (Ehrenreich/Hochschild 2003; Gamburd 2000; Hochschild 2000; Hondagneu-Sotelo 2001; Hondagneu-Sotelo/ Avila 1997; Parreñas 2001, 2005). Deren Ergebnisse besagen, daß vielfach gerade die Kinder den Anstoß zur Migration geben. Die Frauen wollen Geld verdienen, um den Kindern eine bessere Zukunft bieten zu können. Dafür nehmen sie lange Zeiten der

Trennung und das Leben in der Fremde mit seinen Belastungen in Kauf. Galt früher als Liebesbeweis, daß man zusammenbleibt, was immer geschieht, so existiert in der globalisierten Welt zunehmend das gegenteilige Gebot: Wer seine Familie liebt, der verläßt sie, um anderswo die Grundlagen für eine bessere Zukunft zu schaffen. In einem Roman von Michelle Spring wird dies prägnant zusammengefaßt: »Für Hausarbeitsmigrantinnen rund um den Globus bedeutet Liebe vor allem eines – Liebe bedeutet Weggehen-Müssen« (Spring 1998: 63).

Nicht bloß eine kleine Minderheit

Diejenigen, die in den wohlhabenden Ländern des Westens leben, kennen den Zwang zum Weggehen nicht. Für sie ist er Geschichte aus einer fernen Welt, erscheint als Extremfall und seltene Ausnahme. Aber anders im Rest der Welt. Dort klingen solche Sätze vertraut, dort leben immer mehr Familien unter Bedingungen einer unfreiwilligen Trennung über Länder oder gar Kontinente hinweg. Dazu einige Zahlen:

Nach den offiziellen Daten des Nationalen Statistischen Amtes von Sri Lanka war dort jede elfte Frau im arbeitsfähigen Alter im Ausland tätig, und dies bereits Mitte der neunziger Jahre des letzten Jahrhunderts (man kann mit guten Gründen annehmen, daß der Anteil seitdem deutlich angestiegen ist). Etwa drei Viertel der Arbeitsmigranten und -migrantinnen waren verheiratet, von den verheirateten Arbeitsmigrantinnen wiederum hatten die allermeisten (nämlich 90 Prozent) Kinder, die sie in Sri Lanka zurückließen (Gamburd 2000: 39). In den Philippinen sind nach seriösen Schätzungen neun Millionen Männer und Frauen (10 Prozent der Bevölkerung) zum Geldverdienen ins Ausland gegangen, die Mehrheit davon Frauen mit Kindern. Die Folge ist, daß es zwischen sechs und neun Millionen Kinder gibt, bei denen Vater, Mutter oder beide im Ausland arbeiten (Conde 2008; Parreñas 2005: 317). Oder nehmen wir Osteuropa. Dort gibt es inzwischen gan-

ze Dörfer ohne Mütter und einen eigenen Begriff für die zurückgelassenen Kinder: Sie werden EU-Waisen genannt (Burghardt
u.a. 2010: 48 ff.). Allein in Rumänien haben laut UNICEF rund
350 000 Kinder einen im Ausland arbeitenden Elternteil, und bei
126 000 Kindern sind sogar beide Eltern fern der Heimat (ebd.). In
der Republik Moldau wächst jedes dritte Kind unter Bedingungen
der Trennung auf, weil ein Elternteil oder beide im Ausland Geld
verdienen (Brill 2010).

Neue Kommunikationsmedien

Fernliebe wird damit zu einer Realität im Alltag von immer mehr
Familien. Das widerspricht dem klassischen Bild von Familie, mit
Nähe, Gemeinschaft. Wie gehen die Familienmitglieder mit der
erzwungenen Trennung um? Wie sieht ihre Lebensform aus? Wie
gestaltet sich insbesondere die Beziehung zwischen Mutter und
Kind?

Die transnationalen Mütter bemühen sich nach Kräften, trotz
der räumlichen Distanz die emotionale Nähe zu den Kindern zu
erhalten und deren Alltag und Aufwachsen zu begleiten. In den
verschiedensten Formen – zum Beispiel über Video-Botschaften
und regelmäßige Telefonate, über E-Mail-Grüße und kleine oder
größere Geschenke – versuchen sie, Liebe und Zuwendung zu
geben, die Erinnerung lebendig zu halten, gegebenenfalls zu mah-
nen und zu disziplinieren. Sie erfinden persönliche Rituale, ihre
je eigenen Formen einer »transnationalen Intimität« (Parreñas
2005: 317), kurz, sie tun alles, um die Aufgaben mütterlicher Fürsorge weiterhin zu erfüllen. Eine wichtige Rolle spielen hier die
neuen Medien, von Handy und SMS bis E-Mail und Skype (Parreñas 2005; Vertovec 2004). Sie ermöglichen regelmäßige Kommunikation im Alltag, die Kinder können von Schule und Freunden
berichten und was immer sonst sie bewegt, und die Mütter können sie dabei ein Stück weit begleiten. Auf den Philippinen, so
wird berichtet, hat inzwischen jedes dritte Kind eine *Cell-Phone*

Mum, eine Handy-Mutter (Burghardt u.a. 2010). Treten allerdings kleinere oder größere Krisen auf (Schulschwierigkeiten, Drogenprobleme, Krankheit, Unfall o.ä.), stoßen diese medialisierten Formen mütterlicher Fernliebe an ihre Grenzen. Die neuen Medien sind *sunny day technologies*, vorwiegend schönwettergeeignet. In den bewegteren Zeiten dagegen sind, gerade für Kinder, unmittelbare Nähe und Anwesenheit wichtig. So eine 20jährige Philippinin, deren Mutter seit zehn Jahren in New York als Hausarbeitsmigrantin arbeitet:

»Manchmal will man mit ihr sprechen, aber sie ist nicht da. Das ist wirklich schwer, sehr schwierig … Es gibt Momente, da will ich sie anrufen, mit ihr reden, aber es geht nicht … Das einzige, was ich machen kann, ist, ihr zu schreiben. Und in den E-Mails kann ich mich nicht ausheulen, und manchmal will ich mich an ihrer Schulter ausheulen.« (Parreñas 2003: 42)

Globale Versorgungshierarchie

Was wir oben über Fernliebe zwischen erwachsenen Partnern gesagt haben, gilt ebenso für die Fernliebe zwischen Mutter und Kind: Sie ist eine *Liebe ohne Alltag* (siehe oben S. 70 ff.). Die praktischen Aufgaben der Kinderversorgung – Waschen, Kochen, Saubermachen, Baden, Anziehen usw. – können nicht global und transnational erfüllt werden, sie sind direkt personenbezogen: lokal. Nach vorliegenden Studien haben sich hierfür neue Formen der Arbeitsteilung herausgebildet. In der Regel setzen die Migrantinnen andere Frauen an ihrem Heimatort ein, Großmütter, Schwägerinnen, Nachbarinnen. Indem sie diesen Geld und Geschenke zukommen lassen, versuchen sie, Betreuungsdienste für die eigenen Kinder zu sichern. So entstehen »global care chains«, globale Betreuungsketten, die sich über Länder und Kontinente spannen (Hochschild 2000). Sie nehmen z.B. folgende Gestalt an: In einer Familie der Zweiten bzw. Dritten Welt betreut die älteste Tochter die jüngeren Geschwister; ihre Mutter wird dadurch freigestellt und kann die Kinder einer anderen Frau betreuen, wodurch sie ein wenig Geld verdienen kann; und diese andere Frau ist in eines der Wohlstandsländer des Westens gegangen und dort als Kindermädchen tätig. Solche grenzüberschreitenden Betreuungsketten entstehen z.b. als Resultat der Wanderungsbewegungen zwischen West- und Osteuropa: Da gehen Frauen aus Polen nach Deutschland, um in Mittelschicht-Familien auf die Kinder aufzupassen; und währenddessen kommen Frauen aus der Ukraine nach Polen, um den Haushalt und die Kinder der polnischen Arbeitsmigrantinnen zu versorgen.

Die amerikanische Soziologin Arlie Russell Hochschild hat den Verlaufsplan solcher Bewegungen in einem Satz zusammengefaßt: »Die Aufgaben der Mutter werden delegiert, und zwar jeweils an Frauen, die weiter unten stehen in der sozialen Hierarchie von Nation, ethnischer Zugehörigkeit, Schicht« (Hochschild 2000: 137). Allgemeiner gesagt, im globalen Zeitalter entsteht eine neue globale Hierarchie: Die Versorgungsarbeit im Privaten wird auf der Ebene von Nationen, Hautfarben, Ethnien von oben nach unten weitergegeben. Dabei schwinden von Stufe zu Stufe die Chancen für angemessene Versorgung und menschenwürdige Pflege. Bis irgendwann, auf der untersten Stufe, nichts mehr bleibt. Wenn Polinnen nach Deutschland fahren, um die Alltagsarbeiten in deutschen Familien zu erledigen; und wenn Ukrainerinnen nach Polen fahren, um die Alltagsarbeiten in polnischen Familien zu erledigen; wer übernimmt dann die familiären Alltagsarbeiten in der Ukraine? Wer sorgt für die Kinder der ukrainischen Frauen, wer betreut ihre Eltern?

Für diejenigen, die sich am je unteren Ende der Hierarchie befinden, sind die Folgekosten erheblich. Zum Beispiel für die in der Heimat zurückgebliebenen Kinder: Die beauftragten Großmütter, Tanten, älteren Schwestern sind nicht selten überfordert, haben nicht genug Zeit oder Kraft oder sind zu alt oder zu krank, um die zusätzlichen Anforderungen zu bewältigen. Dann sind die Kinder mehr oder minder sich selbst überlassen oder werden zwi-

schen verschiedenen Haushalten hin und her geschoben. Die
Väter sind kaum eine Hilfe: Nicht wenige haben schon vor Jahren die Familie verlassen und die Verantwortung für ihre Kinder
ganz den Müttern überlassen; andere kommen mit der neuen
Situation nicht zurecht, mit der Tatsache, daß die Frau im Ausland arbeitet und sie es ist, die die Familie ernährt; sie sind verunsichert und nicht fähig oder willens, für die Kinder zu sorgen.
Die Folge ist, daß diese oft auch emotional vernachlässigt werden
und leiden.

4. Mutterliebe und andere Gefühle

Über die Mutter-Kind-Beziehung und ihre historische Entwicklung streiten die Historiker (Rosenbaum 1982; Shorter 1977; van
Dülmen 1990). Ob es eine enge emotionale Bindung der Mutter
zum Kind in allen Epochen und Gesellschaften gab oder ob sie erst
mit dem Übergang zur Moderne einsetzte, zugespitzt formuliert:
ob Mutterliebe eine Erfindung der Neuzeit ist, diese Frage wird je
nach Blickwinkel unterschiedlich beantwortet. Soviel zumindest
steht fest: Im europäischen Diskurs des 19. und 20. Jahrhunderts
gewann Mutterschaft immer größere Bedeutung, nicht nur als
biologisches, sondern auch als emotionales Verhältnis. Philosophie und Theologie, Politik und Kunst beschworen, priesen, ver-
klärten Mütterlichkeit bzw. Mutterliebe. Sie wurde Gegenstand
unzähliger Gedichte, Romane und Dramen, ein gängiges Motiv in
Kunst wie Kitsch. Und sie galt als eine ursprüngliche und natürliche, enge und ewige Gefühlsbindung. Mutterliebe war rein,
selbstlos, aufopfernd, tröstend und heilend, unerschöpflich und
unersetzlich. Mutterliebe in dieser Form war Kult und Kulturgut,
Mythos und Märchen, Heimat in einer rapide sich wandelnden,
heimatlos gewordenen Welt. Sie war Ideal wie selbstverständliche
Pflicht, der Frau zugeschrieben wie vorgeschrieben. »Die Mutter
gehört zum Kind« wurde zur höchsten Aufgabe weiblichen We-

sens erklärt und in einem Programm polarer Geschlechtsrollen verankert (Beck-Gernsheim 2008).

In den späten sechziger Jahren des 20. Jahrhunderts – als in den westlichen Ländern immer mehr Frauen qualifizierte Bildungsabschlüsse erreichten, berufstätig wurden, die Beschränkung auf Heim und Familie nicht mehr mitmachen wollten – begann ein Wandel im Verhältnis von Mann und Frau und von Mutter und Kind. Nach langen und oft emotional aufgeladenen Kontroversen um Arbeitsteilung, Geschlechtsrollen und die Aufgaben der Mutter setzte sich in den folgenden Jahrzehnten allmählich ein neues Leitbild durch. Nicht mehr die allgegenwärtige Mutter ist heute gefordert, statt dessen wird Berufstätigkeit von Frauen erwartet. Weil sie in der Folge einen Teil des Tages mit anderen Aufgaben verbringen, sollen Mütter die verbleibende Zeit für um so intensivere Zuwendung nutzen. Als Stichwort zusammengefaßt: Das neue Mutter-Kind-Programm setzt auf »quality time«. Das heißt, die Zeiten der Beschränkung der Frau auf Heim und Familie sind zwar vorbei, doch auch in der Gegenwart wird der emotionalen Bindung zwischen Mutter und Kind ein hoher Wert zugesprochen. Frauen mögen ins Management aufsteigen, in der Politik Karriere machen, den Nobelpreis erhalten, aber das Wort Mutterliebe hat weiterhin einen ganz besonderen Glanz.

Und dies gilt auch für die Heimatländer der Hausarbeitsmigrantinnen, wie viele Untersuchungen zeigen. Indem die Migrantinnen in fremde Länder aufbrechen, die Kinder zurücklassen, betreten sie Tabuzonen. Ihr Verhalten ist eine Provokation, die Grundregeln herausfordernd und emotional aufgeladen – eine Konstellation, die Verwirrung unter allen Beteiligten stiftet. Mutterliebe, früher als quasi selbstverständliche Bindung definiert, als Liebe der Frau zu ihrem biologisch eigenen Kind, qua Natur des weiblichen Wesens vorgegeben, wird unter den neuen Bedingungen einer transnationalen Arbeitsteilung zwischen den Frauen global geöffnet. Mutterliebe ist einerseits eine zu erbringende Leistung, andererseits Gegenstand von Wünschen, Hoffnungen, Ängsten. Mit einemmal wird sie zur unsicheren, umstrittenen, umkämpften, erkauften Ressource. Nahliebe und Fernliebe, Sehnsucht und Eifersucht, Vorwürfe und Gegenvorwürfe – wenn man sich durch die einschlägigen Studien liest, wird ein Knäuel von Gefühlen und Gefühlserwartungen erkennbar. Diese werfen immer wieder ähnliche Fragen auf: Welche Mutter liebt welches Kind? Und welcher Frau gilt die Liebe des Kindes? Wer soll lieben, darf lieben? Welche Mutter liebt zuviel, welche zuwenig, welche liebt das falsche Kind? Und nicht zuletzt, welche Mutter hat die Mutterliebe vergessen, welche vernachlässigt ihr Kind?

Eifersucht

Die meisten Kinder haben große Sehnsucht nach der fernen Mutter (Nazario 2007; Parreñas 2005). Manche malen sich in ihrer Phantasie ein Idealbild von Mutterschaft aus, die Mutter als eine überlebensgroße Figur, stets voller Geduld, Wärme, Verständnis, unerschöpflich in ihrer Fürsorge und Liebe (Parreñas 2005: 120ff.). Viele sind eifersüchtig auf die »anderen« Kinder, die im fremden Land, diejenigen, für die ihre Mutter als Kindermädchen angestellt ist und die täglich die Nähe ihrer Mutter genießen (Parreñas 2005: 129). So zum Beispiel Floridith Sanchez, die 18jährige Tochter einer Philippinin, die in Taiwan als Hausarbeitsmigrantin arbeitet: »Das ist verstörend. Ich bin eifersüchtig. Ich glaube, diesen Kindern geht es sehr viel besser, weil meine Mutter sich um sie kümmert, als mir, ihrem wirklichen Kind, das hier allein gelassen ist.« (Parreñas 2005: 129; 2003: 42)

Die Mütter wiederum, also die Hausarbeitsmigrantinnen, sind in doppelter Hinsicht beunruhigt. Sie sind darum besorgt, ob die Personen, deren Obhut sie die Kinder anvertraut haben, diese Aufgabe zuverlässig erfüllen. Um deren Bereitschaft und Motivation zu stärken, lassen sie ihnen regelmäßig Belohnungen zukommen (Dankesbriefe, Geld, neue Kleider usw.) (Hondagneu-Sotelo/ Avila 1997: 560f.). Gleichzeitig fürchten die Migrantinnen, die

Delegierung der mütterlichen Aufgaben könnte am Ende zu gut funktionieren – so gut nämlich, daß ihre Kinder allmählich die leibliche Mutter vergessen, sich der Betreuerin zuwenden und zu ihr eine immer stärkere innere Bindung aufbauen (ebd.: 561).

Ähnlich ambivalente Gefühle haben die anderen Mütter, also die, die selbst eine Hausarbeitsmigrantin beschäftigen. Auf der einen Seite stellen Amerikanerinnen als Nanny bevorzugt Migrantinnen aus Lateinamerika ein, bei denen sie aufgrund ihrer Herkunft und des damit zugeschriebenen Nationalcharakters Eigenschaften wie Lebensfreude, Spontaneität, Wärme vermuten, Eigenschaften also, die als nützliche Ressourcen bei der Kinderbetreuung eingesetzt werden können (Hochschild 2003: 23).

Auf der anderen Seite beäugen viele Eltern die Nanny wachsam, ob die Bindung zwischen Kindermädchen und Kind eventuell nicht zu eng, zu liebevoll wird. Dominique, eine Migrantin, die in New York ihr Geld als Nanny verdient, konstatiert: »Die Eltern wünschen sich, daß wir ihren Kindern Mutter und Vater sind, weil sie keine Zeit haben, um sie großzuziehen. Deshalb hängen die Kinder an dir, weil du die einzige bist, die immer da ist. Daraufhin werden die Eltern zornig« (Cheever 2003: 35).

Um das Konfliktpotential im Verhältnis zu den Arbeitgebern (Eltern bzw. Müttern) zu vermindern, müssen die Migrantinnen deshalb einen täglichen Balanceakt vollführen. Weil viele Mütter die Delegierung der Erziehungsaufgaben wollen, aber gleichzeitig damit Schuldgefühle und Ängste verbinden, ist die Beruhigung der Mütter eine vorrangige Pflicht der Migrantinnen. Deshalb müssen sie die Mütter davon überzeugen, daß sie das Kind wie ihren Augapfel hüten, den kostbaren Nachwuchs aufs beste versorgen, das Delegierungsarrangement auch dem Kindeswohl dient. Aber wenn das Kind, dankbar für die Zuwendung, Zuneigung zeigt, haben die Migrantinnen solche Gefühle behutsam zu zähmen. Sie müssen das Kind auf Abstand halten, weil sie ansonsten die Eifersucht und den Unmut der Eltern zu spüren bekommen. Kurz, die Migrantinnen sollen das Kunststück vollbringen,

das ihnen anvertraute Kind einerseits zu lieben, andererseits nicht
zu sehr, weil die Liebe des Kindes nur den Eltern gehört.

Verschobene Liebe oder: Die globale Herztransplantation

In der Gefühlslage der beteiligten Personen zeigt sich immer wieder ein ähnliches Element, die Angst, die Liebe könne falsche
Wege einschlagen und die falschen Adressaten erreichen. Und wie
Interview-Aussagen belegen, sind diese Befürchtungen keineswegs grundlos. Das gilt zunächst für die Entwicklung der Migran-
tinnenkinder: Wenn die Mutter jahrelang abwesend ist, nicht
einmal kurz zu Besuch kommt, wird sie ihnen auch innerlich fern,
aus Zusammengehörigkeit wird Entfremdung (Hochschild 2003:
15 f.). Ein Glück für die Kinder ist es dann, wenn sie eine andere
Person (Tante, Oma, Schwester) haben, die sie nicht nur mit Essen
usw. versorgt, sondern sie auch in den Arm nimmt und ihnen
Zuneigung gibt. Dann bauen einige Kinder eine enge Bindung zu
dieser Bezugsperson auf, während die Erinnerung an die Mutter
allmählich verblaßt (Gamburd 2000: 196). Kurz, sie beginnen,
ihre Ersatzmutter anstelle der Mutter zu lieben.

Auch für die im Ausland arbeitenden Mütter ist die Situation
alles andere als einfach. Einschlägige Untersuchungen zeigen, daß
die Frauen enorm unter der Trennung leiden. Sie haben Sehnsucht
nach den Kindern; sie sind traurig, weil sie deren Aufwachsen
nicht miterleben; sie sind von der ständigen Sorge belastet, ob die
beauftragten Großmütter, Tanten, Nachbarinnen das Kind gut
versorgen. Und gleichzeitig fühlen sich viele einsam im fremden
Land, sind isoliert, emotional ausgelaugt, haben kaum ein Privatleben außerhalb der Arbeit (Hochschild 2003; Hondagneu-So-
telo/Avila 1997). In dieser Situation wird das Kind, das nicht ihr
eigenes ist und mit dem sie den Großteil jeden Tages gemeinsam
verbringen, für manche zu einer der wenigen Freuden des Lebens
in der Ferne (Hochschild 2003). Sie genießen die Lebendigkeit
und das Lachen des ihnen anvertrauten Kindes, den Hautkontakt

und die körperliche Nähe, sie fühlen sich dadurch auch an die eigenen Kinder erinnert. Das geht bei einigen so weit, daß sie die Liebe zu den eigenen Kindern auf das Kind der Arbeitgeber übertragen (Gamburd 2000 199 ff.; Hochschild 2003; Hondagneu-Sotelo/Avila 1997: 564 f.). Ihre Interview-Aussagen lesen sich wie Herzensbeichten.

Zum Beispiel Vicky, eine Migrantin von den Philippinen, die fünf Kinder in der Heimat zurückgelassen hat, um in den USA Geld zu verdienen: »Das einzige, was man tun kann, ist, seine ganze Liebe dem Kind [um das man sich kümmert] zu geben. Wenn ich schon nicht bei meinen Kindern bin, dann ist das Beste, was ich in meiner Situation tun kann, all meine Liebe diesem Kind zu geben.« (Hochschild 2003: 22) Oder Rowena, ebenfalls von den Philippinen und nun in den USA lebend. Sie sagt über Noa, die kleine Tochter ihrer amerikanischen Arbeitgeber, für die sie von morgens bis abends sorgt: »Ich gebe Noa, was ich meinen Kindern nicht geben kann.« Und sie wird von Noa entsprechend belohnt: »Sie gibt mir das Gefühl, ihr eine Mutter zu sein« (ebd.: 16). Oder Maria, von den Philippinen nach Kalifornien gekommen: »Ich liebe Ana mehr als meine eigenen beiden Kinder. Wirklich, mehr. Ich arbeite zehn Stunden am Tag, habe einen freien Tag. Ich kenne keinen einzigen Menschen aus der Nachbarschaft. Und das Kind gibt mir, was ich brauche.« (Ebd.: 24) Hochschild bezeichnet dies als «globale Herztransplantation« (ebd.: 22). Die Mutterliebe, die so hoch gepriesene, für unersetzlich erklärte, wird den Kindern der armen Regionen entzogen, umgeleitet und kommt den Kindern der Wohlhabenden zugute.

Was man in den zitierten Interview-Aussagen liest, stellt die Annahme westlicher Arbeitgeberinnen in Frage: daß die Wärme, Herzlichkeit, Liebe, die die Migrantinnen im Umgang mit dem Kind zeigen, eine quasi natürliche Zugabe sind, die sich ihrer erdverbundenen, ländlichen Herkunft und der Kultur ihrer Heimat verdanken. Vielmehr lassen solche Interview-Aussagen erkennen: Die unterstellten Eigenschaften entstehen zumindest zum Teil –

aus der Situation der Fernliebe – aus der Trennung von den eigenen Kindern und aus der Einsamkeit in der neuen Umgebung. Für Hochschild ist das Bild, das die amerikanischen Arbeitgeberinnen entwerfen, deshalb allzu einfach und glatt. Wenn man die Stimmen der Migrantinnen selbst hört, so Hochschild, dann bekommt das Bild eine dunklere Färbung: Dann zeigt sich »kein Import glücklicher bäuerlicher Mutterschaft, sondern eine Liebe, die nicht zuletzt durch das Leben in den USA entsteht, durch die Einsamkeit und die Sehnsucht nach den eigenen Kindern« (ebd.: 24).

Vorwürfe und Gegenvorwürfe

Auch in der Gegenwart besitzen Mütterlichkeit und Mutterliebe noch erhebliche normative Strahlungskraft. Da Mutterliebe vieles zugleich ist, Ideal, unauflösliche Bindung, zugewiesene Pflicht, und vor allem weil Mutterliebe aufs engste mit den Geschlechtsrollen und der darauf aufbauenden Arbeitsteilung verknüpft ist, kommt das Verhalten der Migrantinnen – weggehen, die Kinder zurücklassen – einer Revolution gleich: Es bedroht die Fundamente, auf denen die gesamte Organisation des Alltagslebens ruht. Es ist eine Provokation vertrauter Vorstellungen von Männlichkeit und Weiblichkeit. Bei einer so weitreichenden Umkehrung der Verhältnisse ist mit Irritationen und Widerständen zu rechnen. Und tatsächlich: Die Entscheidung zum Weggehen begrüßen im sozialen Umfeld der Migrantinnen keineswegs alle. Die Frauen bekommen manchmal heftige Mißbilligung zu spüren, werden als »herzlos« bezeichnet, weil sie ihre wichtigste Aufgabe vernachlässigen, nämlich die Versorgung der Kinder (Gamburd 2000: 199; Hondagneu-Sotelo/Avila 1997: 552; Parreñas 2003). Mehr noch, manche Migrantinnen haben gegen Selbstvorwürfe und Schuldgefühle anzukämpfen. So zum Beispiel eine philippinische Migrantin in Rom:

»Wenn das Mädchen, um das ich mich kümmere, ihre Mutter

›Mama‹ nennt, schlägt mein Herz immer höher, weil meine Kinder mich auch ›Mama‹ nennen. Den Verlust spüre ich besonders am Morgen, wenn ich ihr Mittagessen einpacke, denn das hab ich immer für meine Kinder getan … Und dann denke ich, daß ich zu dieser Stunde für meine eigenen Kinder sorgen sollte und nicht für die fremder Leute.« (Interview-Aussage in Parreñas 2003: 41)

Es ist für die Migrantinnen nicht einfach, solchen Vorwürfen und Selbstvorwürfen zu begegnen. In den zitierten Interviews suchen sie sich zu rechtfertigen, offensichtlich in Reaktion auf Einwände, denen sie immer wieder begegnen: Zunächst möchten sie ihr Weggehen keineswegs gleichgesetzt wissen mit willkürlichem Verlassen der Kinder, mangelndem Verantwortungsbewußtsein oder gar Lieblosigkeit (Hontagneu-Sotelo/Avila 1997: 557). Drei zentrale Verteidigungslinien sind unterscheidbar: eine traditionelle, eine innovative und eine offensive.

Bei einer traditionellen Verteidigung stellen Migrantinnen ihr Weggehen als Opfer dar, das sie nicht aus Eigeninteresse oder zur Erfüllung eigener Wünsche erbringen, sondern um der Familie und vor allem der Kinder willen. Wie die oben zitierte Migrantin in einer späteren Interview-Passage sagt: »die Arbeit, die ich hier [in Rom] tue, tue ich für meine Familie« (Parreñas 2003: 41). Eine solche Argumentation ist traditionell, weil sie auf ein bekanntes, bereits in der Vergangenheit betontes Motiv zurückgreift und dies zum Angelpunkt der Entscheidung macht – Selbstlosigkeit.

Bei der innovativen Verteidigung verweisen die Migrantinnen darauf, ihr Weggehen sei nicht das Ergebnis freier Wahl, vielmehr dem Zwang der Verhältnisse geschuldet, der veränderten Weltordnung. In den Worten einer Migrantin aus Mexiko, nun in Kalifornien tätig: »Das muß man tun« (Hontagneu-Sotelo/Avila 1997: 563). Wenn die Männer keine Arbeit mehr haben, müssen die Frauen einspringen. Der Gang der Frauen in die Fremde, das sei heute der einzige Weg, um die Familie einigermaßen ernähren zu können. So z. B. eine Migrantin aus Guatemala, die seit Jahren in Los Angeles arbeitet: »Die Mutter muß, so heißt es, für ihre Kinder sorgen. Eine Mutter kann nicht einfach ihre Kinder beiseite schieben. Deshalb gilt in allen Familien die Regel, daß zuerst der Mann weggeht (in die USA). Da aber gegenwärtig der Mann hier nur schwer eine Arbeit findet, kommt die Frau zuerst hierher. Seit kurzem sind die Frauen weggegangen, und die Männer sind dageblieben.« (Ebd.: 558)

Migrantinnen lehnen also das Ideal der Mutterliebe und die damit einhergehenden Aufgaben nicht ab. Im Gegenteil, sie erkennen es an, interpretieren allerdings die daraus resultierenden Aufgaben unter Hinweis auf die veränderten Lebensbedingungen neu: Hier und heute sei das Weggehen die beste Möglichkeit, der Mutterrolle gerecht zu werden (ebd.: 563). Dadurch erweitern sie den Radius der Mutterpflichten, schieben die Grenzen weiter hinaus, entwerfen ein neues Modell der »guten Mutter« (ebd.: 567), das sich mit der Fremdheit der Welt im Binnenraum der Mutterschaft arrangiert.

Bei der offensiven Verteidigung weisen die Migrantinnen die gegen sie erhobenen Vorwürfe zurück und reichen sie weiter wie im Schwarzer-Peter-Spiel. Nun geraten andere Mütter, nämlich die Arbeitgeberinnen, ins Blickfeld und ins Zentrum scharfer Kritik (Cheever 2003: 35; Hondagneu-Sotelo 2001: 25, 40f.; Hondagneu-Sotelo/Avila 1997: 565f.). Sie selbst, die Migrantinnen, würden die Trennung von den Kindern nur aufgrund äußerer Zwänge auf sich nehmen. Anders dagegen ihre Arbeitgeberinnen: Die seien berufstätig, weil sie es wollten, um der Karriere und der Selbsterfüllung willen. Aus rein egoistischen Motiven also würden sie jeden Morgen aus dem Haus gehen, das Kind einer anderen Frau überlassend. Oder sie würden gar nicht arbeiten, hätten nur Freizeit und Luxus im Kopf. Bei den Arbeitgeberinnen also fände man die eigentliche Herzlosigkeit und Lieblosigkeit. Noch einmal die Migrantin aus Mexiko:

»Ich liebe meine Kinder, sie nicht ... Sie gehen lieber zum Friseur, lassen sich die Nägel machen, ... gehen auf Einkaufstour, solche Sachen eben. Selbst wenn sie den ganzen Tag zu Hause sind, wollen sie sich nicht mit den Kindern abgeben, denn sie bezahlen jemanden dafür, daß er es für sie tut« (Hondagneu-Sotelo/Avila 1997: 565 f.).

Die Migrantinnen halten also am traditionellen Ideal fest, Muttersein als Vollzeit-Aufgabe, soweit es die finanziellen Verhältnisse erlauben. Mit der letzteren Einschränkung erklären sie ihr eigenes Verhalten für zulässig, weil dem Gebot der Not folgend. So können sie beanspruchen, das ungeschriebene Gesetz von Mutterschaft und Mutterliebe zu achten – und gleichzeitig die Ortsbindung der Mutterliebe aufgeben.

Care drain

Nach dem bisher Gesagten können wir beim Thema Hausarbeitsmigration nicht nur die Situation der Familien in den wohlhabenden Ländern betrachten, sondern müssen auch das in den Blick nehmen, was geographisch weit entfernt davon geschieht und doch eng damit verflochten, die Heimat der Hausarbeitsmigrantinnen, die Folgen für ihre Familien. Wenn man die Perspektive in diesem Sinne erweitert, bekommt man plötzlich ein ganz anderes Bild. Dann ist die Geschichte der Hausarbeitsmigrantinnen keine Geschichte des Gewinns, sondern vor allem eine der Verluste. Bekannt ist das Stichwort vom *brain drain*, das auf die Abwanderung der Hochqualifizierten verweist und die Probleme, die sich für die betroffenen Gesellschaften daraus ergeben. Aber noch wenig gesehen wird, daß es inzwischen auch einen *care drain* (Hochschild 2003) gibt, also die Abwanderung derer, die für die familiale Alltagsarbeit zuständig sind, und in der Folge eklatante Versorgungslücken in den Armutsregionen der Welt.

5. Globale Hierarchie statt globaler Gerechtigkeit

Ob zur Versorgung der unterstützungsbedürftigen Eltern, Betreuung von Kindern oder zur Arbeit im Haushalt – wer eine Hausarbeitsmigrantin einstellt, neigt dazu, solche Arbeitsverhältnisse positiv zu deuten, als Wohltat für alle (Arbeitsentlastung für die einen, kombiniert mit Entwicklungshilfe für die anderen). Eine solche harmonische Perspektive ist lückenhaft:

Sie übersieht erstens, daß Kosten und Nutzen asymmetrisch verteilt sind. Was den Familien der reichen Länder das Leben erleichtert, schafft um so mehr Probleme für die Familien der übrigen Welt.

Der Einsatz von Hausarbeitsmigrantinnen erzeugt zweitens neue Formen der sozialen Ungleichheit, das Wohlstandsgefälle zwischen armen und reichen Nationen erreicht die Küchen und Kinderzimmer.

Und drittens ist mit der Hausarbeitsmigration für Feministen (egal, ob sie weiblich oder männlich sind) ein Dilemma verbunden. Sie fordern die Gleichberechtigung aller Frauen. Nun aber befinden sie sich selbst in der Situation von Arbeitgebern, die die Weltungleichheit der Frauen für die Zwecke ihrer privaten Emanzipation nutzen.

Gleichzeitig steht zu erwarten, daß sich in Zukunft weitere Formen solcher privaten internationalen Vernetzung herausbilden. Wenn Grenzen durchlässiger werden, wenn arme und reiche Nationen näher zusammenrücken (und selbst eine Abschottungspolitik wird dies auf Dauer kaum ändern), werden die Wohlstandsländer des Westens weiter starke Anziehungskraft besitzen. Solange in diesen Ländern die öffentliche Infrastruktur fehlt, die den einheimischen Frauen eine gleichberechtigte Berufsteilhabe erlaubt, so lange werden diese Frauen weiter nach privaten Lösungen und Überlebensstrategien suchen.

In den siebziger Jahren des 20. Jahrhunderts, als die neue Frau-

enbewegung ihren Aufstieg erlebte, war einer ihrer zentralen Leit-
sätze *The personal is political* (Hanish 1969), mit anderen Worten: Die privaten Lebensformen sind nicht allein ein privates, sie
sind ein politisches Faktum. Sie sind ein zentraler Baustein im Gefüge der Gesellschaft, nicht zuletzt im Gefüge der Ungleichheit im
Geschlechterverhältnis. Heute, im Zeitalter der weltweiten Wanderungsbewegungen, können wir hinzufügen: *The personal is global* (Hochschild 2003: 30). Frei übersetzt: Die Verwandlung der
familiären Alltagsarbeit und die Entstehung einer transnationalen
privaten Schattenwirtschaft in den Grauzonen der Legalität – dies
ist nicht nur eine Sache des persönlichen Lebensstils oder des persönlichen Geldbeutels, es ist direkt verknüpft mit globaler Gerechtigkeit und globaler Ressourcenverteilung. »Und für Opa
sorgt 'ne Frau aus Osteuropa«: Diese Entwicklung ist nicht denkbar ohne die politische, ökonomische, soziale Hierarchie zwischen den Nationen.

KAPITEL VII

Schwindet die Männerherrschaft?
Warum Frauen in Weltfamilien gewinnen

Manche behaupten, Migration und Frauenemanzipation hätten wenig miteinander zu tun. Migration erfolge aus Gründen der Armut und Not, Emanzipation dagegen sei eine Art Luxus. Manche behaupten, die Benachteiligungen von Frauen würden sich im Migrationskontext verschärfen, ja potenzieren (Han 2003: 281). Manche behaupten, Frauen würden mittels Zwangsheirat von ihren Familien in die Fremde geschickt und dort wie Sklavinnen behandelt (siehe oben S. 127 f.; Kelek 2005).

Bestehen also die alten Fesseln und Zwänge weiterhin, auch im Kontext von Migration und innerhalb von Weltfamilien, machen Frauen keine Fortschritte bei der Emanzipation, können sie ihre soziale Position nicht verbessern? Bleibt die Hierarchie der Geschlechter unverändert, wohin die Frauen auch immer gehen mögen?

Solche Thesen greifen zu kurz. »Im Gefolge von Migration deuten Frauen und Männer die traditionellen Geschlechterregeln um und erfinden neue« (Hondagneu-Sotelo 1994: 87). Migration kann die Machtverhältnisse im Geschlechterverhältnis verschieben, neue Aushandlungsprozesse in Gang setzen. Die bisherige Machtordnung erodiert. Was danach kommt, ist zunächst einmal offen (Treibel 2004). Deswegen betrachten wir die Machtbalance im Geschlechterverhältnis für verschiedene Konstellationen von Weltfamilien. Um das Fazit vorwegzunennen: Wir erwarten, daß viele Frauen in Weltfamilien Positionsgewinne erringen.

1. Von wo nach wo?

Welche Veränderungen im Geschlechterverhältnis zu erwarten sind, läßt sich in einer ersten Annäherung bestimmen anhand der Frage »Von wo nach wo?«, genauer nach der Himmelsrichtung des Migrationsweges. Da in den westlichen Gesellschaften die Gleichstellung von Frauen erheblich weiter fortgeschritten ist als in nicht-westlichen, erfahren Frauen, die von Ost nach West (bzw. Süd nach Nord) heiraten bzw. migrieren, meist einen Zuwachs an Rechten, während die, die von West nach Ost (bzw. Nord nach Süd) migrieren, mit einer erheblichen Einschränkung ihrer Rechte rechnen müssen. Das gilt auf der Ebene gesellschaftlicher Institutionen (z. B. Bildung und Recht) ebenso wie im Privaten und in der Zweierbeziehung.

Westliche Frauen in der Hierarchie der Großfamilie

Westliche Frauen, die einen Mann aus einer nicht-westlichen Gesellschaft heiraten, werden vielfach mit einer Lebenswelt konfrontiert, in der Autonomie und Unabhängigkeit zumindest für Frauen keinen großen Stellenwert besitzen. Für Frauen, die sich im Beruf erfolgreich durchgesetzt, ihr Leben nach eigenen Vorstellungen und Wünschen gestaltet haben, bedeutet dies einen tiefen biographischen Einschnitt. Im öffentlichen Raum sind ihre Rechte erheblich eingeschränkt, unter Umständen können sie sich dort nicht mehr allein bewegen, benötigen dafür männliche Begleitung. Manche stellen fest, daß sie nicht einen Mann geheiratet haben, sondern eine Familie, genauer eine Großfamilie, ja mehr noch: einen Familienverband mit ausgeprägten hierarchischen Strukturen, festen Regeln und allgegenwärtigen Kontrollen. Sie sind in eine Geschlechterhierarchie eingebunden, in der sie – qua ihres Status als Frau – ganz unten stehen. Diese Hierarchie wird insbesondere dann spürbar, wenn die Frau dem Ehemann in seine Heimat nachfolgt. Aber sie kann sich auch schon zeigen, wenn das Paar in einem westlichen Land bleibt. Und sie kann mit dem Tag der Heirat beginnen. Von nun an halten sich manche der männlichen Familienmitglieder für berechtigt, der Frau Weisungen zu erteilen.

In einer Untersuchung über englisch-indische Paare erinnert sich die Frau, eine Engländerin, an eine solche Anweisung, am Morgen nach der Hochzeitsfeier: »Überhaupt nicht gerechnet habe ich damit, … daß die Heirat sogleich die Art und Weise verändern würde, in der mich bestimmte Verwandte behandeln. An unserem Hochzeitstag gaben wir eine kleine Feier für ca. 60 Personen, und am nächsten Morgen standen überall im Haus Blumen, Weingläser und schmutziges Geschirr. Mein Schwager, der aus Indien gekommen war und der sich mir gegenüber bis zu diesem Tag sehr höflich verhalten hatte, betrachtete abschätzig die Reste und brüllte: ›Was für ein Saustall – los, mach sauber!‹ Ich war total verblüfft, daß er nun glaubte, mir in meinem eigenen Heim Befehle erteilen zu können.« (Joshi/Krishna 1998: 182)

In vielen nicht-westlichen Ländern, wie z.B. Indien, existiert neben der Hierarchie der Geschlechter eine Altershierarchie, die klare Regeln vorgibt für das Verhältnis zwischen jüngerer und älterer Generation. Je älter eine Person, desto höher ihr Status, desto mehr müssen die Jüngeren ihr Ehrerbietung erweisen, Respekt und Gehorsam sind Pflicht. Die Folge ist, daß Engländerinnen oder US-Amerikanerinnen, die einen Mann aus Indien heiraten, oft unerwartet in eine zweite Hierarchie eingebunden sind, eine Hierarchie der Frauen untereinander. Und wieder ist der Platz am unteren Ende die ihre. Am oberen Ende ist die Schwiegermutter, die von der jungen, also unreifen, also unwissenden Schwiegertochter Unterordnung und Ehrerbietung erwartet, wie vom eigenen Sohn, dem frischgebackenen Ehemann. Ob Indien oder England, die Regel lautet stets: Die Familie hat Vorrang. Die Schwiegermutter regiert.

Ein Inder, mit einer Engländerin verheiratet, erinnert sich an die ersten Tage seiner Ehe: »An unserem Hochzeitstag fuhren Catherine und ich mit meinem Bruder, meiner Mutter und meinem Cousin im Auto weg. Mir schien dies ganz normal, aber für Catherine verstieß es gegen alle Erwartungen. Am nächsten Morgen, also unmittelbar nach der Hochzeit, brachte ich meinen Cousin zum Flughafen und verabschiedete mich von ihm. Das bedeutete für Catherine einen Affront, aber mir war das nicht klar. Dann verbrachten wir ein paar Tage der Flitterwochen, kehrten aber nach London zurück, da meine Mutter Halsschmerzen hatte. Für mich war es nichts Ungewöhnliches, die Flitterwochen zu unterbrechen und danach wieder wegzufahren, aber für Catherine war es sehr schmerzlich.« (Ebd.: 174)

Die Macht der Schwiegermutter ist am stärksten, wenn das junge Paar nach Indien zieht und im Haus der Großfamilie lebt. Ob Kindererziehung oder Kochkunst, die Schwiegermutter verfügt über die überlegene Weisheit und das unanfechtbare Wissen. Deswegen hat sie das Recht zu umfassender Kontrolle. Sie hat das Recht, Briefe zu lesen, Telefongespräche mitzuhören, die Geldausgaben zu überwachen, das Schlafzimmer des jungen Paares nach ihren Vorstellungen einzurichten, und sie kann bestimmen, welche Kleider und welcher Schmuck bei welcher Gelegenheit angelegt werden (ebd.: 181).

Man ahnt die Schockwellen, die junge westliche Frauen – man stelle sich vor: junge Juristinnen, Ärztinnen, Biologinnen – in solchen Situationen erfassen. Für sie, aufgewachsen mit den Optionen für ein eigenes Leben, soll mit einemmal gelten: Hierarchie statt Gleichheit, Unterordnung statt Selbständigkeit. Das erfordert enorme Anstrengung und Selbstdisziplinierung, bedroht Selbstbewußtsein und Selbstbild. In der erwähnten Studie über angelsächsisch-indische Paare·berichten junge Frauen immer wieder davon, welche Überwindung es sie kostet, die Rolle der Fügsamen und Folgsamen zu spielen, und dies bitte lächelnd, ohne die innere Rebellion erkennen zu lassen. Der Familie und der Schwiegermutter zu Diensten zu sein, das widerstrebt ihnen nicht nur, das erleben sie als Beschädigung ihrer Identität (ebd.: 184).

In binationalen Ehen, in denen die Frau von West nach Ost heiratet, herrscht damit erheblicher Druck. Eine Studie über dänisch-japanische Ehen berichtet, die Konstellation »dänische Frau – japanischer Mann« sei sehr konfliktanfällig, die umgekehrte Konstellation, also »japanische Frau – dänischer Mann« verlaufe dagegen in der Regel deutlich harmonischer. Das läßt sich auch an den Scheidungszahlen ablesen: Sie liegen bei der ersten Konstellation deutlich höher als bei der zweiten (Refsing 1998: 204).

Nicht-westliche Frauen: Mehr Autonomie im Westen

Während die Migration bzw. die Heirat von West nach Ost für Frauen oft einen Verlust an Autonomie mit sich bringt, gilt das Gegenteil für diejenigen, die in Richtung Westen migrieren. Sie können in vielerlei Hinsicht gewinnen, und dies nicht nur im ökonomischen Sinn, sondern auch in ihrem persönlichen Leben. In westlichen Gesellschaften haben Frauen die gleichen Rechte wie Männer, vom Erbrecht über die Bildungsmöglichkeiten bis hin zur Scheidung. Hier gibt es Angebote zur sexuellen Aufklärung und Zugang zu sicheren Formen der Empfängnisverhütung. Hier ist sexuelle Gewalt gegen Frauen unter Strafe gestellt, auch innerhalb der Ehe wird der Geschlechtsverkehr ohne Zustimmung der Frau ein strafrechtlicher Tatbestand und als solcher verfolgt.

Solche Rechte und Möglichkeiten erreichen die Frauen oft nur mit Einschränkungen, Recht ist nicht gleichzusetzen mit Realität. Was nichts daran ändert, daß in westlichen Gesellschaften Frauen über weit größere Autonomie verfügen, im öffentlichen Raum wie im privaten. Die Vorteile zeigen sich in besonderem Maße bei bestimmten Migrantinnengruppen – alleinstehenden Frauen, lesbischen Frauen, ledigen Müttern, Geschiedenen –, also denjenigen, die nicht mit dem Normbild von Ehefrau-und-Mutter übereinstimmen, die in ihrer Heimat noch weniger Ansehen, noch weniger Rechte haben als verheiratete Frauen. Den sozial marginalisierten Frauen kann der Weg in den Westen neue Lebenschancen eröffnen.

Aber auch für verheiratete Frauen kann Migration den ersehnten Ausweg bedeuten, den Ausweg aus einer unglücklichen Ehe. In vielen nicht-westlichen Ländern ist eine Scheidung praktisch kaum möglich, weil die rechtlichen Hürden sehr hoch, die ökonomischen Nachteile äußerst gravierend, die soziale Ächtung schier unausweichlich sind und die Frauen mit einschneidenden Sanktionen rechnen müssen (z. B. erzwungene Trennung vom Kind). Egal ob der Ehemann Alkoholiker ist, sie chronisch betrügt oder täglich verprügelt, die Frauen müssen durchhalten. Das ändert sich, sobald sie in einem westlichen Land leben, denn zunächst sind sie damit einer unerträglichen Ehe entflohen.

Ein einschlägiges Beispiel liefern Ergebnisse einer schwedischen Studie (Darvishpour 2002): Demnach war die Scheidungsquote in iranischen Zuwandererfamilien deutlich höher als in Familien der schwedischen Mehrheitsgesellschaft. Dieser Unterschied erklärt sich, so die Autorin der Studie, vor allem aus zwei Bedingungen. Zum einen fühlten sich manche der iranischen Frauen schon seit langem unglücklich in ihrer Ehe, wagten zuvor aber nicht an Scheidung zu denken. Das änderte sich mit der Ankunft im neuen Land. Jetzt haben sie nicht nur dieselben Rechte wie Männer, nicht zuletzt im Fall einer Scheidung, jetzt haben sie darüber hinaus die Möglichkeit, berufstätig zu werden und finanziell auf eigenen Beinen zu stehen, sind also nicht mehr existentiell auf den Mann angewiesen. Zum zweiten erfahren viele Männer die Exil-Situation als sozialen Abstieg, als Verlust von Sozialstatus wie Einkommen, verbunden mit Machtverschiebungen im Binnenraum der Ehebeziehung. Damit wird zusätzliches Konfliktpotential erzeugt, was zum weiteren Anstieg der Scheidungszahlen beiträgt.

Daß die Frauen den Aufenthalt im neuen Land als Befreiung erleben, wird auch an einem weiteren Befund der Studie deutlich. In Interviews wurden iranische Migrant(inn)en gefragt, ob sie, wenn es zu einem politischen Systemwechsel im Iran komme, in die Heimat zurückkehren wollten. Das Ergebnis war eindeutig: Während fast alle Männer sich für die Rückkehr aussprachen, äußerten sich fast alle Frauen ablehnend. Sie befürchteten, bei einer Rückkehr in den Iran alle Vorteile zu verlieren, die ihnen die Migration gebracht hatte und die ihre Position enorm gestärkt hatten (Darvishpour 2002).

Auch andere Studien zur Rückkehr in die Heimat gelangen regelmäßig zu einem ähnlichen Ergebnis. Wenn in Interviews dieses Thema angesprochen wird, sind die Männer dafür, die Frauen dagegen (Darvishpour 2002: 278; Pyke 2004: 262). Und so auch im wirklichen Leben. Sobald die Möglichkeit einer Rückkehr am Horizont auftaucht, zögern die Frauen, schieben hinaus, erfinden wichtige Gründe für einen Aufschub, ja torpedieren mit praktischer List alle Anläufe des Mannes, die Familie zurück in die Heimat zu bringen. Selbst wenn sie im neuen Land als Migranten auf Ablehnung gestoßen sind, selbst wenn sie sich mit schlecht bezahlten, unsicheren Jobs begnügen mußten – die Frauen wollen die einmal gewonnenen Freiheiten nicht mehr aufgeben.

Schon daran wird sichtbar, Frauen nehmen den mit Migration in Gang gesetzten Wandel der Geschlechterverhältnisse nicht einfach hin, sondern sie versuchen auch, aktiv darauf Einfluß zu nehmen, um mehr Gleichheit im Geschlechterverhältnis durchzusetzen. Dies zeigt sich noch deutlicher da, wo es um die Partnerwahl geht. Und es zeigt sich, daß auch bei Männern die Frage von Gleichheit oder Ungleichheit im Geschlechterverhältnis zu einem wichtigen Kriterium der Partnerwahl wird, allerdings unter genau entgegengesetzten Vorzeichen. Vorweg kurz zusammengefaßt: Wo das Geschlechterverhältnis nicht mehr fraglos festgeschrieben ist qua Tradition, sondern zumindest untergründig in Bewegung gerät – da wird auch und gerade die Partnerwahl zum Terrain, um die Familienordnung neu zu verhandeln und für die Zukunft aktiv zu gestalten. Da wird die Partnerwahl zum Austragungsort, um neue Umgangsformen im Geschlechterverhältnis gezielt einzubringen oder umgekehrt draußen zu halten.

2. Strategien der Partnerwahl

Seitdem die Migrationsströme Europa erreicht haben, mithin Staaten, die sich selbst als homogene Nationalstaaten verstanden, aber zunehmend zu ethnisch gemischten Gesellschaften wurden, rückt die Integration dieser neu hinzukommenden Gruppen ins Zentrum politischer Auseinandersetzungen und damit auch die Frage nach ihrem Heiratsverhalten: Heiraten die Migranten untereinander, oder nehmen im persönlichen Bereich die Verbindungen zwischen der Mehrheitsgesellschaft und ihren Minderheiten zu?

Ob Türken in Deutschland, Inder in Großbritannien, Indonesier in den Niederlanden, die Antwort auf diese Frage fällt ähnlich aus. Selbst wenn sie schon seit Jahren im neuen Land ansässig sind, heiraten die meisten Migranten nicht in die Mehrheitsgesellschaft ein, sie heiraten einen Partner/eine Partnerin, die aus dem Herkunftsland stammt. Herkömmliche soziologische Erklärungsansätze bieten dafür eine Reihe von Deutungen, die trotz der Betonung unterschiedlicher Faktoren eine große Gemeinsamkeit besitzen: Sie bleiben im Bezugsrahmen des (jeweiligen) Nationalstaates, sind im methodologischen Nationalismus befangen. Das beginnt bei Robert Merton, der als einer der ersten das Thema »Intermarriage« entdeckte. Er analysierte die sozialstrukturellen Voraussetzungen bzw. Barrieren der Partnerwahl, die sich aus den demographischen Merkmalen der Gruppe ergeben (also Größe einer sozialen Gruppe; ihr Männer-/Frauenanteil; ihre altersmäßige Zusammensetzung; schließlich die Kontaktdichte zu anderen Gruppen (Merton 1976: 220). Von solchen Einflußfaktoren, so Merton, hängt es ab, wie groß die Wahrscheinlichkeit ist, einen Partner eher in der eigenen Gruppe oder eher außerhalb zu finden. Jüngere Autoren haben diese Überlegungen weitergeführt und dabei insbesondere auf sogenannte »Gelegenheitsstrukturen« hingewiesen (z. B. Klein 2000; Spickard 1989: 6 ff. und 361 ff.; Vetter 2001) sowie auf kulturelle Normen und Schranken.

Solche Faktoren sollen erklären, warum das Heiratsverhalten häufig dem Muster der Homogamie folgt, warum also die meisten Menschen innerhalb ihres sozialen Umfeldes heiraten. Das Motto hierfür lautet: »Gleich und gleich gesellt sich gern« – und dies gilt, so wird angenommen, auch für Migranten. Hier zeigt sich ein typisches Argumentationsmuster: So wie es in wissenschaftlichen Studien lange Zeit üblich war, die aus der Untersuchung von Männern gewonnenen Ergebnisse wie selbstverständlich auf Frauen zu übertragen und als allgemeine Gesetze menschlichen Handelns auszurufen, werden hier die im nationalstaatlichen Rahmen gewonnenen Einsichten auf Migranten übertragen, auf diejenigen also, die nicht im Rahmen eines einzigen Nationalstaates zu verorten sind. Die Neigung, einen Partner aus dem Herkunftsland zu wählen, ist in einer solchen Perspektive nicht überraschend. Wenn vietnamesische Migranten, die in den USA leben und arbeiten, vorwiegend Frauen aus Vietnam heiraten, unterscheidet sich das kaum von dem, wie sich die Bayern verhalten, die meistens Bayern heiraten, oder die Katholiken, die meistens Katholiken heiraten, die Mittelschicht-Angehörigen, die wiederum Mittelschicht-Angehörige, die Bauern, die wiederum Bauern ehelichen. Sie alle heiraten vielfach innerhalb ihres sozialen Umfeldes. Macht man sich den nationalen Blick zu eigen, muß man umgekehrt fragen: Was ist so auffallend daran, wenn vietnamesische Migranten in den USA eine Frau aus Vietnam heiraten? Ist es nicht eher das Normale, durchaus Übliche?

Eine solche Annahme klingt zunächst ganz plausibel – und baut dennoch auf einer höchst problematischen Voraussetzung auf. Stillschweigend unterstellt wird dabei nämlich eine natürliche Homogenität zwischen Migranten und der Bevölkerung im jeweiligen Herkunftsland. Demnach bilden die türkischen Migranten in Deutschland zusammen mit den Türken in der Türkei eine gemeinsame Gruppe, ebenso die marokkanischen Zuwanderer in Frankreich mit den Marokkanern in Marokko.

Daß solche Zuordnungen zweifelhaft sind, machen die Befunde

vieler neuerer Migrationsstudien deutlich. Migranten türkischer
Herkunft in Deutschland (oder pakistanischer Herkunft in Großbritannien) sind nicht einfach Türken bzw. Pakistani, sie bilden –
in bezug auf Erfahrungen, Erwartungen, Bedürfnisse, Werte – eine
eigenständige Gruppe, eben die der Deutschtürken (oder der bri-
tischen Pakistani). Ihre Lebenspraxis ist nicht einfach eine Wei-
terführung der Traditionen, die sie aus der Heimat mitgenommen
und bei der Ankunft im Gastland wieder ausgepackt haben; sie ist
ebenso geprägt von der Erfahrung der Migration, des Neuankom-
mens in einem fremden Land und von dessen sozialen, politischen,
rechtlichen, wirtschaftlichen Bedingungen. Daraus ergibt sich ein
doppelter Bezugsrahmen, ein Spannungsbogen zwischen dem
»Hier« und dem »Dort«, aus dem neue kulturelle Mischformen
erwachsen (Baumann 2002; Kibria 1993; Tietze 2001).

Das aber ist es, was die herkömmlichen Erklärungsansätze aus-
lassen. Sie ignorieren, schieben weg, definieren als unwichtig, was
die besondere Situation von Migranten/Migrantinnen ausmacht.
Sie sind blind dafür, daß die Migranten sich stets im Spannungsbogen zwischen zwei Gesellschaften, Ländern, Kulturräumen
bewegen. Hier genau wollen wir im folgenden ansetzen: Wir wollen zeigen, daß zum Leben von Migranten stets das Beobachten,
Vergleichen, In-Beziehung-Setzen der beiden Welten gehört, Herkunftsland und Ankunftsland, und daß hier ihre große Chance
liegt. Im Vergleich der beiden Welten, ihrer jeweiligen Angebote
und Bedarfslagen, Mängel und Vorzüge können Migranten eigene
Optionen aufbauen und eigene Handlungsmöglichkeiten gewinnen. So sie geschickt dabei vorgehen, flexibel die jeweiligen Vorgaben und Spielräume zu nutzen verstehen, kann die Zugehörigkeit
zu zwei Welten erhebliche Gewinne einbringen. Dies gilt in wirt-
schaftlicher Hinsicht, aber auch im Privaten. Zum Beispiel bei der
Partnerwahl.

Die Vergleichsbilder im Kopf

Wie die Befunde verschiedener Studien andeuten, haben Migranten bei vielen Entscheidungen ein bestimmtes Vergleichsbild im Kopf, ein Kontrastbild etwa folgender Art: auf der einen Seite das Herkunftsland als Hort der Tradition; auf der anderen Seite das Aufnahmeland und auch die *ethnic community* im Aufnahmeland, als Ort neuer Freizügigkeit und neuer Sitten. Dieser Erwartungshorizont gibt nicht zuletzt auch die Blickrichtung für die Partnerwahl vor. Er bietet eine Art Heiratskompaß, signalisierend, warum es sich für wen lohnt, in welcher der beiden Welten den Wunschkandidaten/die Wunschkandidatin zu suchen.

Dieses Kontrastbild gewinnt deutliche Konturen, wenn man die Motive und Wünsche der jungen Männer auf Brautsuche betrachtet. Die traditionelle Familienform enthielt eine Hierarchie der Geschlechter, der Mann hatte Vorrang und Autorität. Die neue Geschlechterordnung im Aufnahmeland ist dagegen dem Anspruch nach auf Gleichberechtigung angelegt. Das heißt, daß die Männer Privilegien verlieren – jedenfalls sind viele von ihnen davon überzeugt. Was also tun, um dem Verlust vorzubeugen? Eine naheliegende Möglichkeit ist, die Ehefrau dort zu suchen, wo das Leitbild der Gleichberechtigung vermutlich noch nicht so präsent ist, im Herkunftsland also. Und tatsächlich wird in einschlägigen Studien nicht selten eine solche Motivlage sichtbar, bei Migranten aus Pakistan, aus der Türkei, aus Vietnam, aus Marokko (Autant 1995: 173 f.; Lievens 1999: 728; Reniers 2001: 29; Shaw 2001: 330; Thai 2003). In ihren Augen sind die jungen Frauen, die im Aufnahmeland leben, zu verwöhnt und zu freizügig. Deshalb ist es besser, wenn man eine Braut aus dem Heimatland nimmt: »Die kennt die Sitten. Die begehrt nicht auf gegen dich« (Shaw 2001: 330).

Für junge Frauen aus Migrantenfamilien, so kann man nach dem bisher Gesagten vermuten, stellt sich die Entscheidungssitua-

tion umgekehrt dar (sofern sie überhaupt ein eigenes Entschei-
dungsrecht haben). Sie sind durch die Schule des Westens gegangen, im wörtlichen und im übertragenen Sinn, und sie sehen oft
nicht ihre alleinige Lebensaufgabe darin, dem Mann und der
Familie zu dienen. Da ist die Heirat mit einem Mann aus der Her-
kunftsgesellschaft, der wahrscheinlich den alten Traditionen an-
hängt, kaum attraktiv für sie. Wenn dem so ist – warum heiraten
dann viele junge Frauen aus Migrantenfamilien doch einen Partner, der aus dem Herkunftsland kommt? Die naheliegende Vermutung, vor allem in der Mehrheitsgesellschaft verbreitet, lautet:
Sie werden verheiratet. Sie werden unter Druck gesetzt und zu solchen Ehen gezwungen.

Für manche Fälle mag dies zweifellos zutreffen. Aber es ist wohl
kaum der Normalfall. Das zeigen einschlägige Studien zu jungen
Migrantinnen, deren Familien aus der Türkei bzw. aus Nord-
afrika stammen (Autant 1995: 174 ff.; Kofman 2004: 251 f.; Lievens 1999: 717, 728; Munoz 1999: 117 f.). Demnach sind die
betreffenden Frauen nicht nur gefügige Opfer, selbst wenn ihre
Heirat im Rahmen des Familienverbands arrangiert wurde. Im
Gegenteil, diese Frauen haben die Verbindung mit einem Mann,
der aus dem Herkunftsland kam, selber gewollt. Sie haben die
Vor- und die Nachteile einer solchen Verbindung zuvor sorgfältig
abgewogen – und sich dann dafür entschieden. Warum? Weil sie
hoffen, damit einen Freiraum gegenüber traditionellen Erwartungen und Kontrollen zu gewinnen. Weil sie hoffen, die Machtbalance in der Ehe damit zu ihren Gunsten zu verschieben. Pointiert
formuliert: Gerade weil sie sich in die patriarchalisch-hierarchi-
sche Geschlechterordnung nicht mehr fraglos einfügen wollen,
sind sie zu einer Heiratsverbindung bereit, bei der der Partner aus
dem Herkunftsland kommt.

Das mag auf den ersten Blick paradox scheinen. Und hat doch
eine innere Logik. Denn wenn der Mann aus dem Herkunftsland
nachzieht, hat die Frau in der Regel einen deutlichen Wissensvor-
sprung. Sie kann die Sprache des Aufnahmelandes, sie kennt sich

aus mit dessen Institutionen, Lebensformen und Regeln. Damit kann sich die Machtbalance in der Familie zu ihren Gunsten verschieben. Außerdem, auch dies ist ein nicht zu unterschätzender Vorteil, sind die Schwiegereltern weit weg, in sicherer Entfernung: Also muß man nicht bei ihnen einziehen, sich nicht ihrer sozialen Kontrolle fügen, nicht alltäglich Gehorsam erweisen. So gesehen kann die Bilanz auch für die betreffenden Frauen positiv sein. Thesenartig formuliert: Frauen heiraten einen »Import-Bräutigam«, um ihre errungene Freiheit abzusichern.

Im angehenden 21. Jahrhundert sind, wie vielfach beschrieben, die Geschlechterverhältnisse in Bewegung geraten, jedenfalls in der westlichen Welt. Die Folgen reichen in viele Lebensbereiche – nicht zuletzt bei Migranten. In der jüngeren Generation der Migranten können wir bei Männern wie Frauen heute Strategien der Partnerwahl finden, die jeweils einem ähnlichen Ziel folgen: Es geht darum, unter den sich wandelnden Bedingungen die Machtbalance im Geschlechterverhältnis neu auszutarieren. Dabei setzen Männer wie Frauen ihre Hoffnung oft auf eine Heiratsverbindung, bei der der Partner/die Partnerin aus dem Herkunftsland stammt. Ob die Hoffnung sich im Ehealltag erfüllt – ob der nachziehende Mann tatsächlich weniger Machtansprüche stellt; ob die nachziehende Frau tatsächlich gefügiger und gehorsamer ist –, ist eine andere Frage (Lievens 1999: 728 f.; Thai 2003: 248 ff.). Ausschlaggebend für die Entscheidungsfindung ist zunächst, daß im Bewußtsein beider Geschlechter eine solche Verbindung strategische Vorteile verheißt.

Für beide – Frauen wie Männer – ist also die Vergleichsperspektive ausschlaggebend: Das, was in der nationalen Perspektive als unvergleichbar gilt – die getrennten Welten zwischen »Wir« und »Die« –, muß nun innerhalb von Weltfamilien verglichen und auf die eine oder andere Weise in eine neue Machtbalance überführt werden. In diesem Sinne sind Weltfamilien »*Vergleichsfamilien*«. In diesen – und das gilt sowohl für die Akteure wie für den sozialwissenschaftlichen Beobachter – können die Werte, Standards, der Status und die Macht von Männern und Frauen nicht mehr aus einem nationalen Kontext abgeleitet werden. Sie müssen im Vergleichen, also im systematischen Miteinander-in-Beziehung-Setzen der im Horizont der Ehepartner verbundenen, getrennten Welten überhaupt erst erschlossen und verstanden werden. Damit ist das »Zeitalter des Vergleichens«, das Nietzsche vor 150 Jahren voraussagte, Alltag geworden.

3. Glück oder Unglück – Gemessen woran?

In *gender & society*, einer koreanischen Zeitschrift für Frauenforschung, erschien 2008 ein Beitrag, der sich mit vietnamesischen und philippinischen Heiratsmigrantinnen in Korea befaßt. Er beschreibt, wie hart das Schicksal dieser Frauen ist. Obwohl sie sich sehr anstrengen, die koreanische Sprache zu lernen und die Gewohnheiten ihrer neuen Umgebung zu befolgen, ernten sie meist wenig Anerkennung dafür. Sie müssen schwere Arbeit verrichten, der Schwiegermutter in allem gehorchen, und beim Ehemann finden sie kaum Verständnis und Unterstützung. Obwohl viele Frauen beim Wechsel in das neue Land harschen Arbeits- und Disziplinierungsmaßnahmen ausgesetzt sind, kommt es nur selten zur Scheidung. Warum? Die Autorin der Studie bietet als mögliche Erklärung an: Die Frauen bleiben, weil sie müssen, weil sie keine andere Wahl haben (Shim 2008: 66).

Eine andere sozialwissenschaftliche Untersuchung betrachtet die Situation in den Heimatgemeinden von Frauen, die als Heiratsmigrantinnen nach Korea ausgewandert sind. Daraus ergibt sich ein ganz anderes Bild: Die Frauen gewinnen im Gefolge der Heiratsmigration an Macht, im Binnenraum der Herkunftsfamilie wie in der gesamten Region.

»Erzählungen und Befragungen deuten darauf hin, daß die Migrantinnen, indem sie ihren Familien in der Heimat regelmäßig Geld überweisen, dort Ansehen und Einfluß gewinnen … Im Gegensatz dazu werden junge Männer, vor allem diejenigen, denen auf dem Heiratsmarkt nur ein geringer Wert zukommt, etwa die ärmeren und arbeitslosen, benachteiligt und erleben die negativen Folgen der Heiratsmigration. Unter dem Strich verweist die Geschlechter-Bilanz auf beträchtliche gesellschaftliche Veränderungen und eine Neufassung der Geschlechter- und Machtbeziehungen, die zumindest teilweise eine Folge der internationalen Heiratsmigration ist« (Bélange/Linh 2011: 60 f.).

Die Mutter einer Heiratsmigrantin erzählt, wie die Tochter selbst Mitspracherecht bei allen in der Familie anstehenden Entscheidungen gewinnt:

»Früher, als meine Tochter noch kein Geld verdiente, habe ich sie niemals irgend etwas gefragt … Nun, seitdem sie diejenige ist, die die ganze Familie finanziell unterstützt, muß ich … alle Familienangelegenheiten mit ihr absprechen; sie will gehört werden, wenn es darum geht, ob und welche Möbel zu kaufen sind, ob und wie das Haus umgebaut werden soll, wie die Heirat für meinen Sohn zu organisieren ist oder ob wir einen kleinen Laden eröffnen sollen« (ebd.: 65).

Im Ausland verheiratete Töchter nehmen nicht nur an den Entscheidungen über das ökonomische Wohl der Familie teil (wie Kauf oder Verkauf von Land, Kauf teurer Haushaltsgeräte usw.); sie verfügen auch über Autorität, wenn es um die Zukunft, beispielsweise um die Erziehung, Gesundheit oder Heirat anderer Familienmitglieder geht. Weil die Migrantinnen dank ihrer Heirat einen transnationalen Aufstieg erreicht haben, von der Armutsregion in eines der wohlhabenden Länder, erreichen sie gleichzeitig einen Aufstieg im Binnenraum ihrer Herkunftsfamilien. Ihre Position auf der Hierarchieskala verschiebt sich von machtlos zu machtvoll. Dazu charakteristische Sätze aus Interview-Aussagen:

»Jeder in der Familie muß ihr nun gehorchen« – »Da sie Geld hat, hat sie Prestige und Autorität« – »Wenn die Familie etwas kaufen oder tun will, muß sie sie anrufen und um ihre Zustimmung bitten« (ebd.).

Das wiederum hat Folgen für den Lebensentwurf der jüngeren Schwestern. Was der älteren gelang, ihr soviel Anerkennung einbrachte, das will jetzt auch die jüngere. Sie träumt davon, sich einen Ausländer zu angeln und dadurch zur Erfolgsfrau aufzusteigen. Die Heirat ins Ausland wird zum leuchtenden Vorbild, dem die jüngeren Schwestern nacheifern wollen.

Die Verlierer sind die einheimischen Männer: Sie erfahren eine Abwertung auf dem lokalen Heiratsmarkt. Da viele der vietnamesischen Frauen jetzt ausländische Ehemänner suchen, sind die vietnamesischen Männer als Heiratspartner wenig begehrt (ebd.: 71). Wenn sie überhaupt eine Chance haben wollen, müssen sie sich in anderen, noch ärmeren Gegenden auf Brautsuche begeben. Weil die Frauen ihre Aufstiegschancen in den verschiedenen Welten abwägen, mit einheimischem oder mit ausländischem Mann, haben die Männer weitaus weniger Optionen. Ein Verdrängungswettbewerb – unter Männern um Frauen – setzt ein. So könnte am Ende sogar ein Merkmal kippen, das traditionellen Kulturen eigen ist, die hervorgehobene Position des Sohnes in der Familie. Wozu noch die Priorität der männlichen Linie, wenn es das Geld der Töchter ist, das zum Überleben der Familie wesentlich beiträgt? Wird eines Tages vielleicht anachronistisch, was heute in Indien und China verbreitete Praxis ist, nämlich Schwangerschaftsabbruch, sollte der Embryo das falsche, das weibliche Geschlecht haben?

Es existieren also zwei Untersuchungen über vietnamesische Heiratsmigrantinnen, die unterschiedliche Geschichten erzählen: die erste eine von Unglück und Leid, die zweite eine von Erfolg. Welche ist die realistische?

Ohne die Details des Untersuchungsaufbaus zu kennen, läßt sich keine Antwort geben. Es könnte aber sein, daß beide auf ihre Art recht haben, nämlich für den Ausschnitt, den sie betrachten. Die beiden Studien befassen sich mit dem Wohlergehen vietnamesischer Heiratsmigrantinnen, beleuchten aber völlig unterschiedliche Bereiche. Die erste beschreibt nur die Situation im Ankunftsland, also Korea, die zweite nur die Situation im Herkunftsland, also Vietnam. Und so könnte es sein, daß beides zutrifft: daß die Frauen im neuen Land Demütigung erleiden und ein Mehr an Ansehen und Macht in der Heimat.

Unbestritten ist jedenfalls, daß der Aufstieg von Heiratsmigrantinnen in ihrer Heimat keineswegs zwangsläufig mit einem Aufstieg in ihrem Ankunftsland verbunden ist. Im Gegenteil, hier zeichnet sich eine transnationale Status-Diskrepanz ab, eine deutliche Differenz zwischen der sozialen Position »hier« und der sozialen Position »dort« – eine durchaus typische Migrationsfolge, wie die einschlägige Forschung an anderen Gruppen gezeigt hat (Goldring 1997).

Aus dem bisher Gesagten ergeben sich zwei Schlußfolgerungen. Erstens: Die zunächst ganz einfache Frage nach den Machtverhältnissen zwischen den Geschlechtern wird schnell komplex. Deshalb muß man ihre unterschiedlichen Dimensionen auffächern: die Machtposition im Herkunftsland und die im Ankunftsland; die Machtposition innerhalb der Zweierbeziehung, die im Familienverband, die in der Gesellschaft. Zu den charakteristischen Erfahrungen von Migranten zählt, daß diese verschiedenen Bezugsrahmen alles andere als deckungsgleich sind: Die soziale Position im Ankunftsland ist typischerweise deutlich niedriger als die, welche die Migranten – dank ihrer Migration – in der alten Heimat gewinnen. Um die Frage nach möglichen Machtverschiebungen zu beantworten, darf man deshalb nicht nur die eine oder die andere der sozialen Hierarchien je einzeln betrachten, die im Herkunftsland oder die im Ankunftsland – man muß sie in ihrem Zusammenhang sehen und stets die soziale Position in beiden Gesellschaften betrachten.

Das führt zweitens direkt zu den Problemen des methodologischen Nationalismus: Wer Weltfamilien, deren Leben durch das Überschreiten von Grenzen, die Zugehörigkeit zu mehreren Staaten seine Prägung erhält, ausschließlich innerhalb eines Nationalstaates untersucht, der verfehlt die Wirklichkeit – Motive, Normen, Zwänge, Handlungschancen – von Frauen und Männern in Weltfamilien.

Es gibt, mit anderen Worten, in Weltfamilien nicht »*die*« soziale Position von Frauen bzw. Männern, sondern es gibt, für Frauen wie Männer, immer eine doppelte Position in der sozialen Hierarchie, diejenige im Herkunftsland und diejenige im Ankunftsland. Im Erleben und Handeln der Migranten sind diese beiden Bezugsrahmen jedoch zusammengewachsen, einen eigenen, dritten bildend. Dieses Ineinander der Bezugsrahmen – sozialer Aufstieg hier, sozialer Abstieg dort, und beides gleichzeitig – macht die Status-Diskrepanz aus: Im neuen Land mögen die Migranten auf Diskriminierung, ja Verachtung treffen, in der Heimat gewinnen sie an Ansehen und Einfluß. Erst wenn man diese Fusion der sich wechselseitig ausschließenden nationalen Bezugsrahmen ins Blickfeld rückt, kann man das Verhalten der Migranten entschlüsseln – auch und insbesondere im Bereich der Geschlechterverhältnisse.

ZWISCHENBETRACHTUNG

Die Chancen der Globalisierung –
Weltfamilien als transnationale
Wirtschaftsunternehmen

Im Alltag wie in Wissenschaft und Politik dominieren in westlichen Kontexten zwei Annahmen über Paare und Familien. Erstens: Familie und Globalisierung schließen sich aus; zweitens: Verwandtschaftsnetzwerke sind anachronistisch, zu schwerfällig und unbeweglich angesichts eines globalen Kapitalismus, der den »flexiblen Menschen« (Sennett 1998) – letztlich den Alleinstehenden – verlangt (siehe Kapitel IV).

In der Wirklichkeit zeigt sich das genaue Gegenteil: Die Flexibilität von Verwandtschaftsnetzwerken erlaubt es Weltfamilien, wirtschaftliche Globalisierung als Chance zu ergreifen, um auf der Grundlage familiären Vertrauenskapitals nationale Gegensätze zu überbrücken und transnationale Wirtschaftsunternehmen im kleinen oder größeren Maßstab aufzubauen. Die Armutsflüchtlinge nutzen die Chance, Familiennetzwerke über Grenzen hinweg aufzuziehen, um Weltmarktnischen zu erschließen. Die Transnationalität der Wirtschaftsnetzwerke erlaubt es Weltfamilien, staatliche Vorschriften zu umgehen oder zu nutzen, indem sie für ihre Familienmitglieder, ihr ökonomisches und ihr Bildungskapital verschiedene Standorte im Ausland wählen.

Weltfamilien-Unternehmen als Ausdruck von Reichtum
und als Antwort auf Armut

Wenn wir von »Weltfamilien-Unternehmen« sprechen, sprechen wir vom Zusammenwirken verschiedener »Regime« – jener der Familien, der Nationalstaaten und der Weltwirtschaft –, die sich überschneiden, sich wechselseitig beeinflussen, die Flexibilität von Verwandtschaftsnetzwerken ermöglichen bzw. einschränken.

Im Gegensatz zu verbreiteten Vorstellungen, die insbesondere Familien in außereuropäischen Weltregionen als stumme Teilnehmer an Projekten des hegemonialen Westens und insofern als Opfer der Globalisierung darstellen, ist zu untersuchen, wie Familienunternehmen – seien sie Ausdruck des neuen chinesischen Reichtums oder Antwort auf die sich verschärfende Armut in großen Teilen Afrikas, Asiens und Lateinamerikas – eine aktive Rolle quer zur globalen Hierarchie erobern. Bei ihren »Erkundungsreisen« durch die kulturellen und politischen Landschaften der globalen Wirtschaft wissen sie sehr wohl die Stereotypen, die der Westen über sie pflegt (der »orientalische Mensch«, wie ihn Edward Said schildert), gegen die westliche Hegemonie zu wenden und die Bilder von der eigenen Nation und dem Anderen in Frage zu stellen.

Nah- und Nationalfamilien haben kein Monopol auf Modernität

Eine erste Schlußfolgerung lautet: Der Modernisierungspfad von »Familie«, den der Westen – spezifischer noch: die europäischen Wohlfahrtsstaaten – erlebt und zum funktionalen Familienmodell der Moderne erklärt hat, ist einer von mehreren. Es ist bekannt, daß die »modernen Familien« verschiedene historische Vorläufer haben. Und man glaubt, diese Vorformen heute in außereuropäischen Kontexten anzutreffen. Entsprechend werden diese in eine evolutionäre Hierarchie eingeordnet und gemäß der Unterscheidung von Tradition und Moderne (im Sinne von geringer- und höherwertig) analysiert. Demnach wären die verschiedenen Arten von Weltfamilien-Unternehmen »traditionale Relikte«, die durch weiterlaufende Modernisierung überwunden werden. Die Prognose lautet: Die außereuropäischen Familienformen, in denen sich Verwandtschaft und Wirtschaft im transnationalen Raum mischen, werden sich früher oder später dem Idealtypus der westlichen, territorial-nationalen Normalfamilie annähern.

Die Tatsachen sprechen jedoch eine entgegengesetzte Sprache: Die sogenannten modernen Familienformen des Westens können kein Monopol auf Modernität beanspruchen. Sie werden von innen her auf vielfältige Weise transnationalisiert (binationale Ehen, Hausarbeitsmigrantinnen, Kinderwunschtourismus usw.). Selbst der Gegensatz zwischen nationalen, territorial gebundenen und mobilen, transnationalen Formen verschwimmt.

Entkopplung oder Verschmelzung von Familie und Wirtschaft?

Die monokulturelle Nationalfamilie setzt die Entkopplung von Familienhaushalt und der »Sphäre des Wirtschaftens« voraus, wie Max Weber sie als Schlüsselmerkmal für die moderne, industriell-kapitalistische Gesellschaft beschrieben hat. Doch diese Annahme Webers wird heute zunehmend problematisch. Denn die Verbindung des sich gegenseitig Ausschließenden – »Familie« und »Weltwirtschaft« – gewinnt gerade im Zeitalter der Globalisierung neue Bedeutung.

Sind Verwandtschaftsnetzwerke anachronistisch?

Weltfamilien und nationalstaatliche Familien sind drastische Gegensätze, ja geradezu Gegenpole, was die Rolle familiärer Netzwerke angeht und deren Bedeutung für materielle Situation, emotionale Bindung, Unterstützung in Krisen. In »einheimischen« Normalfamilien verblaßt die Bedeutung verwandtschaftlicher Netzwerke immer mehr; manchen Autoren gelten sie als anachronistisch. Umgekehrt erlangen im Kontext weltwirtschaftlicher Familienunternehmen derartige Verwandtschaftsbeziehungen ein immer größeres Gewicht, werden zu kulturellen Bindemitteln, die es erlauben, Vertrauen und Solidarität über nationalstaatliche Räume hinweg auf- und auszubauen.

Das Verhältnis von Individuum, Familie und Staat

Normale Nationalfamilien beruhen auf einer selbstverständlichen Verbindung von Individuum und Staat. In mobilen Netzwerk-Familien wird – zugespitzt gesagt – der Nationalstaat austauschbar. Die Familienloyalität relativiert beides: die Loyalität des Individuums gegenüber dem Staat und die Loyalität gegenüber sich selbst. Diese Familienformen begrenzen Individualisierung. Gleichzeitig entwickeln sie Strategien, um die Möglichkeiten des Weltmarktes für die Zwecke der transnationalen Familienwirtschaft zu nutzen. Am Beispiel der Armen und Ausgeschlossenen der Weltgesellschaft formuliert: Verbannt qua Geburt in Weltzonen der Aussichtslosigkeit, bauen sie »transnationale Fahrstühle«, die ihre Chancen erhöhen, diesem Schicksal zu entkommen.

Wer verteidigt die Werte der Familie?

In den Ländern des Zentrums schreitet die Individualisierung der Familie voran. Dafür sprechen die Pluralität der Lebensformen, die Zunahme nichtehelicher Lebensgemeinschaften, die Zunahme der Scheidungen, der Rückgang der Kinderzahl, die Normalisierung homosexueller Partnerschaften, die Zunahme der Einpersonenhaushalte usw. Gleichzeitig ist der westliche Beobachter mit der Einsicht konfrontiert: Nicht der europäische Pfad der Familienindividualisierung, sondern die außereuropäischen, weltwirtschaftlichen Familienformen erfüllen in zentralen Hinsichten das westliche Familienideal: Die Menschen in diesen Ländern heiraten, lassen sich seltener scheiden, setzen mehr Kinder in die Welt und halten die Werte der Familie hoch.

Die Frage der Loyalität

Nationalfamilien sind dadurch gekennzeichnet, daß, wie gesagt, Familienloyalität und Staatsloyalität weitgehend zusammenfallen – vermittelt durch nationale Loyalität und Identität. Der Paß symbolisiert das ebenso wie die vielbeschworene Bereitschaft, »für das Vaterland zu sterben«. Weltfamilien bilden sich, indem die Verbindung von Familiensolidarität und Staatsloyalität gelockert wird. Die Strategie von Migranten und mobilen Managern richtet sich darauf, nationalstaatliche Regelungen zu umgehen und zum eigenen Vorteil zu nutzen, indem sie für Investitionen, für ihre Arbeit und für ihre Familie je unterschiedliche Standorte wählen.

Eine solche Neupositionierung im transnationalen Raum sollte allerdings nicht zu der Schlußfolgerung verleiten, Weltfamilien handelten automatisch illoyal gegenüber ihrer Herkunfts- oder Ankunftsnation. Die primäre Loyalität gilt unstrittig dem Zusammenhalt der Familie. Wenn die Familienloyalität mit den Pflichten der nationalen oder staatlichen Loyalität in Konflikt gerät, soll (so läßt sich vermuten) die Familie zum Wertmaßstab für das »richtige« und »gute« bzw. das »falsche« und »böse« Handeln werden. Man kann dies eine Art ökonomistischen Familialismus nennen, da die Verbindung von Familie, Globalisierung und Ökonomie gegenüber allen anderen individuellen und sozialen, moralischen und politischen Belangen Priorität erlangt. Diese gleichsam subpolitische Familienorientierung beruht auf dem Prinzip: »Alles in der Familie!« – einem Prinzip, das die Kräfte der Familie und der Verwandtschaft zur Erreichung gemeinsamer Interessen bündelt.

Was hält Weltfamilien zusammen?

Die Moral der Weltfamilien äußert sich ganz klassisch in Ausdauer und Fleiß bei der Erwerbsarbeit, Gehorsam gegenüber den Eltern sowie Unterordnung von Frauen und Kindern. Diese familiäre Disziplin hat den phänomenalen Aufstieg beispielsweise Hongkongs zu einem Produktionsgiganten ermöglicht (Ong 2005), aber auch dazu geführt, daß viele Familien aus den armen Ländern die Position der hoffnungslos Unterprivilegierten überwunden haben.

Die Bindung der Individuen an das Familienunternehmen

Die Bindung der Individuen an das Familienunternehmen ist informell, außerrechtlich und wechselseitig. Auf dem formalen Arbeitsmarkt wird die Einhaltung von Arbeitsverträgen vom Gesetzgeber kontrolliert, weshalb man gegen Verstöße klagen kann. Für Arbeitende in transnationalen Familienunternehmen existiert dagegen kein angemessener Rechtsschutz und daher letztlich auch kein Klagerecht, weil es weder Gesetze noch Gerichte im transnationalen Raum gibt, die informelle Familienarbeitsverhältnisse kontrollieren. Die Folge ist: In Sachen Lohn, Arbeitszeit und so weiter schützt keine Instanz die Familienarbeiter(innen) vor krasser Ausbeutung. Hier herrschen Individuen, Menschen, genauer: Väter, nicht Gesetz und Recht. Die Vater-Sohn-Beziehung herrscht nicht nur im Bereich der Familie, sondern auch in der Arbeitswelt.

Väter sind Chefs

Chefs sind in solchen Familien immer doppelte Chefs, Väter und Chefs. Entsprechend können die Söhne nicht einfach sagen: »Damit bin ich nicht einverstanden, ich steige aus!« Dem eigenen Vater kann man nicht kündigen. Den eigenen Vater kann man nicht einfach im Stich lassen. Man kann auch nicht zu einer anderen Firma wechseln oder ein eigenes Unternehmen gründen. Da der Status eines Mannes – sein Einkommen, seine Stellung und seine Zukunft – durch das Eingebundensein in die Familienhierarchie bestimmt wird, gefährden diejenigen, die auszuscheren versuchen, ihren Gesamtstatus in Arbeit und Familie.

Formen der Disziplinierung

Die Verbindung von Familien-, Verwandtschafts- und Wirtschaftsnetzwerken ist zum einen auf effektive Disziplinierung innerhalb der Familie, zum anderen auf Offenheit im Bereich von Geschäftsbeziehungen und beim Erwerb von Staatsbürgerschaft angewiesen. Es geht immer auch darum, Zugang zum Finanzkapital zu gewinnen oder verdeckte Nischen auf den Weltmärkten zu erschließen. Das vordringliche Ziel ist jedoch, für alle Mitglieder des Verwandtschaftskollektivs die Ressourcen des sozialen, kulturellen und ökonomischen Kapitals zu mobilisieren, um sowohl die kollektiven als auch die individuellen Handlungschancen im transnationalen Raum zu vermehren (»transnationale Fahrstühle«).

Geldüberweisungen in die Heimatländer

Die Schaffung und Aufrechterhaltung der familiären Aufstiegsdisziplin zeitigt zwei Erfolge: Zum einen sind weltweit ethnische Kolonien und Diaspora-Gemeinschaften entstanden, deren Wohlstand wächst (selbst wenn sie, gemessen am Standard der Gastländer, immer noch als arm gelten); zum anderen unterstützen sie mit Geldüberweisungen, die Migranten durch informelle Netzwerke nach Hause schicken, die Heimatländer. Es handelt sich um einen Betrag von mindestens 250 Milliarden Dollar pro Jahr, also um eine Summe, die größer ist als die aller staatlichen Entwicklungshilfen zusammengenommen. Zweifellos wird auf diesen Wegen auch das globale Gefälle der Ungleichheit abgemildert.

Verhältnis zur Demokratie

Im Blick auf beide – die reichen wie die armen Weltfamilien-Unternehmen – stellt sich die Frage, inwieweit dieses transnationale, marktorientierte Familienbewußtsein seine Interessen unabhängig von der demokratischen Qualität staatlicher Politik und dem Wohlergehen der nationalen Gesellschaften verfolgt. Oder inwieweit die Erfahrung der Welt in Weltfamilien eine Art kosmopolitischen Realismus von unten im Denken, im moralischen Bewußtsein und politischen Handeln entstehen läßt? (Siehe Kapitel X.)

Die Zunahme von chinesischen Netzwerken und chinesischem Reichtum in Asien hat, so Aihwa Ong, »eine Erzählung vom chinesischen Triumphalismus hervorgebracht, der den Mythos von brüderlicher Solidarität über die Ozeane hinweg pflegt. Doch die Diskurse über die neokonfuzianistische Grundlage des asiatischen Kapitalismus haben den Widerspruch von muslimischen Politikern in Südostasien hervorgerufen, die einen Gegendiskurs über einen neuen, mit dem Kapitalismus gut zu vereinbarenden Islam in Gang gesetzt haben. Auf einer größeren regionalen Ebene haben asiatische Länder einen gemeinsamen moralischen Standpunkt – zum Westen ›nein‹ sagen! – gegenüber dem epistemischen Monopolanspruch der neoliberalen Orthodoxie eingenommen; gleichzeitig kaschieren sie die Tatsache, daß sie selbst Teil des globalen Kapitalismus sind. Die Globalisierung hat in Asien mithin nationale und transnationale Formen von Nationalismus erzeugt, die sich nicht nur gegen die Hegemonie des Westens richten, sondern in pan-religiösen, kulturellen Diskursen den Aufstieg des Ostens fördern sollen« (Ong 2005: 30 f.).

Der Rückzug auf jenen ökonomistischen Familialismus bleibt jedoch mehrdeutig. Selbst wer sich in ethnische Verwandtschaftsnetze einzuschließen versucht, bleibt um des eigenen Erfolges willen auf transnationale Erkundungen und Lebenspraktiken, vor allem aber auf nationalstaatliche Rechtsgarantien angewiesen.

Die Familienangehörigen brechen mit dem nationalen Loyalitäts-monopol; zugleich sind sie dazu aber nur in dem Maße in der Lage, in dem sie zwischen verschiedenen Ländern wechseln, also Staatsbürgerrechte in mehreren Ländern in Anspruch nehmen können. Anders gesagt: Die multiple, flexible Staatsbürgerschaft ist besonders auf die rechtsförmige Einklagbarkeit von Staatsbür-gerrechten angewiesen. Wo immer sich bürokratische, staatsauto-ritäre oder fremdenfeindliche Widerstände gegen transnationale Familienunternehmen aufbauen, sind diese zum Scheitern verur-teilt. Strenggenommen können sich also Weltfamilien-Unterneh-men gar nicht in einem ökonomistischen Familialismus einigeln. Bleiben sie doch im Interesse der globalisierten Familienmitglieder und/oder Familieninvestitionen auf die Wahrung staatsbürger-licher Rechte, auf Weltoffenheit und damit auf Gewaltenteilung und Demokratie angewiesen.

KAPITEL VIII

Meine Mutter war eine spanische Eizelle:
Über Kinderwunschtourismus und
globale Patchwork-Familien

1. Kinderwunsch und Medizintechnologie

Im Jahr 1978 wurde Louise Brown geboren, das erste Retorten-
baby der Welt. Das bedeutete eine historische Zäsur: Erstmals in
der Menschheitsgeschichte wurde ein Kind außerhalb des Mutter-
leibes gezeugt. Es war eine Sensation, die in Medien und Politik, in
Wissenschaft und Öffentlichkeit enorme Turbulenzen auslöste. In
vielen Ländern tobten vehemente Debatten, ob diese Form der
Zeugung erlaubt oder verboten sein sollte, ob sie Fortschritt war
oder Frevel.

Heute, ein paar Jahrzehnte danach, ist die In-vitro-Fertilisation
(IVF) längst Teil der Normalität geworden. Heute sind es diverse
Weiterentwicklungen und neue Anwendungsgebiete der Reproduktionsmedizin, die Schlagzeilen machen: »70jährige Inderin
wird Mutter von Zwillingen« – »Embryo mit zwei Müttern und
einem Vater geschaffen« – »Schwules Paar bestellt Kind bei Leihmutter in Rußland«.

In solchen Meldungen, die uns beim Morgenkaffee erwarten,
deutet sich ein tiefgreifender Wandel in der Geschichte der Menschheit an. In der Verbindung von Medizin, Biologie und Genetik
eröffnen sich ganz neue Formen des Eingriffs in das menschliche
Leben, eine Transformation von Fortpflanzung und Elternschaft,
die noch vor drei Jahrzehnten unvorstellbar erschien.

Jahrtausendelang galten Geburt und Mutterschaft als eine anthropologische Konstante, die dem menschlichen Zugriff entzo-

gen ist. Dieses biologische Fundament der Menschheit gerät nun in die Einflußzonen von Technologie, Weltmarkt, Weltungleichheit und internationaler Arbeitsteilung. Damit zerfallen die vertrauten Koordinaten von Vater-Mutter-Kind. Plötzlich wird strittig: Ist Mutterschaft teilbar? Ist sie käuflich – »Leihmutterschaft«? Darf sie ausgelagert werden wie Arbeitsplätze, also dorthin, wo die rechtlichen Barrieren und die Löhne für »Austragungsmütter« möglichst niedrig, die Gewinne für transnationale »Geburts-Konzerne«(-Kliniken) hoch sind? Wo hört der Binnenraum der Familie auf, wo werden die Grenzen gezogen? Wer gehört zur Familie, wer nicht (der »Samen-Vater«, die »Leihmutter«)? Welche Gefühle, welche Bindungen werden von wem erwartet, welche schmerzlich von wem vermißt, welche verdrängt? Welche Gefühle werden zum Risiko, weil sie den Weltmarkt – die Ware Geburt – gefährden? Wie gestaltet sich unter globalen Markt- und Ungleichheitsverhältnissen die Liebe zwischen multiplen Eltern und Kind?

Allerdings können diese medizinischen Möglichkeiten bislang nur in eingeschränktem Maße genutzt werden, da die rechtlichen wie finanziellen Bedingungen je nach Land variieren. Während einige Länder fast alles, was technisch möglich ist, erlauben, setzen andere – zum Beispiel Deutschland – klare gesetzliche Grenzen. Die Behandlungsverfahren sind teuer – die Kosten variieren ebenfalls von Land zu Land –, und die staatlichen Institutionen übernehmen sie nur in seltenen Fällen.

Unter solchen Bedingungen hat sich ein Kinderwunschtourismus entwickelt: Wer im eigenen Land auf Hindernisse stößt, findet vielleicht anderswo günstigere Voraussetzungen. Globalisierung beinhaltet eine Chance für diejenigen, die ihren Kinderwunsch auf keinen Fall aufgeben wollen. Sie lassen sich von nationalen Grenzen und Gesetzen nicht aufhalten, sie fahren dorthin, wo sich ihre Hoffnungen am ehesten umsetzen lassen.

Die Folgen können wir bislang bestenfalls ahnen. Soviel zumindest steht fest: Im Gefolge des Kinderwunschtourismus entstehen neuartige Verwandtschaftsverhältnisse, die transnationale Bindungen im Wortsinn verkörpern – nicht auf der Makroebene von Wirtschaft und Politik, nicht neben uns im persönlichen Raum, vielmehr in uns, im innersten, körperlichen Kern der Familie. Der Satz »Der globale Andere ist in unserer Mitte« erhält hier existentiell-genetische Bedeutung (siehe Kapitel III).

Medizintourismus und Kinderwunschtourismus

Der Medizintourismus floriert. Im Zeitalter der Globalisierung reisen Menschen aus den wohlhabenden Ländern in die ärmeren Regionen der Welt, um sich dort Hüften, Zähne, Augen reparieren zu lassen. Gleichzeitig reisen die (wenigen) Reichen der armen Länder zu den Medizinzentren der westlichen Metropolen, um dort ihre Leiden zu lindern.

Als spezieller Zweig des Medizintourismus hat sich in den letzten Jahren der Kinderwunschtourismus etabliert, eine Branche mit hohen Zuwachsraten. Kinder haben, so hieß es einmal, sei die natürlichste Sache der Welt. Für dieses natürliche Vorhaben machen sich Menschen heute in fremde Länder, ja zu anderen Kontinenten auf, um durch medizinische Interventionen und internationale Arbeitsteilung (Ei-Mutter, Leihmutter, soziale Mutter) das »eigene Kind« zu produzieren. Zu diesen Touristen der besonderen Art zählen Frauen wie Männer, Paare und Alleinstehende, Junge und Ältere, Heterosexuelle ebenso wie Schwule und Lesbierinnen, gläubige Muslime und atheistische Protestanten, Ägypter und Franzosen, US-Amerikaner und Niederländer. Ihre Zielorte liegen in Südafrika oder Indien, in der Ukraine oder Tschechien.

Was auf den ersten Blick ähnlich aussieht – eben Reisen um des Kinderwunsches willen –, ist mit ganz unterschiedlichen Motiven verbunden. Einige wollen das traditionelle Familienmodell von Vater-Mutter-Kind und lehnen andere Lebensformen vehement ab. Einige haben sich vom traditionellen Familienmodell verabschiedet, leben unverheiratet oder als homosexuelles Paar oder allein, wollen aber keineswegs auf Kinder verzichten. Manche Frauen ersehnen verzweifelt ein Kind, weil sie ansonsten, ohne Mutterschaft, in ihrer Gesellschaft als minderwertig gelten und diskriminiert werden. Andere Frauen streben jetzt, nachdem sie sich viele Jahre ganz auf die Karriere konzentriert haben, persönliche Bindungen und eine eigene Familie mit Kind an.

Kurz, der Kinderwunschtourismus resultiert aus vielen Motiven und nimmt die verschiedensten Gestalten an, führt von den unterschiedlichsten Ausgangsorten zu einer Vielfalt von Zielorten. Nicht nur im Labor bündeln sich in der Medizintechnologie gesellschaftliche Verhältnisse, die in Konflikt mit der professionellen Ethik der Medizin geraten können. Auch in der Anwendung treffen die Angebote der Medizintechnologie auf soziale und kulturelle Vorgaben, auf Gebote und Verbote, Hoffnungen und Ängste, die von Nationalität, Religion, Schicht, sexueller Präferenz geprägt sind. Diesen Zusammenhang hat die Anthropologin Marcia C. Inhorn am Beispiel Ägyptens detailliert herausgearbeitet, und zwar in ihrer Studie *Local Babies, Global Science* (Inhorn 2003). Sie untersucht, wie die In-vitro-Fertilisation in Ägypten verläuft – und warum sie in gegensätzlichen Reisewegen und -richtungen resultiert.

In Ägypten sind die Angebote der höheren Medizintechnologie nur für kleine Bevölkerungsgruppen erschwinglich. Die Ärmeren haben keine Chance, und selbst die Angehörigen der Mittelschicht sind finanziell oft überfordert. Um sich die Angebote der Reproduktionsmedizin leisten zu können, wollen sie mehr verdienen und suchen deshalb Arbeit in einem Land der arabischen Halbinsel, in dem die Löhne deutlich höher sind. Sobald sie genug gespart haben, kehren sie nach Ägypten zurück – weil die Behandlungskosten dort niedriger sind, sie den ägyptischen Ärzten mehr vertrauen und weil sie sich hier zu Hause und sicherer fühlen. Ganz anders dagegen die Situation für Paare der ägyptischen Oberschicht, die über beträchtlichen Reichtum verfügen. Wenn sie auf medizintechnische Hilfe zur Erfüllung ihres Kinderwunsches hoffen, begeben sie sich nach Europa oder in die USA – da sie der Kompetenz der westlichen Ärzte mehr vertrauen, da sie sich dort bessere Erfolgschancen erhoffen und das hohe Preisniveau des Westens für sie kein Hindernis ist.

An diesem Beispiel wird sichtbar, daß nicht nur die Bewohner der westlichen Welt die Angebote der Reproduktionsmedizin nutzen. Im Gegenteil: Im Nahen Osten sind die IVF-Zentren besonders zahlreich. Nicht nur in Ägypten, auch im kleinen Libanon sind inzwischen zahlreiche einschlägige Kliniken entstanden, und das benachbarte Israel hält, gemessen an der Bevölkerungsgröße, weltweit einen der Spitzenplätze, was IVF-Zentren und IVF-Behandlungen angeht (Inhorn 2003; Waldman 2006). Wir werden uns dennoch vorwiegend mit der Situation in Europa und Nordamerika befassen, weil hierzu weit mehr Materialien vorliegen. Dabei werden wir in fünf Schritten vorgehen:

Unsere Ausgangsfrage lautet: Wie war ein solcher Umschwung möglich, in so kurzer Zeit? Welches sind die sozialen und kulturellen Voraussetzungen, die zur schnellen Akzeptanz der In-vitro-Fertilisation und ähnlicher Angebote der Reproduktionsmedizin beitrugen? Hier lenken wir den Blick erstens auf die öffentlichen Kontroversen um die moderne Reproduktionsmedizin und zweitens auf das Brüchigwerden des traditionellen Familienmodells und den Aufstieg neuer Lebensformen. Im nächsten Schritt beschäftigen wir uns mit dem Kinderwunschtourismus, insbesondere drittens dem Gewerbe der transnationalen Reproduktionsmedizin. Dabei untersuchen wir viertens die Akteure und ihre Motive, die Regeln der Zunft, die finanziellen Kosten und rechtlichen Schranken und betrachten speziell die Rhetorik, mit der einschlägige Medizinzentren im Ausland ihre Dienste anpreisen. Und schließlich rücken wir fünftens ins Blickfeld, wie mit den dort angebotenen Diensten unser Verständnis von Familie und von Humanität in Umbruch gerät.

2. Ethikdiskussion ohne Konsens

Wenn die biologischen Grundlagen des Menschen zunehmend machbar werden, entsteht eine neue Offenheit: Der durch die Vorgaben, Grenzen, Zwänge der Biologie bestimmte Bauplan des Menschen wird nun zum Ziel spezifischer Eingriffe. Wo vorher Schicksal war, das eherne Gehäuse biologischer Notwendigkeit, können wir nun immer mehr gestalten, auswählen, entscheiden, welche Anlagen wir für uns selbst und unsere Nachkommen wollen.

Solche Optionen sind schnell zu einem umkämpften Bereich geworden, in dem Gruppen verschiedenster Art ihre Interessen, Weltanschauungen und Normen behaupten wollen. Viele Staaten haben deshalb Gesetze entwickelt, um die mit Reproduktionsmedizin, Pränataldiagnostik und Gendiagnostik sich eröffnenden Handlungsmöglichkeiten zu steuern. Auch die Repräsentanten der großen Religionen haben zu den Angeboten der Medizintechnologie Stellung genommen und Gebote bzw. Verbote in bezug auf deren Nutzung erlassen. Ebenso haben Vertreter der Wissenschaft, Interessenverbände und Betroffenengruppen Wünsche und Bedenken artikuliert.

Normative Lücken

Ein Grundproblem solcher Diskurse wird schnell erkennbar: Da die Medizintechnologie in einen Raum bislang unvorstellbarer Möglichkeiten vorstößt, sind die etablierten Grundwerte und Normen, auf die sich die verschiedenen Gruppen berufen, nur bedingt anwendbar. Stets bleibt eine Kluft, die sich nur durch mehr oder minder schlüssige, mehr oder minder gewagte Interpretationen überbrücken läßt. Dabei geht es um Fragen folgender Art:

Ist die In-vitro-Fertilisation ein Verfahren, um Leben zu schaffen, um dem Leid der ungewollt Kinderlosen zu begegnen, und damit der gesellschaftlichen Unterstützung, Förderung würdig? Oder ist sie ein Verfahren, das gegen die Menschenwürde verstößt, gefährliche Manipulationen erlaubt, mit weitreichenden, unabsehbaren Folgen verknüpft ist? Ist die Prä-Implantationsdiagnostik eine Form der Eugenik, oder ist sie ein legitimes und effektives Verfahren, schwere Erbkrankheiten zu verhindern? Oder ist sie unter bestimmten Bedingungen zulässig, unter anderen nicht, und wer definiert gegebenenfalls diese Bedingungen?

Auf solche Fragen wird man bei den etablierten Autoritäten keine eindeutige Antwort finden – egal ob diese Autorität der Koran ist oder die Zehn Gebote oder das Grundgesetz der Bundesrepublik Deutschland. Stets bleibt eine prinzipielle Unschärfe, die unterschiedliche Auslegungen und Schlußfolgerungen erlaubt. Unter der Hypothek solcher prinzipiellen, die Grundlagen einer Ethik des Humanen berührenden Kontroversen stehen alle sich teilweise ausschließenden, daher universalistische Geltung beanspruchenden Gebote und Verbote. In der Konkurrenz der kollidierenden Universalismen und kontroversen Auslegungen erscheinen Tabuschranken beliebig und willkürlich. Wenn der (damalige) deutsche Bundeskanzler Gerhard Schröder engagiert werbend für Genforschung und Embryonenschutz argumentiert (Schröder 2001), Jürgen Habermas als der weltweit anerkannteste Philosoph des Landes dagegen warnend (Habermas 2001); wenn deutsche Fortpflanzungsmediziner eine Lockerung der Gesetzgebung fordern, der Präsident der Bundesärztekammer diese Forderungen umgehend öffentlich kritisiert (Bethge 2001); wenn Gordon Brown, der (damalige) britische Premierminister, bestimmte Verfahren der biomedizinischen Forschung und Praxis als heilbringend und unverzichtbar preist, die nach dem deutschen Embryonenschutzgesetz strikt verboten sind (Brown 2008); oder wenn führende Vertreter des schiitischen Islam die Eizellenspende für zulässig erklären, führende Vertreter des sunnitischen Islam als nicht zulässig (Inhorn 2006) – dann entsteht eine öffentliche Verunsicherung. Im

Wechselspiel von Rede und Gegenrede werden alle Positionen relativiert, unterhöhlen sich wechselseitig. Viele Bürger gewinnen den Eindruck, die Materie sei verwirrend und niemand habe die sichere Wahrheit. Das wirft die Frage auf: Wenn es gute Gründe für diese wie jene Position gibt, wie kann man dann alle Menschen auf denselben Kurs verpflichten? Da im globalen Gegensatz der moralischen Stimmen der Legitimitätsanspruch der Gesetze zerfällt, fühlen sich die Bürgerinnen und Bürger wenig daran gebunden. So fehlt allen Geboten und Verboten die selbstverständliche Überzeugungskraft und Autorität.

Entwicklungstempo

Die Verunsicherung wird verschärft durch das enorme Tempo, in dem die Entwicklung der Medizintechnologie voranschreitet. Selbst die Spezialisten können oft nicht Schritt halten und fühlen sich überfordert. Um so mehr dürfte bei den Nicht-Medizinern die Ratlosigkeit zunehmen. Wie sollen Normalbürger sich einen Überblick über die diversen Angebote der Medizintechnologie verschaffen, wie zwischen IVF und ICSI, Eizellenspende und Leihmutterschaft, Pränataldiagnostik und Prä-Implantationsdiagnostik unterscheiden? Einerseits sollen die Individuen als »mündige Bürger« selbst entscheiden, andererseits finden sie sich in einem Dschungel von Begriffen und Optionen wieder, die selbst Experten zu Laien machen.

Hinzu kommt die schnelle Ausweitung der medizinischen Indikationen. Das Grundmuster ist aus vielen Bereichen der Medizin bekannt: Bei Verfahren, die zunächst für eng umrissene Probleme entwickelt wurden, wird später entdeckt, daß sie auch in ganz anders gelagerten Situationen einsetzbar sind. Während dieser Prozeß meist Schritt für Schritt verläuft, vollzieht er sich in Reproduktionsmedizin, Pränatal- und Gendiagnostik innerhalb weniger Jahre. Ein einschlägiges Beispiel dafür ist die In-vitro-Fertilisation. Was anfangs als Verfahren für Frauen entwickelt wurde, die aufgrund eines Eileiterverschlusses unfruchtbar waren, wird inzwischen bei einem breiten Spektrum unterschiedlichster medizinischer Indikationen angewandt. So etwa, wenn die Ursache der Kinderlosigkeit beim Mann liegt (mangelnde Quantität bzw. Qualität des Spermas); bei Paaren, bei denen die Ursachen der Infertilität unklar sind; bei Paaren, die ein erhöhtes genetisches Risiko aufweisen, um (in Kombination mit der Prä-Implantationsdiagnostik) Embryonen auszuwählen, die die entsprechende genetische Disposition nicht aufweisen; bei Paaren, die ein erkranktes Kind haben, um (wiederum in Kombination mit der Prä-Implantationsdiagnostik) ein genetisch passendes Geschwisterkind zu zeugen und darüber das für Therapiezwecke benötigte Zellmaterial zu gewinnen.

Je schneller das Tempo der Ausweitung, desto weniger Zeit bleibt, um zu prüfen, wo Grenzen gesetzt werden müssen. Soll man die In-vitro-Fertilisation überhaupt zulassen, ist sie vereinbar mit unserem Begriff von der Würde menschlichen Lebens? Ist die Anwendung bei Paaren gerechtfertigt, die auf natürlichem Weg keine Kinder bekommen können, nicht dagegen bei denen, die ein genetisches Risiko ausschließen wollen? Welche Form der Anwendung ist erlaubt, welche nicht? Wenn ein Anwendungsbereich eng an den anderen anschließt, wie kann man zwischen »zulässig« und »nicht zulässig« unterscheiden – und wie soll das möglich sein, wenn innerhalb kürzester Zeit ein Schritt auf den anderen folgt? Ist es also – diese Schlußfolgerung liegt nahe – der medizintechnische Fortschritt selbst, der seine eigenen ethischen Grundlagen aufhebt? (Beck/Bonß/Lau 2004)

3. Aufstieg neuer Lebensformen

Love, marriage, baby carriage, das war in den fünfziger und sechziger Jahren des 20. Jahrhunderts der klassische Rhythmus der Familiengründung (siehe oben Kapitel IV). Damals, im sogenann-

ten Goldenen Zeitalter von Ehe und Familie, gab es ein anerkann-
tes und von den meisten Menschen praktiziertes Lebensmodell. Es
war die »Normalfamilie«, bestehend aus einem erwachsenen Paar
mit seinen Kindern; die Erwachsenen waren selbstverständlich
verschiedenen Geschlechts, also Mann und Frau; sie waren verheiratet und blieben dies bis zum Tod; die Frau war für Haushalt
und Kindererziehung zuständig, der Mann für die Außenwelt,
Beruf und Öffentlichkeit.

Tempi passati. Zum Beispiel was die Partnerschaft angeht:
Schwule und lesbische Paare, vor ein paar Jahrzehnten noch kriminalisiert und verfolgt, können heute in zahlreichen Ländern
ihre Partnerschaft offiziell registrieren lassen, zum Teil sogar heiraten. Bei den heterosexuellen Paaren ist der Trend umgekehrt.
Viele von ihnen sehen nicht ein, warum sie für ihre Beziehung eine
staatliche Absegnung brauchen, und bleiben dem Standesamt
fern. Und so sie heiraten, wird der »Bund fürs Leben« oft vorzeitig
beendet. Scheidung wiederum, früher mit Stigma und Ausschluß
aus der bürgerlichen Gesellschaft bestraft, ist inzwischen gesellschaftliche Normalität. Ähnlich bei Mutterschaft bzw. Elternschaft: Ein Kind jenseits der Ehe war früher in bürgerlichen Kreisen ein »Bastard« und vor allem: eine Katastrophe im Leben der
Frau. Heute sind Kinder nicht-verheirateter Eltern nicht nur im
Alltag der meisten westlichen Länder selbstverständlich akzeptiert, sondern auch im Recht zunehmend gleichgestellt worden.
Kurzum: Innerhalb weniger Jahre hat eine Pluralisierung der
Lebensformen stattgefunden. Bindungs- und Beziehungsmuster,
die vor ein paar Jahrzehnten als abweichend, ja defizitär galten,
werden heute von immer mehr Menschen praktiziert. Und vor
allem: Sie sind auch akzeptiert. Vieles von dem, was einst Gegenstand moralischer Verurteilung war, ist heute völlig unspektaku-
lär, eine Verhaltensform unter anderen.

Wenn aber immer mehr Lebensformen gesellschaftliche Anerkennung erlangen, warum sollen dann die, die jenseits der traditionellen Normalfamilie leben, auf Kinder verzichten? Wenn an-

dere das Recht auf Elternschaft haben, warum sie dann nicht auch? Alleinstehende; schwule und lesbische Paare; Frauen, die noch niemals Geschlechtsverkehr hatten; Frauen jenseits der 60, die im Pensionsalter ihre Sehnsucht nach Mutterglück entdecken; Frauen, deren Partner im Sterben liegt oder schon tot ist und die noch ein Kind von ihm wollen; Frauen, die sich sterilisieren ließen, als ihr Kinderwunsch erfüllt und die Familie komplett schien, aber nach Scheidung und Neuanfang auf ein Kind vom neuen Mann hoffen; Paare, die das Geschlecht ihres Nachwuchses bestimmen wollen: Sie alle können jetzt mit Hilfe der Reproduktionsmedizin ihr Wunschkind bekommen.

»Appetit wird geweckt von der Möglichkeit«, hat der Technikphilosoph Hans Jonas schon vor Jahrzehnten gesagt (Jonas 1985). Dies belegt die gegenwärtige Expansion des Kinderwunsches. Mit der Pluralisierung der Lebensformen erweitert sich die Klientel der Reproduktionsmedizin.

Je mehr die Nachfrage steigt, desto zahlreicher werden die Angebote: Einschlägige Kliniken bieten Dienste aller Art, von IVF als Standardangebot bis hin zur Geschlechtswahl, von Katalogen mit Bildern der Samenspender und Eizellenspenderinnen bis hin zu Agenturen für die Vermittlung von Leihmüttern, mit Fotos und biographischem Profil.

4. Die »Ware Kind«

Wie gesagt stehen der Nutzung solcher Angebote oft rechtliche und finanzielle Barrieren entgegen. Doch die Hindernisse der einen sind die Chancen der anderen: Viele der Kinderwunsch-Kliniken werben gezielt um Klienten aus dem Ausland. Über das Internet geht die Vermittlung schnell und problemlos, mit ein paar Mausklicks kann man Kinderwunsch-Kliniken in Rußland oder der Türkei, in Indien oder Dänemark finden. Das Profil der Angebote und Leistungen entspricht dem Outsourcing-Kapitalismus;

es läßt sich, in Stichworten zusammengefaßt, etwa folgenderma-
ßen beschreiben:*

– Die idealen Standorte liegen dort, wo die Personalkosten niedrig und die Restriktionen gering sind.

– Die Gesetzgebung im Land der Klinik wird mit Prädikaten wie
  »modern«, »aufgeschlossen«, »liberal« angepriesen. So eine
  griechische Klinik: »Der rechtliche Rahmen in Griechenland
  zählt zu den fortgeschrittensten weltweit und macht Griechenland … zu einem idealen Ziel für Paare aus dem Ausland, die
  eine Behandlung wünschen, die in ihrem Heimatland nicht ver-
  fügbar ist.« Was in freier Übersetzung bedeutet: Bei uns wird es
  keine Probleme mit lästigen Vorschriften geben, unsere Dienst-
  leistungen folgen ganz Ihren Wünschen.

– Gegebenenfalls findet sich der Hinweis, für Leistungen, die am
  eigenen Standort nicht zulässig sind, sei Kooperation mit einer
  anderen Klinik im Ausland möglich.

– Bei manchen Kliniken kann man auf der Webseite zwischen
  sechs Sprachen wählen. Gegebenenfalls wird die internationale
  Zusammensetzung des Teams hervorgehoben, mit mehrspra-

---

* Wir haben seit 2008 im Internet nach Angeboten einschlägiger internationaler Kliniken gesucht und inzwischen circa 60 solcher Webseiten genauer
  betrachtet. Dabei haben wir, um keine einseitige Auswahl zu treffen, bewußt Kliniken verschiedenster geographischer Standorte gewählt – von
  Indien bis Rußland, von Israel bis zu Südafrika und den USA. Die Selbst-
  darstellungen dieser Kliniken wurden dann auf häufig wiederkehrende
  Aussagen untersucht. Dabei geht es insbesondere um Fragen wie: Welche
  medizinischen Behandlungsverfahren werden angeboten? Welche sonstigen Leistungen werden angeboten? Was wird als besonderes Kennzeichen
  bzw. als besonderer Vorzug des eigenen Unternehmens hervorgehoben?
  Inwieweit wird explizit ein internationaler Klientenkreis angesprochen?
  Wie wird die Preisgestaltung dargestellt, wie die juristische Situation? Auf
  dieser Grundlage haben wir ein Profil charakteristischer Angebote und
  Verheißungen entwickelt.
  Die Materialbasis der folgenden Darstellungen sind die von uns analysier-
  ten Internet-Auftritte einschlägiger Kliniken sowie Pande 2010 und der
  Dokumentarfilm *Google Baby* (2009).

chigen Ärzten und Personal. Also: Keine Angst vor Sprachbarrieren, Verständigung in Ihrer Muttersprache ist möglich.

Nicht nur technische Leistungen werden offeriert, sondern je nach Klinik oft auch weitere Leistungen. Zum Beispiel:

- Wohlfühlklima: Versprochen werden »individuelle Behandlung und persönliche Begleitung«, Diskretion und Verständnis.
- Touristische Reize der Region: »viel Sonne, wunderschöne Umgebung, lange Strände«. Manchmal werden die exzellenten »Einkaufsmöglichkeiten und Gaumenfreuden« gerühmt, auch Rundfahrten und Sightseeing-Touren gehören zum Angebot.
- Manche Kliniken haben eine Psychologin im Team oder eine ganze psychologische Abteilung, zur Unterstützung, Entspannung und Streßreduktion.
- Manche Kliniken bieten Rechtsbeistand, damit den Kunden/ Klienten juristische Komplikationen erspart bleiben.
- Manche haben, je nach Finanzstärke der Interessenten, verschiedene Versionen ihrer Dienste im Angebot, von der Komfortvariante (Abholung am Flughafen, Chauffeur inklusive) über die Standardversion bis hin zum abgespeckten Basisangebot für den kleinen Geldbeutel.

Ins Repertoire der wichtigen Leistungen gehören nicht zuletzt solche, die, soweit möglich, Gesundheit und optimale Entwicklung des erhofften Kindes gewährleisten sollen. Pointiert formuliert: Das Wunschkind soll auch ein Qualitätskind werden.

- Bei der Auswahl von Eizellenspenderinnen, Leihmüttern, Samenspendern werden, so heißt es, strenge Maßstäbe angelegt. Auswahlkriterien sind Gesundheit, medizinische Vorgeschichte, Familienstand, je nach Verfahren auch psychische Stabilität, Intelligenz und Bildungsniveau, Aussehen und ethnische Herkunft.
- Während der Schwangerschaft werden Gesundheit, Ernährung und Lebensstil der Leihmutter regelmäßig kontrolliert (je nach Finanzstärke der Klienten mehrmals am Tag oder rund um die Uhr), damit sie für die pränatale Entwicklung des Kindes ein optimales Umfeld bietet.

Durch solche Angebote ist der Kinderwunsch zum internationalen Geschäft mit hohen Zuwachsraten, zum Weltzukunftsmarkt geworden; oder, wie eine einschlägige Klinik formuliert: Die steigende Nachfrage aus dem Ausland habe »förmlich zur internationalen Ausdehnung gezwungen«. Je nach gewünschter Behandlung und finanziellen Ressourcen fahren Deutsche in die Türkei, Ägypter in den Libanon, Niederländer nach Belgien, US-Amerikaner nach Rumänien. Deutsche Frauen lassen sich die Eizellen spanischer Frauen einpflanzen (Truscheid 2007), US-Amerikanerinnen holen sich in Italien oder Griechenland Eizellen ab (Withrow 2007), Frauen im Libanon verwenden die Eizellen amerikanischer Frauen (Inhorn 2006).

Und immer mehr Kinderwunsch-Interessenten – Männer wie Frauen, Alleinstehende wie Paare – fahren nach Indien, um dort ihren Traum vom eigenen Kind zu erfüllen.

Indien – Weltmetropole für Leihmutterschaft

Indien ist ein tief gespaltenes Land. Ganz oben die sehr kleine Gruppe der Mächtigen und Reichen; dann die immer noch kleine, allerdings allmählich expandierende Mittelschicht; und schließlich die Massen der Armen, ohne Zugang zu Bildung, sicherer Arbeit und angemessener Gesundheitsversorgung – viele, viele Millionen ohne Aussicht, dem Elend zu entkommen.

Deshalb sind immer mehr Frauen – insbesondere Analphabetinnen, Frauen vom Land, die am meisten Benachteiligten also – bereit, ihren Körper in den Dienst der Fertilitätskliniken zu stellen (Hierländer 2008; Hochschild 2009; Zakaria 2010). Nach einschlägigen Berichten gibt es in Indien inzwischen mindestens 350 Kliniken, die Leihmutterschaft anbieten. Leihmutterschaft, so heißt es, ist eine florierende Wirtschaftsbranche geworden, Indien ein »Mutterleib zu Billigstpreisen«, die »Welthauptstadt für Schwangerschaftsdelegierung«. Während Leihmutterschaft in zahlreichen Ländern verboten ist, ist sie in Indien offiziell zugelassen, ja unter

Gesichtspunkten der Wirtschaftsförderung auch positiv angesehen (der Medizintourismus wird durch Werbekampagnen der Regierung gefördert). Während sich die Gesamtkosten für ein über Leihmutterschaft geborenes Kind in den USA auf 70 000 bis 100 000 $ belaufen, ist in Indien die gleiche Dienstleistung für 12 000 bis 20 000 $ zu haben.

Davon erhält die Leihmutter selbst zwischen 5000 und 7000 $ – mehr als viele Frauen in Jahren verdienen. Dafür müssen sie sich einem strengen Regime unterwerfen. Sie dürfen, so legen die entsprechenden Verträge oft fest, während der Schwangerschaft nicht mehr zu Hause wohnen, müssen sich an einen vorgeschriebenen Ernährungsplan halten, auf sexuellen Kontakt mit dem Ehemann verzichten, ihre eigenen Kinder der Obhut anderer überlassen. Zur besseren Überwachung stellen die Kliniken oft Gemeinschaftsunterkünfte oder Schlafsäle bereit, in denen die Frauen während der Schwangerschaft untergebracht werden. Regeln, um die Rechte der Leihmütter zu schützen, sind bislang kaum existent.

Für die einen, die zahlenden Kunden, also das Wohlfühlklima. Für die anderen, die ihren Körper als Dienstleistung für Schwangerschaft anbieten, dagegen Vorschriften, Überwachung, Kontrolle.

Legal, illegal, translegal

Sind die Praktiken der Kinderwunschtouristen legal oder illegal? Unsere Antwort lautet: Mit den tradierten Begriffen kann man das, was hier geschieht, nicht mehr erfassen. Um das charakteristisch Neue daran sichtbar zu machen, bedarf es eines neuen Begriffs. Solche Praktiken sind »translegal«: weder erlaubt noch verboten (Beck 2004: 157). Sie nutzen die juristischen Lücken, die sich aus den Differenzen nationaler Gesetzgebung ergeben. Sie breiten sich aus, je mehr nationale Grenzen an Bedeutung verlieren, durch schnelle Transportmöglichkeiten und schnelle Kommunikationsformen Entfernungen schrumpfen. Wer auf der Tastatur der juristischen Differenzen zu spielen versteht, hat die Chancen der Globalisierung erkannt. Er gehört zu den neuen »Artisten der Grenze«. Oder wie es eine österreichische Kliniken elegant formuliert: »Wir überwinden ... Restriktionen durch unsere länderübergreifende Tätigkeit«.

Das ist der Outsourcing-Kapitalismus, der das, was früher harmlos »Fortpflanzung« hieß, nach den Regeln der internationalen Arbeitsteilung und globalen Ungleichheit über die Welt verteilt und organisatorisch bündelt, damit die gesetzlichen Hindernisse unterlaufen, die Kosten minimiert und die Gewinne maximiert werden (siehe auch Kapitel IV).

Wahrscheinlich haben viele von denen, die ins Ausland ausweichen, nicht das Gefühl, etwas Unrechtes zu tun, eher das Bewußtsein einer sie legitimierenden Notsituation. Wenn die Auffassungen der Experten über das, was erlaubt und was verboten sein soll, so weit auseinanderklaffen, warum sollen sie sich dann von fragwürdigen Verboten ihr Lebensglück nehmen lassen? Wenn Deutschland ihnen elementare Rechte verweigert, ist der Weg über die Grenze gerechtfertigt. Wenn in Deutschland Unrecht geschieht, ist es moralisch zulässig, anderswo das zustehende Recht zu suchen.

5. Vertrauensbildende Maßnahmen oder: Die Rhetorik des Positiven

Viele der Fertilitätskliniken etwa in Indien oder Osteuropa leben, wie oben beschrieben, vom Kinderwunschtourismus und ausländischen Klienten. Sie leben davon, daß sie anbieten können, was anderswo verboten ist. Das heißt freilich auch, sie müssen sich, um im Ausland Kunden zu gewinnen, auf ein Klima der Skepsis und Ablehnung einstellen, um Frauen und Männer werben, denen die Mediziner im eigenen Land erklären, dieses oder jenes Verfahren sei Mißbrauch des medizinischen Fortschritts und diene dem Egoismus der Eltern.

Für die in der Ukraine oder Indien ansässigen Fertilitätskliniken ist es unabdingbar, bei der Kinderwunsch-Klientel solche Bedenken und Zweifel auszuräumen. So dies gelingt, bleibt der Zulauf erhalten, wird wahrscheinlich zunehmen. Ansonsten wird er bald schrumpfen. Mit anderen Worten: Überzeugungsarbeit ist nötig.

Die Webseiten einschlägiger Kliniken lesen sich wie eine Antwort darauf, eine Übung in vertrauensbildenden Maßnahmen. Sie schließen an die kritischen Einwände im Ausland an, um ihnen ein Gegenbild entgegenzusetzen: eine Rhetorik des Positiven.

Wer hat die Moral?

Dem gängigen Vorwurf, die angebotenen Behandlungen seien moralisch zweifelhaft, begegnen die Fertilitätskliniken mit einem Gegenvorwurf. In anderen Ländern, so die Grundmelodie, seien die Gesetze viel zu eng, ein Anachronismus, ohne Verständnis für das Leiden der ungewollt Kinderlosen. Wir hingegen sind fortschrittlich und liberal. Wir kämpfen gegen Willkür und falsche Zwänge, wir verteidigen für unsere Klienten das natürlichste aller Rechte. Wir setzen uns dafür ein, daß ihre Träume von Kinderlachen und Elternglück Wirklichkeit werden.

In exemplarischer Weise hat dies z.B. der Gründer und Betreiber einer in Rußland angesiedelten Leihmutter-Agentur formuliert. Das Unternehmen heißt »Recht auf Leben« (siehe hierzu Jeska 2008), und der Name ist Programm. Auf die Frage, nach welchen moralischen Grundsätzen er die Klinik betreibe, hat der Gründer eine ebenso klare wie einfache Antwort. Moralisch ist für ihn, was dem Kinderwunsch hilft, unmoralisch dagegen, was den Kinderwunsch aufhalten will. Woraus folgt, daß es eine höhere Moral gibt als die der restriktiven Gesetze, die anderswo gelten – folglich sind die von der eigenen Institution angebotenen Dienste nicht nur zulässig, sie sind sogar moralisch geboten.

Wir wollen helfen

Dem Vorwurf, die praktizierten Verfahren stünden im Widerspruch zu elementaren Grundsätzen von Moral und Menschenwürde, wird in den einschlägigen Texten manchmal auch mit der Anrufung des Allerhöchsten begegnet: In der Bibel suchen sie heiligen Glanz. Da wird die Geschichte von Sarah und Hagar im Ersten Buch Mose zu einer frühen Form der Leihmutterschaft, die entsprechenden Angebote der Reproduktionsmedizin zur modernisierten Version eines immer schon praktizierten Verhaltens. Damit, so die suggerierte Schlußfolgerung, ist Leihmutterschaft als moralisch unbedenklich erwiesen, ja, mehr noch, hat göttlichen Segen.

Weitaus häufiger ist eine andere, eine säkularisierte Form des Anspruchs auf moralische Integrität, nämlich die Berufung auf Altruismus, Nächstenliebe, Humanität. Im Altruismus sind alle Beteiligten vereint: »Wir wollen Ihnen helfen«, wir tun »etwas Gutes für andere«, uns geht es darum, »Glück zu schenken« – so verheißen Klinikbetreiber, Leihmütter, Eizellenspenderin, Samenspender. Sie alle gehören zu einem Klub der selbstlosen Helfer, unablässig tätig im Dienst für Mitmenschlichkeit und Nächstenliebe.

Win-win-Situation

Soziale Ungleichheit ist eine wesentliche Grundlage des Kinderwunschtourismus. Wer in ein armes Land fährt, um dort preisgünstig ein Kind zu bekommen, profitiert vom globalen Wohlstandsgefälle. Ist es verwerflich, diese Chance zu nutzen? Wird man, wie unfreiwillig auch immer, zum Mittäter von Ausbeutung und Unterdrückung? Potentiellen Vorwürfen dieser Art setzen Betreiber von Kinderwunsch-Zentren eine Gegen-Deutung entgegen. Sie sprechen von einer »Win-win«-Situation, also: Nutzen für beide Seiten.

Zu einer ähnlich optimistischen Deutung neigen, sicher nicht zufällig, die Klienten der Kinderwunsch-Zentren. Auch sie betonen das Positive, den doppelten Nutzen. So z. B. ein homosexueller Mann aus Israel, der zusammen mit seinem Partner ein Kind von einer indischen Leihmutter austragen läßt: Mit dem so verdienten Geld, hebt er hervor, kann die Frau eine bessere Zukunft für sich und ihre Kinder aufbauen. Deshalb ist es für ihn eine faire Beziehung, das Verhältnis »zweier Personen, die sich aus ihren jeweiligen Notlagen heraushelfen«. Nicht zuletzt deshalb haben sie für ihr Vorhaben Indien gewählt: weil das eine »Gelegenheit [war], etwas zu tun für die Menschen in Indien« (Gentleman 2008). Hier wird der mögliche Vorwurf, an der globalen Ausbeutung mitzuwirken, in sein Gegenteil verkehrt. Kinderwunschtourismus wird – ähnlich wie im Fall der Hausarbeitsmigrantinnen (siehe Kapitel VI) – zur Entwicklungshilfe.

6. Die globale Patchwork-Familie

In den achtziger Jahren des letzten Jahrhunderts, als die kommerzielle Leihmutterschaft noch in ihren Anfängen war, kam es zu Komplikationen, die weltweit Schlagzeilen machten. Einige Leihmütter weigerten sich, das von ihnen ausgetragene Kind vertragsgemäß an die Auftraggeber abzuliefern, wollten es selbst behalten. Vor den Augen einer weltweiten Öffentlichkeit vollzog sich insbesondere der Streit um »Baby M.«, ein Fall der extremen Gefühle und erbitterten Kämpfe, eskalierend bis zur Kindesentführung. Nach umfangreichen juristischen Gutachten und Gegengutachten, nach Berücksichtigung der materiellen, emotionalen, gesundheitlichen Lebensumstände beider Parteien sowie ihrer Familiengeschichte, nach unzähligen Schriftsätzen und Aktenvermerken kam es endlich zum Urteil. Das Kind wurde den Auftragseltern zugesprochen, der Leihmutter aber ein wöchentliches Besuchsrecht eingeräumt (z. B. Lakayo 1987).

Dieses Beispiel zeigt, wie mit der Medizintechnologie historisch neuartige, multiple, kosmopolitische Abstammungs- und Zuordnungsverhältnisse geschaffen werden, die Raum bieten für unterschiedlichste Auslegungen (Kapitel IV; Kapitel X). Was meint »Vater«, »Mutter«, »Familie«, wenn das Kind auf Bestellung gezeugt wurde, im Labor und mit dem »Bio-Material« fremder Personen, deren Heimat oft ein fernes Land »anderswo« ist? Wer hat hier welche Rechte und welche Pflichten? Wem gehört das Kind, welche Mutter soll Mutterliebe entwickeln? Wo schlägt die Liebe um, wird zum Konflikt der Interessen? Im folgenden wollen wir an exemplarischen Beispielen andeuten, wie in der globalen Patchwork-Familie ein offener Raum entsteht, in dem sich gegensätzliche Erwartungen, Phantasien, Ansprüche einnisten können.

Risiko Muttergefühle

Negativ-Schlagzeilen wie die um »Baby M.« wirken abschreckend, ein Desaster für die, die Leihmutterschaft zum Geschäft machen, weil damit der auf Expansion ausgelegte Markt gefährdet wird: Die Vorbehalte im Ausland werden wieder wachgerufen, die die Rhetorik des Positiven gerade zu überwinden versuchte. Deshalb haben die Vertreter der entsprechenden Kliniken oder Agenturen inzwischen den Ablauf des Verfahrens verändert und Sicherheitsschwellen eingebaut, um das ökonomische Risiko einer emotionalen Bindung der Leihmutter zum Kind kalkulierbar zu machen. Zu den verbreiteten Präventivmaßnahmen gehören:

– Arbeitsteilung: die Aufspaltung der Leihmutterschaft in verschiedene Aufgaben, die verschiedenen Frauen zugeschrieben werden: multiple Mutterschaft. Das heißt, die eine Frau ist für Eizellenspende (»Ei-Mutter«), die andere für Schwangerschaft und Entbindung (»Leih-Mutter«) zuständig. Die Erfahrung lehrt: Das Risiko Muttergefühle droht außer Kontrolle zu geraten, wenn Ei- und Leih-Mutter dieselbe Person ist. Also lautet die Präventionsmaßnahme: Die Schwangere darf nicht ihr biologisch eigenes Kind austragen, sondern immer nur ein fremdes.

– Familienstand als Auswahlkriterium: Von den Frauen, die sich als Dienstleistende für Leih-Mutter bewerben, werden nur die akzeptiert, die verheiratet sind und bereits ein Kind haben. Damit wird die Wahrscheinlichkeit verringert – so jedenfalls die Unterstellung –, daß die Austragungs-Mutter Muttergefühle, also eine innere Bindung zum fremden Wunschkind der fremden Wunscheltern, entwickelt.

– Sichtsperren: In manchen Kliniken werden in den Geburtsvorgang Sichtsperren eingebaut, es wird also bei der Geburt ein Vorhang so über den Körper der gebärenden Frau gezogen, daß ihr Unterleib verdeckt ist und sie das Kind gar nicht erst sehen kann. Jenseits des Vorhangs nehmen dann die sozialen Auftrags-Eltern »ihr« Kind in Empfang.

Aber auch solche Vorsichtsmaßnahmen können das Risiko Muttergefühle, Mutterbindung nicht völlig kontrollieren. Aus Erfahrungsberichten und Interview-Aussagen geht hervor, daß es einigen Frauen sehr schwerfällt, jede innere Bindung zu unterdrücken und die Schwangerschaft nur als eine Art Geschäftsvorgang zu betrachten (Hochschild 2009; Google Baby 2009).

Allerdings ist auch zweifelhaft, ob eine solche Gefühlsdisziplinierung wirklich wünschenswert wäre. Man stelle sich vor, die schwangere Leih-Mutter wäre eine Arbeitnehmerin wie andere, mehr bis minder gewissenhaft, mehr bis minder auf den eigenen Vorteil bedacht. Wenn die Leih-Schwangerschaft derart aufs rein Geschäftliche reduziert würde, würde möglicherweise auch eine innere Motivation ausgeschaltet, die für das Kindeswohl unerläßlich ist: Äußere Kontrollen allein, so kann man vermuten, sind kaum in der Lage zu gewährleisten, daß die schwangere Frau nichts tut, was für das Kind potentiell schädlich sein könnte. Und wenn in der pränatalen Phase wichtige Weichen für das spätere Leben gestellt werden und das heranwachsende Kind Empfindungen der Mutter schon im Mutterleib spürt, was die neuere Entwicklungsforschung annimmt – dann dürfe es erst recht für das Kindeswohl unangemessen sein, wenn die leih-schwangere Frau mit der Leih-Schwangerschaft nichts anderes verbindet als die vereinbarte Bezahlung.

Diese Frage stellt sich damit mit Nachdruck: Wie entwickelt sich »Mutterliebe«, »Kinderliebe«, aber auch »Vaterliebe« im Zeitalter ihrer technischen Multiplizierbarkeit?

Herkunftsphantasien der Kinder und Retterphantasien der Eltern

Während die Eizellenspende erst in den neunziger Jahren des letzten Jahrhunderts begann, ist die künstliche Befruchtung einer Frau mit dem Samen eines fremden Mannes schon weitaus länger möglich, war jedoch lange Zeit sozial tabuisiert und erreichte erst mit der Durchsetzung der IVF weite Verbreitung. In den USA wurden mittlerweile rund eine Million Kinder auf anonyme Weise über Samenbanken gezeugt. In Deutschland wird ihre Zahl auf 100 000 geschätzt. Die Zahl der derart gezeugten Kinder ist also beträchtlich. Da aber die meisten von ihnen noch ziemlich jung sind, gibt es bislang noch kaum einschlägige Untersuchungen über ihre Entwicklung und ihr Leben als junge Erwachsene.

Die Praxis der internationalen Adoption begann deutlich früher, weshalb hierzu mehr Untersuchungen und Erfahrungsberichte vorliegen. Weil beide, der Adoptions-Tourismus wie der organisierte Schwangerschafts-Tourismus, ihren Antrieb im Kinderwunsch haben und weil die Spenderkinder sich auch häufig mit Adoptivkindern vergleichen, greifen wir im folgenden zunächst auf Materialien zur internationalen Adoption zurück.

Von den internationalen Adoptivkindern wissen wir, daß sie oft Phantasien entwickeln, mit denen sie versuchen, die Leerstellen ihrer Herkunft zu füllen. Es sind Phantasien, die immer wieder um einen ähnlichen Kern kreisen. Das Grundmotiv ist: »Was wäre, wenn ...«: wenn ich nicht adoptiert worden wäre, wenn ich bei

meinen leiblichen Eltern weiterhin lebte (Honig 2005). Zum Beispiel eine junge Frau, aus Vietnam nach Schweden adoptiert:

»Was wäre passiert, wenn meine Geburtsmutter in der Lage
gewesen wäre, mich zu behalten? Was, wenn ich in Vietnam ge-
blieben wäre und nicht zu diesem so ganz anderen Ort gebracht
worden wäre? Was wäre passiert, wenn ich jetzt in China aufwachsen würde? Was, wenn eine Familie in Indien in der Lage
gewesen wäre, mich zu adoptieren?« (ebd.: 215). Es sind Erzählungen, die um die Möglichkeit eines nicht gelebten Lebens kreisen; Träume von einem Leben mit den leiblichen Eltern, innerhalb
der eigenen Familie, die in der Vorstellung arm, aber liebevoll ist;
und die vor allem, das ist entscheidend, eine unkündbare Form
der Zugehörigkeit bietet, fraglos vorgegeben qua Biologie, nicht
durch Entscheidung und Auswahl zustande gekommen.

Auch die Adoptiv-Eltern entwickeln manchmal Phantasien der
Art »Was wäre gewesen, wenn ...«, aber sie haben dabei ganz andere Bilder vor Augen. Ihre Geschichten folgen eher dem Grundmuster: Wenn wir nicht gekommen wären, wie schrecklich wäre
dann dein Leben verlaufen. Du würdest in Armut leben, müßtest
hungern, hättest keine Ausbildung bekommen. Ohne uns wärst
du vielleicht schon zugrunde gegangen. Es sind Rettungsphanta-
sien, mit den Eltern in der Rolle der guten Helfer.

Elternwünsche versus Kinderrechte

Ähnliche Gegensätze bestehen, nur weit drastischer noch, in Familien, die durch Samenspende zustande gekommen sind. In Erfahrungsberichten, nicht zuletzt auf den einschlägigen Internetsei-
ten findet sich ein durchgängiges Thema, in einem Satz zusammengefaßt: Wer ist der unbekannte Mann, der mein biologischer
Vater ist? Wenn dieser anonym blieb, wie häufig der Fall, verfügen die Kinder meist nur über minimale Anhaltspunkte zu dessen Person. Nichts als den Fragebogen, betreffend Samenspender
Nr. 1772/09, den er bei der Vermittlungsagentur ausfüllen mußte,

mit standardisierten Rubriken und den entsprechenden Angaben zu Gesundheit, Ausbildung, Hobby, Größe, Augenfarbe usw. Wenn es nicht mehr Anhaltspunkte gibt, bleiben den jungen Männern und Frauen vor allem Fragen. Habe ich dieselben auffallend blauen Augen wie meine Tante, habe ich die großen Füße vom Großvater geerbt, hatte meine Großmutter auch Sommersprossen? Bin ich so unmusikalisch, weil mein Vater schon so war?

Mit diesen Fragen verbinden sich Verlustgefühle, Trauer und Schmerz. Immer wieder ist von einer Sehnsucht die Rede, vom Wissenwollen um jene andere Hälfte der Herkunft, die damals geraubt wurde, als der leibliche Vater im Dunkel der Anonymität und der Akten verschwand und damit die gesamte väterliche Linie unsichtbar machte, Großeltern, Onkel, Geschwister, Cousinen. Man muß, um die wilde Wut der Emotionen zu spüren, die Stimmen im Originalton hören. Hier drei Beispiele von vielen:

»Ich ärgere mich, daß beim Thema Samenspende alle die ›Eltern‹ in den Mittelpunkt rücken – die Erwachsenen, die über ihr Leben selbst entscheiden können. Der Empfängermutter wird Sympathie entgegengebracht, da sie das Kind austragen will. Dem Samenspender ist die Anonymität garantiert, er ist von jeder Verantwortung für die Nachkommen seiner ›Spende‹ freigestellt. Solange diese Erwachsenen glücklich sind, ist mit der Samenspende alles in Ordnung, nicht wahr? Nein. Die in der Folge geborenen Kinder sind ebenfalls Menschen. Jene von uns, aus der ersten nachgewiesenen Generation der Samenspenderkinder, die in den späten achtziger und neunziger Jahren des letzten Jahrhunderts gezeugt wurden … – werden älter, und … viele von uns haben emotionale Probleme. Wir haben nicht danach verlangt, in diese Situation mit ihren Verwirrungen hineingeboren zu werden. Es ist scheinheilig, wenn Eltern und Mediziner davon ausgehen, daß biologische Wurzeln unwichtig sind. Wir, die Nachkommen, bemerken, daß wir seit der Geburt eines Rechts beraubt sind – des Rechts, unsere beiden Elternteile zu kennen.« (Clark 2006)

»Gegenwärtig bin ich richtig traurig, verspüre einen Schmerz, über den nicht geredet wird. Es ist nicht erlaubt. Denn ich habe zwei Elternteile, die mich lieben … also, worüber beklagst du dich. Du hast alles bekommen, was du wolltest. Du hast zu Weihnachten und an deinem Geburtstag so viele Geschenke bekommen, daß man annehmen könnte, man wollte dein Glück erkaufen. Man ging davon aus, daß du deine Mutter vergißt. Du hattest ja alles. Warum willst du noch mehr. WIR HABEN DIR ALLES GEGEBEN. Ich hatte alles … alles, außer meine Mutter.« (Internet Blog, zit. nach Singh 2009)

»Alles, was du brauchst, ist … Liebe? Paul McCartney sang einst ›alles, was du brauchst, ist Liebe‹, doch trotz allem, was viele in der Samenspendergemeinschaft glauben wollen – das stimmt nicht – die allermeisten dieser Mütter … glauben, daß ihr Kind seinen biologischen Vater nicht vermißt, wenn sie es nur genug lieben … das ist Unsinn« (Greenawalt 2008).

Immer wieder Ausbrüche von Wut und Verzweiflung, der Tonfall manchmal leise, manchmal laut und schrill, doch die Botschaft ist ähnlich. Immer wieder Anklagen, mit emotionaler Wucht vorgetragen, gegen die sozialen Eltern: Ihr seid nur eurem egoistischen Kinderwunsch gefolgt, ohne Rücksicht auf unsere Interessen. Ihr sprecht dauernd von eurer Liebe zu uns, wir aber wollen unser existentielles Grundrecht, das Wissen um unsere Herkunft und unser Erbe. Liebe ist euer Rechtfertigungsmythos, mit dem ihr euch zum Schöpfer neuen Lebens aufgeworfen habt, mit dem ihr uns gemacht habt. Wir aber sagen euch: Liebe ist nicht genug.

Im Internet wächst inzwischen die Zahl der Webseiten mit Namen wie »Donor Conception Network« oder »International Donor Offspring Alliance«, auf denen Spenderkinder Erfahrungen austauschen und versuchen, ihren biologischen Vater aufzuspüren. In den USA wurde ein »Donor Sibling Registry« gegründet, eine Webseite, auf der Kinder von Samenspendern sich registrieren lassen können, um andere Kinder desselben Spenders zu finden. Die Webseite hat inzwischen regen Zulauf. Wenn schon der biologische Vater nicht auffindbar ist, dann wenigstens ein (Halb-)

Bruder oder eine (Halb-)Schwester, immerhin ein Stück Verbindung zur leiblichen Familie und biologischen Herkunft.

Nun kann man sagen, in solchen Internet-Foren findet sich keine repräsentative Auswahl der Stimmen. Hier melden sich wohl kaum diejenigen der jungen Männer und Frauen zu Wort, die mit ihrer Situation zufrieden sind, sondern weit eher die anderen, diejenigen, die wütend sind, unglücklich, emotional verunsichert, vielleicht auch emotional instabil. Das ist sicher richtig. Aber ist dies ein ausreichender Grund, solche Stimmen einfach zu ignorieren, solchen Klagen und Anklagen keinerlei Bedeutung beizumessen? Oder ist es nicht eher ein Anlaß, um genauer nach den Hintergründen der Verzweiflung zu fragen?

Die Herkunftsfrage unter Bedingungen einer internationalen Schwangerschaftsindustrie

»Samen-Vater«, »Ei-Mutter«, »Leih-Mutter« – das sind Wortkrükken, die ihr Geheimnis nicht preisgeben – sie dienen der vorwegeilenden Normalisierung. Greifen wir das Beispiel »Samen-Vater« heraus. Ist das Beiwort »Vater« ein nichtssagendes Anhängsel zum Wort »Samen«? Läßt sich »Vaterschaft« auf das biologische Substrat »Samen« reduzieren? Und für wen gilt das, für wen nicht? Für den in seinem »Samen-Kind« anonym gegenwärtigen (Nicht-)Vater? Für das vaterlose »Samen-Kind«? Für die »besamte Mutter«? Verbergen sich nicht hinter diesen Wortfassaden Identitätsfragen, Identitätsdilemmata, die jetzt noch nicht hervorbrechen, weil ihnen die Begriffe fehlen? Oder wird es eine identitätslose, kalte Intimität geben, die »Samen-Vater« sagt und »vaterlosen Samen« meint?

Wirft also die internationale Schwangerschaftsindustrie nur medizinische, ökonomische und rechtliche Fragen und Dilemmata auf? Oder entsteht hier als Nebenfolge ein zivilisatorischer Vulkan, der eines Tages explodiert, Identitäts- und Moralfragen speit? In jedem Fall gilt es, das Bewußtsein dafür zu wecken, daß

die Worte, die uns schon fast zu leicht über die Lippen gehen, ver-
heimlichen, welche Wirklichkeiten, welche Sinnfragen sie in sich
bergen und verbergen. Ist hier eine Schöne Neue Welt der Geburt
im Entstehen, von der heute niemand sagen kann, ob sie im Rückblick als eine Geburt der Inhumanität gewertet werden wird?

Wenn man die Erfahrungen aus Adoption und Samenspende
sieht, die Emotionen und Suchaktionen der betroffenen Kinder,
dann kann man mit guten Gründen annehmen, daß die Herkunftsfrage eines Tages nicht wenige Kinder des internationalen
Kinderwunschtourismus erreicht. Was sollen sie fragen, wenn sie
die Fremdheit in ihrer Herkunft schreckt? Was oder wen oder wie
soll man suchen, wenn man nur weiß: Meine Mutter war eine spanische Eizelle? Oder mein Vater ein dänischer Samenspender?
Oder ich bin von einer indischen Leihmutter geboren worden?
Oder ich bin eine Kombination aus all diesen Zutaten, eine Art
spanisch-dänisch-indisches Joint-venture-Produkt? Welche Geschichte kann man mit einer spanischen Eizelle verbinden? Welche *geographies of kinship*, welche transnationalen Herkunfts-
landschaften und Familienbindungen, Familiensehnsüchte und
Familienphantasien bilden sich im Gefolge des sogenannten Kinderwunschtourismus – einem Etikettenschwindelwort par excel-
lence, weil in der Kombination zweier Nettigkeiten (»Kinderwunsch« und »Tourismus«) ein Stück Menschheitsgeschichte zu
Grabe getragen und ein Stück Frankenstein-Realgroteske verwirklicht wird? Und welche Gefühle entstehen, wenn die Heranwachsenden eines Tages entdecken, daß in ihrer Existenz die Welten
verschmolzen wurden, die Machthierarchie der globalen Ungleichheiten eingebaut ist? Spüren sie Wut, weil ihre Eltern sie
gekauft haben, anderswo, zu einem vergleichsweise günstigen
Preis, weil die Einheimischen dort – im Land ihrer Herkunft – für
ihr Tun wenig verlangen? Spüren sie eine innere Verwandtschaft,
so etwas wie körperliche Solidarität mit den dort lebenden Menschen? Oder Scham, weil sie ein Stück weit zu den »Anderen«
gehören, zu den Bettlern und Elendsvierteln der Welt?

Blick in die Zukunft

Allerdings ist auch ein anderes Szenario denkbar. Mit Blick auf die Zukunft stellt sich die Frage, ob das Wissen um die familiale und kulturelle Herkunft einem überhistorischen Grundbedürfnis des Menschen entspricht; oder ob vielleicht eine Zeit denkbar ist, in der die Herkunftsfrage keine Bedeutung mehr hat. Man mache dazu ein Gedankenexperiment: Angenommen, die Zeugung mit Spendersamen oder gespendeter Eizelle würde zunehmend normal werden. Würden die derart gezeugten Kinder dann immer noch wissen wollen, welche Personen sich mit diesen biologischen Materialien verbinden? Oder würde eine solche Art Wißbegier den Menschen späterer Jahrhunderte fern und exotisch erscheinen?

Hier geht es um Annahmen, die die Grundbedürfnisse menschlicher Existenz betreffen. Ist das Wissen um die Herkunft eine anthropologische Konstante oder eine historisch veränderbare Erwartung? Ist diese Erwartung Ausdruck eines Wunsches nach einer eindeutig fraglosen Zugehörigkeit und damit verbundenem Schutz? Ist es möglich, daß eine *common sense diversity* entsteht, es also selbstverständlich wird, zugleich in mehreren Ländern und Sprachen beheimatet zu sein? Ist eine Gesellschaft denkbar, in der die Menschen die Frage nach der Person des biologischen Vaters, der Person der biologischen Mutter, dem Ort und dem Land ihrer Geburt nicht mehr stellen und die Suche nach Identität und Zugehörigkeit in ganz anderen Bahnen verläuft?

KAPITEL IX

Zusammen, aber getrennt:
Modell Weltfamilien

Das ganz normale Chaos der Liebe (Beck/Beck-Gernsheim 1990)
handelt vom Ohne-, Mit- und Gegeneinander der Geschlechter
innerhalb und außerhalb der Familie, von nichtehelichen Lebensgemeinschaften, kinderlosen Ehen, Alleinerziehenden, von Scheidung, Fortsetzungsfamilien und meinen, deinen, unseren Kindern, von Lebensabschnittsgefährten, Teilzeitgemeinschaften und
Partnern desselben Geschlechts. Angesichts solcher Beziehungs-
verhältnisse wird es zu einer höchst komplexen Aufgabe, auf ganz
einfache Fragen eine Antwort zu geben. Zum Beispiel: Was ist ein
Paar – wenn ein Paar nicht länger definiert ist als Verbindung von
Mann und Frau, durch die Heiratsurkunde oder das Zusammenleben in einem gemeinsamen Haushalt?

Der französische Soziologe Jean-Claude Kaufmann hat eine
scharfsinnige Antwort auf diese Frage vorgeschlagen: Ein Paar ist
ein Paar, wenn zwei Personen eine Waschmaschine kaufen. Seine
Begründung dafür lautet: Da beginnen die wirklich wichtigen Fragen und Streitigkeiten. Was gilt als schmutzig, wenn es darum
geht, wer die schmutzige Wäsche wäscht? Wer entscheidet? Wer
wäscht für wen? Ist Bügeln Pflicht? usw. (Kaufmann 1994).

Doch dieses Kriterium – eine Waschmaschine für zwei Personen – ist offensichtlich nicht geeignet, die Besonderheit der geographischen Fernliebe zu erfassen. Damit ergibt sich die Frage:
Welche Veränderungen kennzeichnen den Übergang vom »ganz
normalen« zum »globalen« Chaos der Liebe?

Unsere Antwort: Liebe und Familie verlieren ihre Bindung an
einen Ort und suchen ihr Glück in der Vielfalt der Welt, es entsteht

also eine geographische Fernliebe und eine kulturelle Fernliebe. Im Horizont der Liebe verschwindet das Entweder-Oder – entweder Hier oder Dort, entweder Wir oder Die. Nur noch weniges wird als unüberwindbare Trennlinie akzeptiert. Nicht Hautfarbe, nicht Nationalität, nicht Religion, nicht die Entfernung zwischen Ländern und Kontinenten. Im Gegenteil: Gerade im globalen fernen Anderen locken die neuen Möglichkeiten der Liebe. Der Liebe wachsen Flügel.

Was ist das entscheidende Merkmal der unterschiedlichen Lebens- und Liebesformen, die wir in der Rubrik des globalen Chaos der Liebe zusammengefaßt haben? Welche Merkmale sind Fernliebe, binationalen Paaren, Heiratsmigranten, Hausarbeitsmigrantinnen, Leihmüttern usw. gemeinsam? Was erlaubt es, sie alle unter dem begrifflichen Dach »Weltfamilien« zu vereinen? Existieren ähnliche Ziele, ähnliche Konflikte, ähnliche Anforderungen, ähnliche Verlaufsformen, ähnliche Zwänge, Widerstände, Widersprüche und Dilemmata? Und inwieweit unterscheiden sich diese von den Nah- und Normalfamilien, deren innere Buntheit bereits das übersteigt, was sich in den herkömmlichen Begriffen abbilden läßt?

Bringen uns Weltfamilien einer gesellschaftlichen Epoche näher, in der nationale Unterschiede und Gegensätze an Bedeutung verlieren? Sind wir auf dem Weg in eine Zukunft, die den einen als die große Hoffnung erscheint, um die Spirale von Gewalt und Gegengewalt zu durchbrechen, während die anderen sie als elementare Bedrohung begreifen, als Zerstörung der natürlichen, sinnstiftenden Ordnung der Welt?

Solche großen Fragen schweben im Raum. Wir haben in den vorangehenden Kapiteln gezeigt, daß wir uns mitten in einem historischen Grundlagenwandel der Liebes- und Lebensformen befinden. Im Zuge dieses Wandels bildet sich eine neue Dynamik und Vielfalt heraus, die man, in einem Stichwort zusammengefaßt, als »Modell Weltfamilien« bezeichnen kann. Das Modell enthält fünf (miteinander verbundene) Dimensionen, die wir in den folgenden Abschnitten entwickeln:

- Der ausgeschlossene Andere wird Teil unseres Lebens.
- Kommunikation über Grenzen hinweg.
- Die globale Ungleichheit bekommt Gesichter und Namen.
- Wo das nationale Recht nicht mehr greift.
- Der Glaubenskrieg um die »gute Familie«.*

1. Der ausgeschlossene Andere wird Teil unseres Lebens

Um die neuen Landschaften von Liebe, Intimität, Familie und Haushalt im globalen Zeitalter zu erkunden, haben wir in den vorangehenden Kapiteln zwei Modelle einander gegenübergestellt: Nahliebe und Nationalfamilien einerseits, Fernliebe und Weltfamilien andererseits. Dabei haben wir gezeigt, daß der Übergang von Nah- und Nationalfamilien zu Fern- und Weltfamilien Teil einer Entwicklung ist, die das globale Zeitalter insgesamt charakterisiert: Der ausgeschlossene Andere lebt in unserer Mitte. Es entstehen existentielle Familienbindungen über nationale, ethnische, religiöse Trennlinien hinweg.

Damit wird ein Charakteristikum von Weltfamilien deutlich: Ob die Individuen es wollen oder nicht, sie werden im Binnenraum der Familie mit der Welt konfrontiert. In der Folge verändern sich die Koordinaten, in denen sich Sozialisation und Identitätsbildung vollziehen. Diese Prozesse werden in den Sozialwis-

---

* Die im folgenden zu erläuternden Dimensionen des Modells Weltfamilien wurden induktiv gewonnen. Sie sind Teil unserer diagnostischen Theorie der Weltfamilien (siehe oben S. 15 f.). Was auch heißt: Sie sind zwar – das ist unsere These – notwendige Bedingungen von Weltfamilien; ob allerdings noch andere Dimensionen dazugehören, welche das sind und wie die Gesamtheit der Dimensionen in ihrem Zusammenhang theoretisch zu entwickeln ist, diese Fragen bedürfen späterer Klärung. So bleibt beispielsweise auch die Schlüsselfrage, was Weltfamilien zusammenhält, in diesem Buch unterbelichtet. Und es ließe sich durchaus argumentieren, das »multiple Gedächtnis« (siehe dazu S. 249 ff.) gehöre auch zu den Merkmalen von Weltfamilien.

senschaften bislang als Interaktion zwischen dem Selbst und dem Anderen gedacht, wobei dieser Andere weitgehend als ein »gleicher Anderer« vorgestellt wird. Demgegenüber haben wir es heute mit einer Konstellation zu tun, in der das Zusammenspiel zwischen dem Selbst, dem »anderen Anderen« und der Welt ins Zentrum rückt.

Die Konfrontation mit der Fremdheit der Welt im Binnenraum der Liebe und der Familie zeigt sich in den unterschiedlichen Formen von Weltfamilien auf je unterschiedliche Weise. Nehmen wir das Beispiel der Hausarbeitsmigrantinnen, die für Familien der (reichen) Mehrheitsgesellschaften kochen, putzen, Kinder betreuen und Alte versorgen. Die ausgeschlossenen Anderen – die Illegalen, die Migrant(inn)en, die Fremden – sind in den Küchen und Kinderzimmern nationaler Mittelschichtfamilien präsent, in den USA, in Europa, in Israel, in Südkorea, in Kanada usw. Viele dieser normalen Mittelschichtfamilien könnten kaum existieren ohne die neuen Dienstmädchen mit fremdem Akzent und etwas anderem Aussehen. Dies hängt eng zusammen mit dem Wandel der Geschlechterverhältnisse in den Ländern des Westens, genauer: mit dem teilweisen Wandel der Geschlechterverhältnisse, auf der einen Seite der steigenden Erwerbsbeteiligung von Frauen, auf der anderen Seite der immer noch sehr eingeschränkten Beteiligung der Männer an Haus-, Eltern- und Pflegearbeit. Um dieser Ungleichheit im Geschlechterverhältnis entgegenzuwirken, wird (siehe Kapitel VI) die Ungleichheit der Welt eingesetzt und genutzt. In Gestalt der Hausarbeitsmigrantinnen wird die globale Ungleichheit hereingeholt in die Normalität der Nationalfamilien.

Allerdings ist die Lage der Hausarbeitsmigrantinnen merkwürdig zwiespältig: Sie sind zum selbstverständlichen Bestandteil im Alltag vieler westlicher Familien geworden. Und gleichzeitig sind sie Ausgeschlossene – weil sie meist illegal hier sind, entsprechend keinen Rechtsschutz besitzen; weil ihre Welt und ihre Kinder für die Arbeitgeberfamilien unsichtbar bleiben. Zusätzlich ist die Interaktion mit der Arbeitgeberfamilie durch eine grundsätzliche Asymmetrie gekennzeichnet: Die Migrantinnen sind weisungsgebunden und als Illegale ausbeutbar. Während sie, um ihre Arbeit zu verrichten, sich in die Situation des Kindes oder des alten Menschen hineinzuversetzen haben, müssen die Arbeitgeber keine derartige Empathie aufbringen, sondern können in einer Position der gleichgültigen Distanz verharren. Aus diesem Grund sind die Familien der Reichen und die der Armen zugleich existentiell miteinander verbunden – und doch durch Abgründe voneinander getrennt.

2. Kommunikation über Grenzen hinweg

Verständigung – Kommunikation über Grenzen hinweg – ist eines nicht: ein Sonderthema der Weltfamilien. Sie gehört zur Grundbedingung sozialen Lebens und insbesondere des Lebens in der globalisierten Welt. Interkulturalität taucht heute in allen Handlungsfeldern auf, durchzieht den Alltag in Ausbildung und Beruf, in Wirtschaft und Politik, Tourismus, Fernsehen, Internet usw. Dennoch herrschen in Weltfamilien besondere Bedingungen. Denn in ihnen ist grenzenübergreifende Kommunikation (mitsamt den Gefahren von Mißverstehen und Verständnislosigkeit) nicht nur ein Element unter anderen, sie ist vielmehr die unverzichtbare Voraussetzung, um mit den alltäglichen Herausforderungen in Liebe, Intimität und Familie umzugehen.

Weltfamilien erproben also das, was in Feiertagsreden als Kompetenz des globalen Zeitalters gepriesen, in Praxisseminaren *soft skill* genannt und eingeübt wird. Weltfamilien leben teils freiwillig, teils gezwungenermaßen, was anderweitig in Lektionen vermittelt, gegen Bezahlung und Teilnehmerurkunde antrainiert wird. Weltfamilien sind Pioniere der Interkulturalität.

Auch in Nah- und Nationalfamilien gibt es zahlreiche Quellen für Mißverständnisse – vor allem die Gegensätze zwischen Mann und Frau oder auch die zwischen Jung und Alt, die sich in Zeiten radikalen Wandels verschärfen. Aber diese Konflikte finden im Horizont einer gemeinsamen Sprache, gemeinsamen politischen und rechtlichen Ordnung, gemeinsamen Nationalität statt. In Weltfamilien kommen die Gegensätze der Welt, die Verschiedenheit der Sprachen, die Verschiedenheit der Vergangenheiten, die Verschiedenheit der politischen Ordnungen hinzu. Das aber heißt: Man lebt und schwebt über Abgründe der Verständnislosigkeit hinweg, was teils überspielt, teils tabuisiert, teils durch Arbeit an der Verständigung überbrückt wird; was aber auch zu einer Abenteuerreise voller Entdeckungen werden kann.

Elementare Rahmenbedingungen des Alltags – Eßgewohnheiten, Geschenke, die Bedeutung von Festtagen; Vorstellungen von Zeit und Pünktlichkeit; das Verständnis, wer noch und wer nicht mehr zur Familie gehört, wem Respekt gebührt und was »Respekt« heißt; bis hin zur Frage, was man vom Klimawandel hält oder welche Nahrungsmittel welche Schadstoffe enthalten und deshalb zu meiden sind –, die elementaren Fragen der Gestaltung des Lebens also, können hier nicht oder nur selten aus einem Fundus selbstverständlich geteilter Bedeutungen beantwortet werden.

Nationalfamilien können vielfach auf gemeinsame Grundlagen für Vorentscheidungen, Annahmen, Regeln zurückgreifen. Dagegen müssen die Antworten, die den alltäglichen Bestand von Weltfamilien sichern, erst in »grenzenübergreifender Kommunikation« gefunden werden, im Dauerdialog der Familienmitglieder; er muß zu weitgehender Übereinstimmung führen; wobei Übereinstimmung nicht ausdrückliche Verständigung oder stillschweigenden Konsens bedeuten muß, gegebenenfalls auch eine Art Stillhalteabkommen beinhalten kann, um umstrittene Themen durch eine Pragmatik des Schweigens zu umgehen und handlungsfähig zu bleiben.

Grenzenübergreifende Kommunikation – dieser Zusatz ist wichtig – umfaßt sowohl Gespräch wie Stummheit. Kommunikation über Grenzen kann zum einen »Reflexivität« meinen, das heißt die sprachlose Konfrontation mit dem Fremden im eigenen Leben; zum anderen »Reflexion«, das heißt das Nachdenken, Nachfragen, das Gespräch darüber.*

Die Gegensätze der Welten, die in Weltfamilien aufeinanderprallen, müssen in jedem Fall auf die eine oder andere Weise ausgehandelt werden. Für Normalpaare (sprich: Nationalpaare) gibt es gedruckte Ratgeber: Wie mache ich aus einer verstummten, im Trott erstickten Ehe eine gesprächige, lebendige Ehe? Einen entsprechenden Ratgeber für binationale Paare und Weltfamilien gibt es kaum, vielleicht kann es ihn nicht geben. Denn wie sollte ein solches »Buch der Goldenen Regeln« aussehen, wenn die Partner aus verschiedenen kulturellen Räumen stammen, wie ließe sich da eine »goldene«, also gemeinsame Norm aufstellen, die bestimmt, wer dem Kind seinen Namen gibt, wessen Feste wie gefeiert werden usw.? Also müssen die Prozeduren und Bedingungen der Aushandlung im Aushandeln mit ausgehandelt werden. Weltfamilien müssen Verfahren und Praktiken *reflexiver Verhandlung* selbsttätig erfinden.

Das setzt wenigstens Ansätze eines Perspektivenwechsels voraus, ein Bemühen, den Blickwinkel des Partners zu verstehen; sich selbst und die eigene Welt mit dem Blick des Anderen zu sehen. Das Hineinversetzen in den geliebten und gleichzeitig fremden Anderen ist nicht nur um des Partners willen geboten, sondern auch um der gemeinsamen Liebe willen, also aus wohlverstandenem Eigeninteresse.

---

* Zu dieser Unterscheidung zwischen Reflexivität und Reflexion siehe Beck/ Giddens/Lash (1996).

3. Die globale Ungleichheit bekommt
Gesichter und Namen

Weltfamilien sind nicht nur die Bühne, auf der sich die Dramen der Liebe abspielen. Sie sind auch der Ort, an dem spürbar wird, wie die nationalstaatlichen Grenzen in das Leben der Familienmitglieder eingreifen und Trennlinien erzeugen, die direkt durch die Familien verlaufen: Die einen sind privilegiert, die anderen diskriminiert. Zum Beispiel I., Arzt in Flensburg, im Iran geboren: Als er Claudia vor zehn Jahren beim Medizinstudium in Italien kennenlernte, waren sie beide dort Ausländer, beide als solche erkennbar, beide die italienische Sprache nur in Grundzügen beherrschend. Seit zwei Jahren sind sie verheiratet und leben in Deutschland, und ihre Lebenslage hat sich völlig verändert – und zwar in gegenläufige Richtungen. Nun ist er allein der Ausländer, spricht die deutsche Sprache mit deutlichem Akzent, fällt durch Haarfarbe und Gesichtszüge auf, muß immer wieder um die Verlängerung seines Arbeitsvertrages bangen. Bei Routinekontrollen der Polizei wird I. mit schöner Regelmäßigkeit herausgegriffen und untersucht. Und wenn er zu einem Kongreß nach London fliegt, muß er sich bei der Einreise in die lange Schlange für Bürger aus Nicht-EU-Staaten einreihen. Oder M., acht Jahre alt, mit seinen Eltern und älteren Geschwistern in Kalifornien lebend: Während die anderen Familienmitglieder sich illegal in den USA aufhalten, ist er, der Jüngste, in den USA geboren, besitzt deshalb die US-amerikanische Staatsbürgerschaft. Weil er der einzige ist, der problemlos aus- und einreisen kann, wird er zum Botschafter zwischen den Welten. Die Sommerferien verbringt er in dem kleinen mexikanischen Ort, in dem die Großeltern, die Geschwister seiner Eltern, die meisten der zahlreichen Cousins und Cousinen leben – eine Reise, die ihm eher lästig ist, um die ihn aber die in den USA bleibenden Familienmitglieder glühend beneiden. Bei seiner Rückkehr nach Kalifornien fragen sie ihn endlos aus, und er soll immer wieder erzählen, wie es in der alten Heimat aussieht und wie es den verschiedenen Personen in der weitverzweigten Herkunftsfamilie so geht.

Wie brechen oder spiegeln sich in Weltfamilien – im Zusammenleben der Paare, Eltern, Kinder, Geschwister solcher Familien – die Ungleichheiten zwischen ärmeren und reicheren Ländern, die Geschichte und Gegenwart von Kolonialismus und Imperialismus, die Zugehörigkeits- und Ausschlußregeln der Gesetze und Nationen?

Im Alltag, in der Politik und in der Soziologie wird das Verhältnis von Familie und sozialer Ungleichheit zumeist völlig anders charakterisiert. In den soziologischen Lehrbüchern zur Sozialstruktur der Gesellschaft waren und sind Darstellungen üblich, die ganz selbstverständlich die verschiedenen Familienmitglieder zu einer Einheit zusammenfassen und auf einer gemeinsamen Position in der gesellschaftlichen Hierarchie anordnen (z. B. als Familie Berger, der Mittelschicht zugehörig, oder Familie Keyser, der marginalisierten Unterschicht angehörend). Im Bezugsrahmen der Nationalgesellschaft sind in dieser Perspektive die einen Familien höherstehend, die anderen rangieren weiter unten. Aber allen Familienmitgliedern wird derselbe Rang zugeschrieben. Auf eine Formel gebracht: Ungleichheit im Außenverhältnis, Gleichheit im Binnenverhältnis.

Deshalb galt Familie fälschlich als »Gleichmacher«, als eine Institution, in der sich die einzelnen Familienmitglieder in einer (weitgehend) einheitlichen Lage befinden. Schon die feministische Forschung des ausgehenden 20. Jahrhunderts hat diese Annahme als Mythos entlarvt. Denn sie blendet vollständig die ungleiche Verteilung von Rechten und Pflichten aus, erst recht die Machthierarchie innerhalb von Familien, die enormen Ungleichheiten zwischen Männern und Frauen, Eltern und Kindern, gegebenenfalls zwischen Geschwistern (zwischen dem Erstgeborenen, dem Erben, und den später geborenen Geschwistern). Diese radikalen Ungleichheiten haben sich in den westlichen Ländern im Zuge der Reformierung des Familienrechts sicherlich abgeschwächt. Dafür taten sich neue auf, weil mit der Entstehung von Weltfamilien die globale Ungleichheit in den Binnenraum der Familie eingreift. Die Ungleichheiten der Welt haben in Weltfamilien Gesichter und Namen, sie bestimmen die Dynamik intimer Beziehungen.* Wie aber sollen Personen innerhalb einer Familie aushalten, aushandeln, leben, was Welten trennt?

Länder werden zu Personen

Die Ungleichheiten der Welt brechen sich nicht einheitlich in »der« Weltfamilie. Statt dessen »sind« bzw. »verkörpern« verschiedene Familienmitglieder verschiedene Länder und nehmen dementsprechend verschiedene Positionen in der sozialen Hierarchie ein. Ein einschlägiges Beispiel ist der Zusammenhang zwischen Nationalität und Wahlrecht. Auch wer schon seit Jahrzehnten in Deutschland lebt und arbeitet, aber keinen deutschen Paß besitzt, verfügt nicht einmal auf der kommunalen Ebene über ein Wahlrecht.

Ein anderes Beispiel: Wer die Sprache des Ankunftslandes nicht oder nur unzulänglich beherrscht, wird zu einem Menschen zweiter Klasse. Das Nicht-die-Sprache-sprechen-Können stellt eine Form sozialer Behinderung dar. Wer in einem sprachfremden Land lebt, ist in vielen Details des Alltags auf die Hilfe, Unterstützung anderer (z. B. der eigenen Kinder, die übersetzen müssen) angewiesen.

Was im Verständnis der Mehrheitsgesellschaft »Integration« heißt, bedeutet im Verständnis der Minderheit: Wieviel Vergessen

---

* Dies gerät allerdings gar nicht erst in den Blick einer Soziologie, die Familie mit Nationalfamilie, Haushalt mit ortsgebundenem, kulturell homogenem Haushalt gleichsetzt. Im stillschweigenden Einverständnis mit der Mehrheitsgesellschaft blendet die im methodologischen Nationalismus befangene Soziologie die transnationale Schattenökonomie aus, die Haushalte und Schicksale in den ärmeren und reichen Teilen der Welt direkt miteinander verkettet.

der eigenen Sprache und Herkunft ist notwendig, um dazuzuge-
hören? Wie wird es möglich, sich dem zu widersetzen?

Grenzen der Solidarität

Die Wahrnehmung sozialer Ungleichheit ist stets durch nationalstaatliche Grenzen bestimmt. Dabei werden die Ungleichheiten
innerhalb einer Gesellschaft (z. B. Rentenniveau in Deutschland
Ost versus Deutschland West) ins Blickfeld gerückt, hervorgehoben, vergrößert, zum Ansatzpunkt für politische Forderungen
gemacht. Dagegen werden die sozialen Ungleichheiten zwischen
verschiedenen Gesellschaften (z. B. Rentenniveau in Deutschland
versus Rentenniveau in Rußland) ausgeblendet und als eine Art
Naturschicksal hingenommen. Diese Distanzierung wird fraglich,
wenn die globale Ungleichheit in der Familie ankommt, sei's in
Gestalt einer Schwiegertochter aus Thailand oder eines Adoptiv-
kindes aus den Favelas Brasiliens. Denn sie verstößt gegen die
Grundregel, die im Familienhorizont gilt: Solidarität. Wegschau-
en ist moralisch nicht zulässig. Hier ist jeder zur wechselseitigen
Hilfe verpflichtet.

So stellt sich in Weltfamilien immer wieder eine ähnliche Frage,
geradezu klassisch und im Grunde kaum lösbar: Sind wir zur globalen Hilfe verpflichtet und wenn ja, für wen, wie oft, wie lange?
Der deutsche Ehemann einer thailändischen Frau mag einsehen,
daß er eine Augenoperation für den Bruder seiner Frau, der zu
erblinden droht, finanzieren muß. Wenn allerdings einer der zahlreichen Cousinen zweiten Grades ein ähnliches Schicksal bevorsteht, wird er das Drängen seiner Frau eher als unangemessen
empfinden, vielleicht sogar mit dem Hinweis abwehren: Du hast
nicht den Sozialhelfer Thailands geheiratet!

Die Macht der Fremdbilder

In allen Gesellschaften existieren Selbstbilder und Fremdbilder, die insbesondere bei ersten Kontakten wirksam werden, dann, wenn man einer Person begegnet, die man nicht kennt. Bei Anzeichen von Auffälligkeit beginnt ein spontanes Sortieren. Die Einheimischen hören einen fremd klingenden Namen, nehmen andere, vom gewohnten Erscheinungsbild abweichende Gesichtszüge, Gesten, Kleidungsgepflogenheiten wahr, und schon setzt die Wahrnehmung sich um in die Botschaft: Dieser Mensch kommt nicht von hier, der ist nicht einer von uns, der ist von anderswoher.

Im Zeitalter der Globalisierung und der gemischten Familien können solche Botschaften trügerisch sein. Wer in Deutschland geboren und aufgewachsen ist, eine deutsche Mutter und einen deutschen Paß hat, aber einen türkischen Familiennamen trägt, weil der Vater des Vaters aus einer gutbürgerlichen Familie in Istanbul stammt, in Deutschland studierte, sich in eine Deutsche verliebte und sie heiratete – wer eine solche Familiengeschichte aufweist, weiß, was ihn bei jeder neuen Begegnung erwartet. Sobald er seinen Namen nennt, beim Gegenüber ein kurzer, musternder Blick, ein Moment der Irritation oder Verblüffung, gefolgt von der ewig gleichen Frage, je nach Situation direkt ausgesprochen oder stumm im Raum schwebend: »Wo kommen Sie eigentlich her?« Der Gesprächspartner mag dies als Zeichen der Offenheit verstehen, als Zugehen auf den anderen, den Fremden. Der jedoch ist gar kein Fremder, sondern ein Einheimischer, ein Deutscher, einer aus Köln oder Stuttgart. Aber mit der Frage »Wo kommen Sie eigentlich her?« wird er immer wieder mit einer Identität konfrontiert, die nicht seinem Selbstbild entspricht. Im Blick des Gegenübers wird er zum Außenseiter, ausgegrenzt im durchaus wörtlichen Sinn, in das Kästchen der Fremden gesteckt. Der Familienname wird zum Signal der Abweichung, der Nicht-Zugehörigkeit (Battaglia 2000).

Die Macht solcher Stereotype ist erheblich, für die direkt Betroffenen wie für ihre Familien. Die Stereotype können in Familien, die sowohl Mitglieder der Mehrheitsgesellschaft als auch solche aus Minderheiten umfassen, Trennlinien schaffen und destruktive Wirkung entfalten. Während die Familienmitglieder mit dem fremd klingenden Namen oder dem fremd scheinenden Aussehen regelmäßig der Herkunftsfrage ausgesetzt sind, erleben jene mit unauffällig einheimischem Namen und Aussehen nichts dergleichen. Sie wissen nicht, was es heißt, wenn Menschen, denen man gerade eben begegnet – im Bus, im Hörsaal, bei einer Feier –, geradezu reflexartig mit jener Frage reagieren, die zur Auskunft über die eigene Familiengeschichte auffordert, eine Familiengeschichte, die nicht selten von Armut und Krieg, Vertreibung und Flucht, Verlust und Trennung geprägt ist. Die Herkunftsfrage kann so nicht nur zur Irritation für die Betroffenen werden, sondern Irritationen in die Familie hineintragen – wenn die Familienmitglieder, deren Namen und Aussehen keine fremdländische Signalwirkung haben, kaum ahnen, was die engsten Verwandten tagtäglich erleben, sei's in Form der Herkunftsfrage, sei's in Form der diversen Spielarten von Diskriminierung. Dann können schnell Situationen der Fremdheit im Binnenverhältnis entstehen – etwa wenn der Frau die Reaktionen des Partners überempfindlich, hysterisch erscheinen, wenn ihr Partner dies spürt, sich unverstanden fühlt und sich zurückzieht.

4. Wo das nationale Recht nicht mehr greift

Der Staat hat nichts im Schlafzimmer zu suchen, so lautet eine alte politische Parole. Aber tatsächlich ist der Staat in den Schlafzimmern präsent und ebenso in Wohnzimmern, Kinderzimmern und Küchen. Ob Gesetze Inzest verbieten, Elternmonate anbieten, homosexuelle Partnerschaften anerkennen, die Liebes- und Lebensverhältnisse sind nicht völlig frei und beliebig, allein in die Entscheidung des einzelnen gestellt. Statt dessen hat jeder Staat ein

Regelwerk, Familienrecht genannt, das den grundsätzlichen Bezugsrahmen vorgibt für das, was im Binnenraum der Familie zulässig ist und was nicht. Es dient – so heißt es – dem Schutz der Betroffenen, der jeweils Schwächeren, der Gesellschaft.

Allerdings zeigt sich zunehmend, daß das Familienrecht mit dem schnellen Wandel der Liebes- und Lebensformen nicht mithält. Dies gilt insbesondere dann, wenn Globalisierung ins Spiel kommt: Auf Weltfamilien ist das nationalstaatliche Rechtssystem nicht zugeschnitten. Weltfamilien liegen in vielerlei Hinsicht quer zu den Rastern nationalstaatlicher Kategorien, fallen durch nationalstaatlich orientierte Anforderungen, geraten zwischen die gegensätzlichen Vorgaben unterschiedlicher Rechtssysteme. Solche Grauzonen und Lücken können aktiv genutzt werden, um die eigenen Interessen zu fördern. Solche Grauzonen und Lücken können allerdings auch den Verlust staatlicher Garantien und Schutzrechte bedeuten, eine Existenz, die der Willkür anderer oder einem invasiven Kontrollanspruch des Staates ausgesetzt ist.

Verheiratet mit einem Verdacht

Die Liebe über Grenzen paßt nicht in das nationalstaatliche Recht. Der Schatten des vorauseilenden Verdachts, der sie begleitet – Scheinehe, Zwangsheirat –, hat strukturelle Gründe: Die Liebe, die die Grenzen zu überwinden sucht, verstößt gegen das nationale Monogamiegebot – du sollst kein anderes Vaterland haben neben mir!

Im Westen ziehen sich Staat, Gesetz und Richter zunehmend aus dem Leben des einzelnen zurück. Ob man heiratet oder ohne Trauschein zusammenlebt, bleibt den Individuen überlassen. Gleichgeschlechtliche Partnerschaften gewinnen eheähnlichen Status. Wer für Hausarbeit und Kindererziehung zuständig ist, müssen die Paare untereinander klären. Aber wenn das Grundrecht auf Liebe die nationalen Grenzen überschreitet, ist die Toleranz des Nationalstaates am Ende. Dann wird die Ampel auf Rot umgeschaltet, die Beweislast umgekehrt. Plötzlich gilt die Schuldvermutung. Ja, Heiraten über Grenzen hinweg wird zum potentiellen Verbrechen. Die oder der Angeklagte muß ihre/seine Unschuld beweisen. Doch wie soll das gehen?

Ein blonder Münchner findet in der Dominikanischen Republik die schwarze Frau fürs Leben – Scheinehe aus Gefälligkeit? Liebt sie ihn wirklich? Oder hat sie ihn mit ihren Liebeskünsten betört? Warum hat er nicht die Katharina geheiratet, mit der er aufgewachsen ist und die ihn so wollte? Fragen dieser Art stellen sich Eltern, Verwandte, Bekannte.

Solche und ähnliche Fragen – und noch einige mehr – stellen auch die Behördenvertreter, die die Rechtmäßigkeit des Ehevorhabens prüfen. Wer über Grenzen hinweg heiraten will, provoziert den Verdacht der Gesetzeshüter. Wenn ein mononationales Paar (eine Sprache, eine Hautfarbe, ein Paß) seinen Heiratswunsch anmeldet, dauert das keine zwei Stunden. Wenn ein binationales Paar, beispielsweise eine Deutsche und ein Araber, heiraten wollen, haben sie gegen eine Hinderniswand von Vorurteilen und Schikanen anzukämpfen – monatelang.

Der behördliche Zweifel orientiert sich an Farben: Je ärmer das Land, je dunkler die Hautfarbe, desto öfter werden die dokumentarischen Schlüssel verweigert, die die Tore zum amtlich beglaubigten Eheglück aufschließen. Wer traut dem blonden Markus mit seiner dunklen Catalina? Der (deutsche) Amtsschimmel wiehert – bitte vorlegen: eine beglaubigte Abschrift aus dem Familienbuch der Eltern, eine Abstammungsurkunde, eine Aufenthaltsbescheinigung, ein Ehefähigkeitszeugnis, behelfsweise eine vom Oberlandesgericht ausgesprochene Befreiung von dessen Beibringung, dafür aber eine »Eheunbedenklichkeitsbescheinigung«. Was, die zukünftige Ehefrau wurde erst amtlich registriert, als sie elf Jahre alt war? Da kann ja jede kommen! Wer garantiert, daß die, die der fürsorgliche Staat seinem Bürger anvertrauen und damit in die Gemeinschaft der Nation aufnehmen soll, tatsächlich die ist, die vor ihm steht, und nicht eine ganz andere? Beim Verwaltungsgericht Köln waren im Jahre 2009 1500 Verfahren gegen abgelehnte Visaanträge zur Familienzusammenführung anhängig. Eine Verhandlung des »beantragten Heiratsanliegens« von Markus und Catalina kann daher nicht vor Juni nächsten Jahres »in Aussicht gestellt werden« (heißt es in schönster Amtsprosa). Dann jedenfalls wird die gemeinsame Tochter, mit der Catalina schwanger ist, fast ein Jahr alt sein.

Wie der Anwerbestop für »Gastarbeiter« zur Geburtsstunde deutsch-türkischer Familien wurde

In den fünfziger Jahren des 20. Jahrhunderts war Deutschland ein ethnisch weitgehend homogenes Land. Ausländer machten damals ein Prozent der Einwohner aus. Heute beträgt der Anteil der Ausländer gut acht Prozent; hinzu kommt die große Gruppe derer, die einen deutschen Paß besitzen und zugleich einen »Migrationshintergrund« aufweisen, diejenigen also, bei denen Migration zur Lebensgeschichte oder zur unmittelbaren Familiengeschichte gehört. Faßt man beide Gruppen zusammen, zählt in der Gesamtbevölkerung jeder fünfte, bei den Kindern unter sechs Jahren jedes dritte zu den »Personen mit Migrationshintergrund«. Aus der Bundesrepublik Deutschland ist die »bunte Republik Deutschland« geworden.

Entscheidende Anstöße zu diesem demographischen Wandel stammten von der institutionellen bzw. politisch-rechtlichen Ebene. Hier sind vor allem zwei historische, genau gegensätzliche Entscheidungen zu nennen, die paradoxerweise in dieselbe Richtung wirkten: Anwerbeabkommen und Anwerbestop. In der Aufeinanderfolge von Anwerbeabkommen und Anwerbestop wurde Deutschland zum Einwanderungsland, genauer zum Einwanderungsland wider Willen, mit Millionen von Weltfamilien – Migrantenfamilien deutsch-türkischer, deutsch-italienischer, deutsch-griechischer Herkunft. Dazu im Zeitraffer ein Blick auf den historischen Ablauf (Bade 2000: 314 ff.; Herbert 2003):

Mitte der fünfziger Jahre des 20. Jahrhunderts brauchte Deutschland dringend Arbeitskräfte, um das Wirtschaftswunder in Gang zu halten. Weil im Inland keine mehr zu finden waren, wurde im Jahr 1955 ein erstes Anwerbeabkommen mit Italien geschlossen. Weitere Abkommen mit anderen Mittelmeerländern folgten, darunter 1961 ein entsprechender Vertrag mit der Türkei. Die Erwartungen waren ähnlich auf der deutschen wie auf der italienischen (griechischen, türkischen) Seite. Die Angeworbenen sollten, so sah es das von deutschen Politikern entwickelte »Rotationsprinzip« vor, wenige Jahre in Deutschland arbeiten, danach in die Heimat zurückkehren und durch Neuangeworbene ersetzt werden – falls die deutsche Wirtschaft sie dann noch brauchte. Diese Vorstellung stimmte auch überein mit den Erwartungen der angeworbenen Migranten. Sie kamen mit der Hoffnung, in kurzer Zeit von ihrem Lohn so viel ansparen zu können, um den Sprung in eine bessere Zukunft zu schaffen, sich in der Heimat ein Haus zu bauen oder mit einem kleinen Laden selbständig zu machen.

Bekanntlich kam alles ganz anders. Viele der Arbeitsmigranten hatten unterschätzt, wie lange sie in Deutschland arbeiten mußten, um ihre Träume zu finanzieren. Für viele begann eine Pendlerexistenz, elf Monate im Jahr Trennung von der Familie, als unfreiwilliger Single in einem Wohnheim in Deutschland. Deswegen blieben viele Migranten nach Ablauf ihres meist kurzfristigen Arbeitsvertrags zunächst in der Heimat und kehrten erst nach einer Zwischenphase wieder nach Deutschland zurück, wo sie einen neuen, meist wiederum kurzfristigen Arbeitsvertrag erhielten. Dies ging so lange gut, wie die Wirtschaft boomte. Der große Einschnitt setzte ein, als die Wirtschaft in Krisen geriet und die Arbeitslosenzahlen deutlich anstiegen. Damit, so sah es die deutsche Regierung, war das Ende der »Gastarbeiter«-Ära gekommen. Die einst Umworbenen sollten in die Heimat zurück. Um diese Kehrtwende durchzusetzen, wurde 1973 ein »Anwerbestop« erlassen, ergänzt durch eine »Rückkehrprämie« für die, die freiwillig Deutschland verließen.

Den in Deutschland tätigen Arbeitsmigranten eröffneten sich damit zwei Möglichkeiten. Sie konnten entweder in Deutschland bleiben, dann aber durchgängig, ohne Zwischenphase zwischen zwei Arbeitsverträgen, ohne Zeit bei der Familie zu Hause. Oder sie konnten endlich wieder bei der Familie sein – dann war der Weg zurück nach Deutschland versperrt vom Anwerbestop.

Wie gingen die Arbeitsmigranten mit diesen Möglichkeiten um? Sie fanden eine dritte. Einige kehrten tatsächlich heim, nach Portugal, Griechenland oder Italien. Aber viele wollten ihren Arbeitsplatz in Deutschland behalten, gleichzeitig nicht dauerhaft von der Familie getrennt sein. Sie beschlossen, die Ehefrau (in selteneren Fällen den Ehemann) und die Kinder nachzuholen. Der Familiennachzug begann. Die Migranten verließen die Betriebsunterkünfte und mieteten Wohnungen. Kinder wurden von der Türkei oder Griechenland nach Deutschland gebracht. Weitere Kinder kamen in Deutschland zur Welt, wuchsen hier auf, gründeten ihrerseits neue Familien.

Auf diese Weise gab der Anwerbestop das Startsignal für eine neue Ära. Die Zeit der kurzfristig eingesetzten »Gastarbeiter« war vorbei, die Zeit der langfristig in Deutschland lebenden Migrantenfamilien begann. Damit schlug die politische Absicht des Anwerbestops ins Gegenteil um. Die Anderen, die Migranten, verschwanden nicht, sie ließen sich vielmehr dauerhaft nieder, bekamen im neuen Land Kinder und Kindeskinder. Erst Anwerbung, dann Anwerbestop: Die Kombination beider Schritte leitete den Einstieg in die innere Pluralisierung der monokulturellen Gesellschaft ein.

Das globale Chaos der Scheidung

Die Entscheidung, in welchem Land binationale Paare heiraten wollen, richtet sich nicht zuletzt danach, wo die rechtlich-bürokratischen Hürden für Ehen dieser Art am niedrigsten sind. Kommt es später zur Scheidung, stehen wiederum Entscheidungen an, jetzt freilich anderer Art. Jetzt fragt sich jeder der beiden, die einst ein Paar waren und heute keines mehr sind: Wo gibt es die günstigsten (Scheidungs-)Konditionen für mich? Welches Rechtssystem schützt mich am besten vor den Forderungen und Zumutungen meines Ex?

Hier zeigt sich eine Konstellation, die man das »globale Chaos der Scheidung« nennen könnte. Immer häufiger besitzen Ehepaare mehrere Pässe und Wohnungen an verschiedenen Orten in verschiedenen Ländern. Im Falle der Scheidung beginnt die Schlacht mit der Streitfrage: Welches nationale Recht soll/darf/muß angewendet werden? Soll die Scheidung den Konditionen und Verfahren folgen, die die Staatsangehörigkeit des Ehemannes und das entsprechende nationale Scheidungsrecht vorschreiben (und was, wenn er doppelte oder gar mehrfache Staatsangehörigkeit hat?)? Oder soll die Staatsangehörigkeit der Ehefrau den Ausschlag geben (und was, wenn sie doppelte oder gar mehrfache Staatsangehörigkeit hat?)? Oder sollte nach dem Recht desjenigen Landes verhandelt werden, in dem die Partner die meiste Zeit lebten (oder des Landes, wo sie zuletzt zusammenlebten)?

Dabei stehen keine Peanuts auf dem Spiel, die sprichwörtlich gewordenen Kleinigkeiten. Im Gegenteil, hier geht es oft um viel Geld, um die Verpflichtung oder Nicht-Verpflichtung, Millionen zu zahlen. Wer hat Anrecht auf Unterhalt, wieviel und wie lange? Wem steht ein finanzieller Ausgleich zu für Verdienst oder entgangenen Verdienst? Sollen Eheverträge anerkannt werden, oder sind sie nichtig, sei's, weil sie den schwächeren Partner offensichtlich benachteiligen, sei's, weil sie den stärkeren Partner finanziell aussaugen (Croft/Peel 2010; Hodson/Thomas 2009)?

Da die Regelungen für nacheheliche Unterhalt, Abfindung und deren Bemessungsgrundlagen von Land zu Land unterschiedlich ausfallen, kreisen die Verhandlungen um große Summen – schon in der Klasse der wohlhabenden Mittelschicht, mehr noch in den Rängen der Reichen und Superreichen. Je nach Rechtssystem werden Geld, Häuser und Besitz dem einen Partner zugesprochen oder dem anderen oder zwischen den beiden aufgeteilt.

Die Folge der unterschiedlichen Rechtssysteme ist, daß nach dem Scheitern der Ehe das globale Chaos der Scheidung einsetzt mit einem speziellen Scheidungstourismus. Oft kommt es dabei zu einem Wettlauf der Parteien und ihrer Anwälte. Jede Seite versucht, den Scheidungsantrag in dem Land anzumelden, in dem die einschlägigen Gesetze ein für sie günstiges Urteil verheißen (und ein entsprechend ungünstiges für die Gegenpartei).

Wenn es zum Beispiel darum geht, im Zuge des Scheidungsverfahrens den Besitz zwischen den (Ex-)Eheleuten aufzuteilen, ist das Recht in Großbritannien auf den Schutz des ökonomisch schwächeren Partners ausgerichtet – was zumeist heißt, daß die Interessen von Frauen in besonderer Weise berücksichtigt werden, deutlich stärker als in anderen Ländern. Das hat zu einer langen Serie von Prozessen geführt, in denen der Frau eine sehr hohe Abfindung zugesprochen wurde. Bald darauf mehrten sich die Fälle, in denen der Ehemann seinen Scheidungsanwalt zur Eile antrieb, um den Scheidungsantrag im Ausland vor Gericht zu bringen, bevor die Ehefrau den entsprechenden Antrag in Großbritannien stellen konnte. Und ähnlich mehren sich die Fälle, in denen (Ex-)Frauen, die anderswo nur eine bescheidene Abfindung erhielten, in Großbritannien das Verfahren neu aufrollen lassen, um ein für sie günstigeres Urteil zu erwirken.

5. Eure Familien, unsere Familien:
Der Glaubenskrieg um die »gute Familie«

Je mehr die Migrationsströme zunehmen, je bunter und gemischter die Bevölkerungen werden, je mehr mit Hilfe der neuen Kommunikationsmedien die fernen und fremden Welten überall gegenwärtig sind, desto direkter treffen die Weltreligionen und die individualistischen Werte der Moderne aufeinander. Daran entzünden sich Glaubenskriege, die das Zentrum des Alltags betreffen: Was ist eine »gute Familie«?

Für die einen ist das Patriarchat die natürliche Grundlage einer guten Familienordnung, für die anderen ein Regime zur Unterdrückung der Frau. Für die einen ist Gleichberechtigung im Geschlechterverhältnis oberste Norm, für die anderen ist dies eine Verirrung, ein Verstoß gegen die natürliche Ordnung der Welt. Für die einen ist Sexualität Ausdruck von Intimität, Sinnlichkeit und Selbsterfahrung, für die anderen ist sie eingebunden in die Gebote der Religion und der Fortpflanzung.

Hier stößt Weltbild auf Weltbild. Hier prallt das Weltbild der einen Gruppe auf das der anderen. Oft sehen die Gruppen wechselseitig aufeinander herab, der jeweils anderen Seite ein falsches, amoralisches bzw. repressives Verständnis von Familie vorwerfend.

Vertreter der westlichen Mehrheitsgesellschaft halten Migrantenfamilien oft generell für patriarchal, autoritär und frauenverachtend, regiert von uneinsichtigen Vätern und aggressiven älteren Söhnen, die alle gegen die Werte der Aufklärung und der Moderne verstoßen, alle Zwangsheirat und Ehrenmord praktizieren. Umgekehrt lautet die Anklage vieler Migrantengruppen, der Westen verrate die Gebote der Familie. In solcher Perspektive sind sie, die Migranten, diejenigen, die für den Zusammenhalt von Familie und Gesellschaft sorgen. Dagegen sind die Familien der Mehrheitsgesellschaft charakterisiert durch einen Mangel an Autorität, ein Klima der Gleichgültigkeit, ja der Lieblosigkeit.

In einer großangelegten empirischen Studie wurden zum Beispiel türkische Migrantinnen nach ihrem Bild der Deutschen gefragt und aufgefordert, Deutsche und Türken zu vergleichen. Darauf nannten die Migrantinnen als Merkmale der deutschen Familie: mangelnde Verbundenheit der Familienmitglieder, mangelnde Gastfreundschaft, fehlenden Respekt vor den Älteren, wenig Verständnis für die Bedeutung von Freundschaft und Nachbarschaft. Die deutschen Frauen schilderten sie als selbstbezogen und Einzelgängerinnen (Gümen 2000: 343). Zu ähnlichen Ergebnissen kam die Shell-Studie *Jugend 2000*. Auf seiten der türkischen Jugendlichen war kaum Auflehnung gegen das (aus westlicher Sicht) autoritäre Erziehungsklima zu Hause zu hören. Im Gegenteil, die meisten Befragten äußerten sich kritisch über den Erziehungsstil in deutschen Familien, den sie nicht als Ausdruck von Liberalität verstanden, sondern als Gleichgültigkeit der Eltern gegenüber den Kindern. In ihren Augen zeigten die strengen Vorschriften und das grenzensetzende Verhalten der eigenen Eltern, daß sie die Kinder wirklich lieben und sich um sie kümmern; dazu gehöre eben auch, daß die Eltern manchmal Verbote aussprechen und durchsetzen. Wie eine junge türkische Frau sagt: »Deutsche Familien finde ich nicht so gut. Die [Kinder] können tun und lassen, was sie wollen. Dann sitzen sie irgendwann in einer Tinte fest, und dann kommen sie nicht mehr raus. Zu viel Freiheit« (Deutsche Shell 2000: 13).

In solchen Urteilen spiegelt sich mehr als ein Dissens über verschiedene Familienformen, der in Küchen, Betten, Wohnzimmern und auf den Bühnen der Politik ausgetragen wird. Vielmehr findet hier ein Wettkampf zwischen den Kulturen und Religionen statt: Alle beanspruchen die Macht der Heiligsprechung der »guten Familie« – die Macht zu definieren, was in Sachen Sexualität, Freiheit und Gleichheit von Frauen und Männern richtig und was falsch, was gut und was böse, was gottgewollt und was des Teufels ist.

Es geht also nicht nur um die Familie, sondern um die Zukunft der Menschheit. Es geht darum, daß das Bekenntnis zu dieser oder jener Familienordnung oder Liebesform längst selbst in säkularen Kreisen einen quasi-religiösen Charakter angenommen hat.

Dabei entstehen neue Spaltungen: eure Familien – unsere Familien. All diese Weltbilder der »guten Familie« nehmen in Weltfamilien konkrete Gestalt an, streiten innerhalb einzelner Personen und zerreißen Familien.

KAPITEL X

Wie weltoffen sind Weltfamilien?

Um zu verstehen, was Liebe heute bedeutet, reicht es nicht aus, zu verstehen, was Liebe heute bedeutet, man muß auch verstehen, wie Selbst, Grenze, Welt und Liebe sich ineinanderschieben. Dieses Buch handelt von einem neuen Kapitel der Gesellschaftsgeschichte, in dem Liebe, Familie und die Fremdheit der Welt oft paradoxe Verbindungen eingehen.

Ist der Begriff Weltfamilien universalistisch zu verstehen? Nein. In unserer Sicht gibt es in den heterogenen und spannungsgeladenen Weltfamilien keine Metasprache, die die Differenzen regelt. Vielmehr verändert sich das Verständnis von Weltfamilien selbst in kulturellen Kontexten. Weltfamilien ist der Sammelbegriff für deren kulturelle Vielfalt. Er übergreift die Spaltungen von Erster, Zweiter und Dritter Welt, Zentrum und Peripherie, westlicher und nicht-westlicher Moderne – soweit diese in Personen, im Privaten, in Liebesbeziehungen, im Kreis der Familie Gestalt annehmen. Weltfamilien sind geradezu der empirische Ausweis, daß diese Dualismen im Zentrum des Intimsten und Privatesten an Bedeutung verlieren bzw. sich neu sortieren und verbinden.[*] In diesem Sinne müssen Weltfamilien selbst vielsprachig werden. Sie müssen im »Tanz des Verstehens« (Charles Taylor) lernen, mit Unterschieden zu lieben und zu leben.

---

[*] Weltfamilien, konzeptionell überhaupt erst als historisch neuartige soziale Realität und Einheit sichtbar gemacht, bilden exemplarisch eine Untersuchungseinheit jenseits des methodologischen Nationalismus; und in diesem Buch werden für die Soziologie der Liebe und der Familie Grundlagen eines methodologischen Kosmopolitismus erarbeitet (Beck 2004; Beck/Grande 2010).

Die Gegensätze der Weltfamilien bestimmen
das Verständnis derselben

Insofern ist unsere diagnostische Theorie der Fernliebe und Weltfamilien (siehe oben S. 15 f.) post-universalistisch und post-west-
lich konzipiert. Wir operieren nicht (wie dies Jürgen Habermas
mit Blick auf seine Theorie der Öffentlichkeit formuliert hat) auf
kulturell neutralem Territorium. So wie ein kontextloses Verständnis von Familie zu falschen Verallgemeinerungen führt, leitet
erst recht ein kontextloses Verständnis von Weltfamilien in die
Irre. Die Schlußfolgerung lautet, daß es nicht nur äußerst zahlreiche Varianten von Weltfamilien, sondern zugleich auch sehr verschiedene Verständnisse der Varianten von Weltfamilien gibt (siehe oben S. 29 f.)

Wie weltoffen sind solche Weltfamilien? Sind sie Vorläufer einer post-nationalen Solidarität, einer Fernsolidarität, einer Fern-
freundschaft? Gibt es eine Parallele: Wie im 19. Jahrhundert die
selbstverständlich werdende Lektüre von Tageszeitungen zu einem erstarkten Nationalbewußtsein beitrug, führen so am Beginn
des 21. Jahrhunderts die Kommunikationsmedien Internet, Facebook, Skype usw. zur Entstehung von Fernliebe und Weltfamilien? Sind Weltfamilien stilbildend, zukunftsbildend, eine Früh-
form der Weltgesellschaft?

Von Weltfamilien auf Weltoffenheit zu schließen wäre – das haben wir immer wieder betont – ein eklatanter Fehler. Im Gegenteil:
Da Weltfamilien die Fundamente von Tradition und Natur in Zweifel ziehen, entstehen Gegenbewegungen, die die alte Liebes-, Ge-
schlechter- und Familienordnung zu retten suchen. Weltfamilien
können folglich nicht nur als mögliche Geburtsstätten für Weltoffenheit gelten, sondern auch als Geburtsstätten für globalisierte,
fundamentalistische, anti-moderne Weltverschlossenheit. Ja, ein
charakteristisches Merkmal von Weltfamilien dürfte sein, daß in
ihnen Weltoffenheit und fundamentalistische Rückzugsversuche

eine direkte Verbindung eingehen können. Denn auch was man als »fundamentalistisch« bezeichnet, entsteht im Dialog mit der Moderne, der im Dialog von Weltfamilien immer gegenwärtig ist.

Was macht Weltfamilien aus? Überraschungen!

Vielleicht ist das herausragendste Merkmal von Weltfamilien: Sie bilden eine Bühne für alltägliche Überraschungen. Die fraglosen Selbstverständlichkeiten, die unserem Leben Halt geben, werden hier immer wieder in Frage gestellt.

Die einen wollen der Einsamkeit entfliehen, suchen eine Gefährtin und holen sich dabei gleichsam wider Willen die Welt ins Bett. Die anderen wollen sich partout in die große Welt verlieben, stolpern im Alltag der Partnerschaft über ihre eigenen Wurzeln und müssen sich schließlich eingestehen, wie provinziell sie selbst sind – und sagen: Das ist auch gut so.

Heterosexuelle Paare, die ungewollt kinderlos sind, ebenso schwule und lesbische Paare wollen das Selbstverständliche, Normale, »Natürliche«, nämlich die Lust und Last eigener Kinder erfahren – ziehen dann weltmarktvermittelt »biologische Weltbürger« groß, in deren Herkunft die Ungleichheit der Welt gegenwärtig ist.

Die einen singen die »neue Internationale der Liebe« – die anderen die »neue Internationale des Hasses«. Manchmal sogar in der Kakophonie des Weltfamilienchors.

Möglicherweise gilt: Je mehr Identitäten jemand in sich beherbergt, desto einfacher ist es, die Perspektive der ausgeschlossenen Anderen zu verstehen. Kann man also die Voraussage wagen: Je mehr Kinder aus Weltfamilien mit Kindern aus Weltfamilien ein Paar bilden, desto selbstverständlicher wird das Zusammenleben mit den ausgeschlossenen »Anderen« (die dann gerade keine ausgeschlossenen Anderen mehr sind)?

Soviel ist klar: Weltfamilien sind keineswegs autonom und stabil. Ihre fragile Existenz hängt von vielem ab, vor allem von den

Fremdstereotypen und Feindbildern der Mehrheitsgesellschaft oder von den Grundrechten, die ihnen zugesprochen oder vorenthalten werden. Ein historisches Beispiel dafür ist, wie im Nazi-Deutschland aus deutschen Bürgern Juden wurden.

Grundsätzlich gilt, auch Hausarbeitsmigrantinnen und Ersatzmütter, die illegal arbeiten, sind Weltbürgerinnen – Trägerinnen von Bürgerinnen- und Menschenrechten. Das Verhältnis von Menschenrechten und Weltfamilien kann und soll hier nicht mehr thematisiert werden. Und doch ist die Einsicht zentral: Für binationale Ehen, Fernliebe, Hausarbeitsmigrantinnen, Leihmütter usw., die zwischen die Raster des nationalstaatlichen Rechts fallen, finden sich Wertmaßstäbe im Katalog der Menschenrechte, die zum elementaren Selbstverständnis der Moderne gehören. Diese Menschenrechte sind ein Fixstern, der angesichts des kulturellen Relativismus Orientierung stiftet und Solidarität ermöglicht. Wie mit der Deklaration der Menschenrechte oder dem menschengemachten Klimawandel oder der Entzifferung des menschlichen Genoms, so wird mit der Entstehung der Weltfamilien die Frage auf die Tagesordnung gesetzt: Was macht den unverzichtbaren Kern der Humanität aus?

Sind Weltfamilien post-modern und gedächtnislos?

Sind Weltfamilien nicht ein typisches Produkt der Postmoderne? Verweist die Kombination von spanischer Eizelle, dänischem Sperma und indischer Leihmutter nicht einmal mehr auf jene kulturelle Beliebigkeit und Indifferenz, die das Markenzeichen der Postmoderne ist? Praktizieren Männer und Frauen in Weltfamilien nicht Formen symbolischer Ethnizität, die Herkunft und Tradition bloß als Dekor und farbige Kulisse ihres Alltags benutzen? Zeigt sich hier nicht immer wieder das Spiel der Postmoderne mit Stil-, Symbol- und Bedeutungswelten? Wird die scheinbare Vielfalt nicht immer wieder zu einem allgemeinen Durcheinander von allem mit allem vermengt?

Ist also das, was wir in diesem Buch als »Weltfamilien« bezeichnen, nur eine familiäre Zweigniederlassung der globalen Kulturindustrie, die auf ein Merkmal zugespitzt werden kann: Inauthentizität? Wenn schon Normalfamilien immer weniger auf einen selbstverständlichen Traditionsbestand zurückgreifen können, steht dann nicht zu vermuten, daß Weltfamilien Milieus gedächtnisloser Kindheit bilden, die die Bilder und Geschichten ihrer Herkunft und Heimat verloren haben?

Weltfamilien, so ließen sich diese Argumente zur These bündeln, besitzen keinen Sinn für Zeit und Folge. Globalisierte Familien mögen sich der imaginierten Restbestände ihrer Herkünfte und Vergangenheiten bedienen, könnten sich als Weltfamilien jedoch nicht in der Geschichte verorten. Die »Bastelimagination«, das imaginäre Band, das Weltfamilien zusammenhält, sei entweder trivial und flach oder verwurzelt in besonderen Herkünften, wodurch Weltfamilien zu einer Mischkultur aus zweiter Hand werden.

Das multiple Gedächtnis

Dieser Vorwurf der postmodernen Beliebigkeit verkennt, daß es, wie gesagt, eine Bastion der Nichtbeliebigkeit gibt: die Menschenrechte. Diese lassen sich nicht als Ausdruck einer postmodernen Synthetikkultur abtun, ihre Wurzeln reichen vielmehr zurück zu den Anfängen Europas, der griechischen Philosophie (Habermas 1996; Levy/Sznaider 2010).

Der Vorwurf der Gedächtnislosigkeit von Weltfamilien beruht überdies auf der problematischen Annahme, individuelles Selbstbewußtsein entwickle sich nur im Kontext eines kollektiven Gedächtnisses. Wer sich nicht in einer kollektiven Herkunftslinie und im kollektiven Gedächtnis verorte, könne kein politisches Bewußtsein und Selbstbewußtsein ausbilden.

Die Menschen, die transnational leben, lieben, denken und handeln, müssen sich zwischen verschiedenen Formen des historischen Gedächtnisses entscheiden. Dies gilt für die weichenstellenden Grundfragen (wo sie leben und wohnen wollen, welche Muttersprache oder Vatersprache, welche Mutter- oder Vater-Religion ihre Kinder erlernen sollen usw.); und es gilt ebenso für konkrete Fragen und Anlässe (welches Fest sie feiern, nach welchem Kalender, nach welchen Ritualen, mit welchen Liedern, mit welchen Verwandten usw.). Wenn dadurch die Selbstverständlichkeit und Einseitigkeit des historischen Gedächtnisses aufgebrochen wird, öffnet sich der Horizont, und die falsche Einfachheit des nationalen Gedächtnisses verliert ihre Grundlagen.

Die Konsequenz ist entscheidend: Nicht Gedächtnislosigkeit charakterisiert Weltfamilien. Vielmehr sind sie dadurch charakterisiert, daß unterschiedliche Gedächtnislinien gleichzeitig präsent sind und zueinander in Beziehung gesetzt werden müssen. Der Vorwurf der Gedächtnislosigkeit beruht also auf einer falschen Alternative: entweder kollektives Gedächtnis oder kein Gedächtnis. In Weltfamilien zeigen sich Ansätze zu mehrdimensionalen und pluralen Gedächtnisformen, deren Monopolansprüche sich wechselseitig aufheben und die den einzelnen auffordern, selbst Stellung zu nehmen. Hier muß jeder und jede sich immer wieder aufs neue zwischen verschiedenen Herkünften, Loyalitäten und Narrativen entscheiden. Das Leben und Lieben in Weltfamilien wird aufgespannt zwischen verschiedenen Angeboten des historischen Gedächtnisses, die von den Individuen gegeneinander abgewogen, ausbalanciert oder zu neuen Formen des Gedenkens und Erinnerns verbunden werden können oder müssen.

Paare, Ehen, Eltern, Familien, Großeltern, die die Traumata der Weltgeschichte in sich austragen und aushalten müssen – deutsch-jüdische, deutsch-polnische, französisch-algerische, israelisch-palästinensische, japanisch-chinesische, chinesisch-US-amerikanische usw. Herkünfte, Vergangenheiten, Feindbilder und Wunden –, sind so gesehen eines gewiß nicht: flach und gedächtnislos. Auch wenn sie an der Last der Vergangenheit scheitern, stellt das, was sie verbindet, ein Miniaturmilieu kosmopolitischer Aufklärung dar. Hier wird erstritten und gelebt, was Weltfamilien auch ausmachen könnte: universelle Menschenrechte plus Liebe zur Differenz.

Menschenskinder

Die Gegenrede liegt auf der Hand. In Zeiten, wo sich in Westeuropa die Klagen gegen »faule Südländer« und »Pleitegriechen« ausbreiten; wo alles, was nicht national, alles, was europäisch ist, zum Feindbild wird; in Zeiten, wo Islamfeindlichkeit in die Mitte der Gesellschaft vordringt, ja sich gern als Aufklärung ausgibt – ist da die Rede von Weltoffenheit nicht völlig realitätsfern, Utopie aus dem Elfenbeinturm?

Vielleicht ist sie Utopie. Aber sicher nicht nur im Elfenbeinturm. Ausgerechnet in Berlin, da also, wo man das Scheitern des Multikulturalismus angeblich an allen Ecken und Enden sehen kann, ausgerechnet da hat Gustav Seibt ein bemerkenswertes Stück Weltoffenheit entdeckt. Im Kindertheater »Schaubude« wird »Faust« aufgeführt, und zwar weltoffen in einem unerwarteten Sinn. Hier wird dieses Menschheitsdrama, das vielfach als Inbegriff der deutschen Nationalkultur gilt, nicht etwa von Schauspielern fremder Sprachen und Kontinente zu neuem Leben erweckt. Nein, hier wird »Faust« von Deutschen in allen Hautfarben, genauer: von Kindern in allen Hautfarben, aber immer mit vorzüglichem Deutsch aufgeführt. Es sind die Schülerinnen und Schüler der 3. bis 6. Klasse, also Neun- bis Dreizehnjährige, die sich beide Teile des »Faust« vorgenommen haben, auch den fast unspielbaren zweiten Teil. Die jungen Schauspielerinnen und Schauspieler sind Kopftuchmädchen, kleine türkische Macho-Söhne, haben indische Gesichter oder sind schwarze Deutsche, zusammen mit Berliner Gören ohne »Migrationshintergrund«.

»Zu Beginn tritt ein kleiner Theaterdirektor mit Zeremonienstab und Zylinder auf, der erst mal erklärt, wer dieser Goethe überhaupt war ... Dann geht es mit straffem Zug, gelegentlichem Gerumpel, mit Blitzen, Krachen und Zischen 90 Minuten durch das Menschheitsdrama: Brudersphären Wettgesang erklingt am Himmel, Mephisto spottet mit Gott herum, der mit Hallton von der Decke herunterspricht, ein überforderter Faust hat unendlich viel gelernt, aber am Ende nichts verstanden – jeder Schüler kennt das. Unentwegtes Auf- und Abtreten der Kinder, die mal pummelig, mal schlaksig sind und die Menschheit in allen Hautfarben … repräsentieren.« (Seibt 2011: 3)

Die Zuschauer erleben Momente der Magie. Augenblickelang wird aus der Sehnsucht nach einem weltoffenen Deutschland sichtbare, greifbare Wirklichkeit. Die heiter-ernsten Rituale des Faustschen Kindertheaters ziehen die Zuschauer in ihren Bann. Im Multikulturalismus der jugendlichen Akteure wird ein deutsches Nationalheiligtum verfremdet, verwandelt, neu entdeckt. Es mag trivialmoralisch klingen und das große Wort vom »multiplen Gedächtnis« arg strapazieren. Aber »die Vornamen der kleinen Schauspieler, Musiker, Zeichner und Bastler lassen Deutschlands Zukunft aufscheinen: Antonina und Israa, Meliha und Adela, Fatma und Noah, Max und Jos, Dragan und Nabil und viele mehr. Sie alle haben das Beste gespielt, was Deutschland der Welt zu bieten hat: Goethe.« (Ebd.)

Rückblick aus der Zukunft: Die zwei Liebes-Kommissionen

Wir überspringen ein paar Jahrzehnte und schließen mit der Rede des Vorsitzenden des Nobelpreiskomitees, in Auszügen abgedruckt in der *International Herald Tribune.*

Oslo, im Dezember 2061 – Die historischen Materialien zeigen, daß um das Jahr 2010 ein Konflikt um die reale Utopie der Liebe entbrannte, der bis heute die Menschen beunruhigt und aufwühlt. Etwa seit dem Jahre 2016 versammelten sich hinter den Fahnen »Fernliebe« und »Nahliebe« zwei Gruppen und traten gegeneinander an. Damit war klar, daß den Kampfschauplatz Liebe nicht länger die religiösen Gegensätze oder Auseinandersetzungen zwischen Männern und Frauen dominierten. Vielmehr brachen, quer zu diesen Spannungen und Spaltungen die Gegensätze der geographischen und kulturellen Nähe und Ferne innerhalb von Liebes-, Familien- und Paarbeziehungen explosiv hervor.

Das Überraschende war, daß diese Liebesgegensätze nicht länger privat ausgetragen wurden, sondern zunehmend auch in Talk-Shows und Internet-Foren, in Ministerien, Parteien, Parlamenten und Regierungen. Ja, es kam zu sozialen Bewegungen der Fernliebe und der Nahliebe. Den Hintergrund für das, was man später den »Aufstand der Liebenden« nannte, bildeten statistische Daten: Nach einer Mitteilung des US-amerikanischen Bundesamts für Statistik ergab die Haushaltszählung, daß im Jahr 2010 – zum ersten Mal in der Geschichte der USA – verheiratete Paare weniger als die Hälfte aller Haushalte stellten. Während der Anteil der Ehepaare im Jahr 1950 bei 74 Prozent gelegen hatte, betrug er nun 48 Prozent. Zusätzlich machten traditionelle Familien – also verheiratete Paare mit Kindern – nur noch ein Fünftel aller Haushalte aus, während der entsprechende Anteil im Jahr 1950 noch 43 Prozent betragen hatte.

Ähnliche Entwicklungen zeigten sich in vielen anderen Ländern. Vielfach wurde ein rapider Geburtenrückgang verzeichnet, der neben dem Weiterbestehen der Bevölkerung (so eine verbreitete Befürchtung) die politische Macht, Wirtschaftskraft und kulturelle Identität gefährdete. Gleichzeitig sank vielerorts die Heiratsrate, während die Scheidungsquote steil anstieg – ein Trend, den die Öffentlichkeit als Symptom wachsender Liebesenthaltung und fehlender Lebenslust wertete. Die Länder, in denen schon immer der Kulturpessimismus blühte, drohten im Strudel literarisch-journalistischer Untergangsvisionen in Agonie zu verfallen. Hinzu kam – und das war ausschlaggebend für die politischen Parteien und Regierungen –, daß der Gegensatz zwischen der Kultur der Fernliebe und der Kultur der Nahliebe etwa seit dem Jahre 2021 statistisch erfaßt und öffentlich ähnlich heiß debattiert wurde wie in früheren Zeiten die Arbeitslosenquote. Die Zahlen aber kündeten von einer dramatischen Wende zur Fernliebe.

Diesen Dreiklang – sinkende Geburtenrate, sinkende Heiratsrate und wachsende Fernliebesrate – nannten die Sozialwissenschaftler die »globale Herausforderung der Fernliebe«. Schnell erkannten die politischen Parteien den Handlungsbedarf, sprich: das Wählerpotential, und die Experten versprachen sich ein neues Betätigungsfeld. Das Ergebnis war das »Komitee für nachhaltige Liebesethik«, im Jahr 2041 auf EU-Ebene gegründet, mit eigenen Instituten in den verschiedenen Ländern.

Natürlich entzündete sich an der Auswahl der in das Komitee zu berufenden Experten öffentlicher Streit. Daß Liebesforscher und Psychologen ein Mandat besaßen, verstand jeder. Aber Altertumsforscher und Linguisten mußten sich erst durchsetzen. Dies gelang mit dem Hinweis, die Gegensätze zwischen Fernliebe und Nahliebe ließen sich durch die Geschichte hindurch verfolgen, spiegelten sich also schon immer in der Sprache (»dem Diskurs«) der Liebe. Das letzte Argument machten sich vor allem die Literaturwissenschaften zu eigen; überraschenderweise waren es insbesondere Literaturwissenschaftlerinnen, die sich des Themas annahmen.

Die Soziologen und Soziologinnen, die um eine Eintrittskarte in die prestigeträchtige Institution Schlange standen, konnten ihre professionelle Kompetenz und Unverzichtbarkeit beweisen, indem sie den sozialen und globalen Konfliktcharakter des Themas ins Zentrum rückten. Kirchenvertreter und religiöse Würdenträger verschiedenster Richtungen wurden selbstverständlich berufen (wobei allerdings die Auswahl der Personen als »delikat« beschrieben wurde).

Um die Zulassung »fremdreligiöser« Liebesspezialisten, die die frühen Praktiken des Kamasutra oder (eine heißumstrittene These) die Tradition der freien Liebe im Islam erforschten, wurde erbittert gestritten. Schließlich mußten sie sich mit Schleudersitzen auf Abruf begnügen. Zum Leidwesen der Physiker und anderer Naturwissenschaftler wurde deren Teilnahmeersuchen zurückgewiesen. Sie konnten das Argument, das Nachdenken über die

»Physik der Liebe« sei unverzichtbar, nicht wirklich glaubhaft vortragen. Dagegen – und vor allen Dingen als Kompromiß – erhielten Tierbiologen Zugang, zu deren wissenschaftlicher Kompetenz das Liebesverhalten der Ratten wie der Löwen zählte. Ja, in einem Institut wurde sogar der Posten des stellvertretenden Vorsitzenden mit einem Löwen-Liebesforscher besetzt (um die wissenschaftliche Glaubwürdigkeit des Gremiums insgesamt zu stärken).

Wie historische Detailstudien aufgedeckt haben, kam es schon bald nach der Gründung des Komitees für nachhaltige Liebesethik zu einer charakteristischen Spaltung. Durchgängig bildeten sich zwei Lager. Die einen bauten ihr Argument auf der Annahme auf: Die Rettung liegt in der Fernliebe. Die anderen nahmen die Gegenperspektive zum Ausgangspunkt: Die Rettung liegt in der Nahliebe. In der Folge spaltete sich das Komitee für nachhaltige Liebesethik in allen beteiligten Ländern in zwei Fraktionen, eine »Fernliebe-Kommission« und eine »Nahliebe-Kommission«.

Die Befürworter der Fernliebe rückten die Defizite der Nahliebe ins Blickfeld. Sie führten vielfältige empirische Belege an, die sie unter dem Stichwort »Abstumpfungs-Koeffizient der Nahliebe« medienwirksam zusammenfaßten. Demnach haben Untersuchungen gezeigt, daß Paare, die mehr als 15 Tage pro Monat zusammenleben, eine fast vierfach größere Trennungsquote aufweisen als Fernliebe-Paare im gleichen Zeitraum. Ein Wissenschaftler brachte es auf die (wohl auf eigenen Erfahrungen beruhende) lapidare Formel: »Nahliebe ist fad.« Die zentrale Botschaft lautete: In Nahbeziehungen nehmen Gesprächsbereitschaft und Gesprächsfähigkeit drastisch ab – Nahliebende wechseln im Durchschnitt nur 27,5 Wörter pro Tag. Wie die Soziologen nachdrücklich betonten, ist dies nicht als individuelles Verschulden oder Versagen zu werten, es muß dem Wesen – oder, wie es soziologisch heißt: der »Struktur« – der Nahliebe zugerechnet werden. Unter dieser Fast-Gesprächslosigkeit verkümmern zwangsläufig Erotik, Intimität und Sexualität (das konnte selbst der Löwen-Liebesforscher in einem gewagten Parallelargument mit überraschendem Zahlenmaterial statistisch signifikant belegen).

Die Therapien, psychologisch, politisch, soziologisch, die die
auf Fernliebe eingeschworenen Kommissionen vorschlugen, deckten eine große Bandbreite von therapeutischen Mitteln und Maßnahmen ab, die die Menschen vor den Krankheitssymptomen der
Nahliebe schützen sollten. Die gewerkschaftlichen Teilnehmer
setzten sich für das ein, was später im Volksmund der »Eisprung-
Urlaub« genannt und heiß begehrt wurde. Die katholischen Würdenträger ergriffen die Initiative, indem sie für zehn kostenlose
reproduktionsmedizinische Behandlungen (mit Gefriersperma des
männlichen Partners) plädierten. Überdies sollten Paare, die mehr
als 500 Kilometer voneinander getrennt leben, »Herzpunkte« bei
Fluggesellschaften und Bahnunternehmen sammeln können.

Ein Bündnis von Informationstechnologen und liberalen Sexualforschern schlug vor, die in die Jahre gekommene Technologie
des Skypens durch eine neue Mehrsinnlichkeit der Bildschirme
verführerischer zu gestalten. Die dem »Sexuellen Realismus« zuzurechnenden Liebesforscher unterstützten diese High-Tech-Vision
mit dem Vorschlag, die erst in Ansätzen entwickelten Praktiken der
sogenannten »Fernbefriedigung« zu Formen des »Fernorgasmus«
zu steigern.

Die Befreiung der Liebe von den Fesseln der Nahliebe sollte – so
die Kommission in einem einstimmigen Beschluß – zu den »Zehn
Goldenen Regeln der Fernliebe« zusammengefaßt werden. Wie
es ein Kommissionsmitglied burschikos in einer öffentlichen
Debatte formulierte: Die Liebe krepiert an der Nähe. Dabei ging
und geht es gar nicht – so das einhellige Votum der Fernliebe-
Kommission – um die grundsätzliche Alternative, entweder Liebe
oder Ende der Liebe, sondern um einen Paradigmenwechsel von
Nahliebe zu Fernliebe, den die Gesellschaft als Ganzes leisten
müßte.

Den entgegengesetzten Kurs schlug die Nahliebe-Kommission
ein. Ins Zentrum ihrer Aussagen stellte sie den extrem hohen

»Fremdgeh-Koeffizienten der Fernliebe«, zu dem sie umfangreiche, theoretisch fundierte und methodisch stichhaltige Untersuchungsergebnisse vorlegen konnte. Demnach haben Paare, die im Alltag mehr als 500 Kilometer auseinander leben und/oder deren Geburtsorte verschiedenen Nationalstaaten zuzurechnen sind, einen 170,7mal höheren »Fremdgeh-Koeffizienten« als vergleichbare Nahliebe-Paare. Ein Großteil der Kommissionsmitglieder berief sich auf das Werk von Sven Hillenkamp *Das Ende der Liebe*, eine in zahlreiche Sprachen übersetzte Schrift, die – in einer theoretisch brillanten Kombination von behavioristischen und utilitaristischen Ansätzen – die Defizite der Fernliebe als unüberwindbar nachweist. Diese Ausführungen entwickelte die Nahliebe-Kommission detailliert weiter und präzisierte sie. Ihr Schlüsselargument lautete, in einer Formel zusammengefaßt: Liebe und Nahliebe gehören wesensmäßig zusammen. Alle Versuche, sie voneinander zu trennen, sind deshalb zum Scheitern verurteilt.

Kritisch ist anzumerken, daß die Nahliebe-Fraktion sich zeitweilig die allgemeine Fremdenfeindlichkeit in Zeiten der Globalisierung zunutze machte. Fernliebe wurde als eine Variante des Multikulti abgetan, einige verkündeten sogar den »Tod der Multikulti-Liebe«. Andere forderten ein nationales Heiratsmonopol auf gesetzlicher Grundlage und gaben ihrer Initiative das Motto: »Sieh, das Gute liebt so nah!«

Die Empfehlungen der Nahliebe-Kommission waren originell, freilich oft auch provozierend und umstritten. International anerkannte Sexualexperten, die im Labor die Hirntätigkeit und den Dopaminausstoß sowie den Durchblutungs- und Erektionsgrad des männlichen Sexualorgans studiert hatten, mußten aufgrund ihrer empirischen Befunde den sogenannten »Abstumpfungseffekt« der Nahliebe einräumen. Diese mehrdimensionalen Studien kamen zu sehr praktikablen Vorschlägen: Sie plädierten für öffentlich finanzierte »Wohlfühlhotels« als »Nischen der Nicht-Alltäglichkeit«. Ihre Visionen einer Renaissance der Nahliebe umfaßten auch Utopien wie Liebesmassagen auf Rezept; aphrodisierende

Speisen; sexuelle Spielzeuge (preisreduziert für Hartz-IV-Empfänger) usw. Allerdings enthielten ihre »Zehn Goldenen Regeln der Nahliebe« auch Vorschläge, die öffentliche Aufschreie auslösten, so zum Beispiel ihre Plädoyers für »Sex mit Maske« oder für »Reizwäsche statt Schlabberhose« (von Pornographie und Frauenfeindlichkeit sprachen die Vertreter der Gegenfraktion). Dagegen gehörten zu den allseits begrüßten Vorschlägen finanzielle Prämien für Nahliebe-Paare. Am Ende gerieten sogar die Unternehmen unter Druck. Sie wurden aufgefordert, berufliche Paar-Mobilität und Paar-Beschäftigungsformen an denselben Standorten zu fördern, um der Nahliebe-Feindlichkeit des globalen Kapitalismus entgegenzuwirken.

Heute, im Dezember 2061, wird das Komitee für nachhaltige Liebesethik mit dem Nobelpreis für Frieden ausgezeichnet. In der Begründung der Jury heißt es: »Damit soll eine herausragende historische Leistung und ein unverzichtbarer Beitrag zur Menschheitsentwicklung gewürdigt werden. Das Komitee für nachhaltige Liebesethik, die Vertreter der Kommission für Fernliebe und die Vertreter der Kommission für Nahliebe haben mit ihrer Arbeit eine Grundlage für die bedeutendste Liebesbewegung des 21. Jahrhunderts geschaffen.«

Literatur

Alberoni, Francesco (1983): Verliebt sein und lieben – Revolution zu zweit. Stuttgart: Deutsche Verlags-Anstalt

Alibhai-Brown, Yasmin (2001): Mixed Feelings: The Complex Lives of Mixed-Race Britons. London: The Women's Press

Almeling, Rene (2010): Selling Genes, Selling Gender: Egg Agencies, Sperm Banks, and the Medical Market in Genetic Material, in: Eileen Boris/Rhacel Salazar Parreñas (Hg.): Intimate Labors: Cultures, Technologies, and the Politics of Care. Stanford, CA: Stanford University Press, S. 63-77

Anderson, Bridget (2007): A Very Private Business: Exploring the Demand for Migrant Domestic Workers, in: European Journal of Women's Studies 14(3), S. 247-264

Appadurai, Arjun (1998): Globale ethnische Räume. Bemerkungen und Fragen zur Entwicklung einer transnationalen Anthropologie, in: Ulrich Beck (Hg.): Perspektiven der Weltgesellschaft. Frankfurt am Main: Suhrkamp, S. 11-40

Autant, Claire (1995): La tradition au service des transitions. Le mariage des jeunes Turcs dans l'immigration, in: Migrants-Formation, n° 101, S. 168-179

Bade, Klaus J. (2000): Europa in Bewegung. Migration vom späten 18. Jahrhundert bis zur Gegenwart. München: C. H. Beck

Bade, Klaus J./Böhm, Andrea (2000): Fleißig, billig, illegal. Der Migrationsexperte Klaus Bade über die wirtschaftliche Bedeutung illegaler Einwanderer, in: Die Zeit, Nr. 27 v. 29.6.2000

Ballard, Roger (1990): Migration and Kinship: The Differential Effect of Marriage Rules on the Processes of Punjabi Migration to Britain, in: Colin Clarke/Ceri Peach/Steven Vertovec (Hg.): South Asians Overseas: Migration and Ethnicity. Cambridge: Cambridge University Press, S. 219-249

Ballard, Roger (2003): A Case of Capital-Rich Under-Development: The Paradoxical Consequences of Transnational Entrepreneurship from Mirpur, in: Contributions to Indian Sociology 37 (1-2), S. 25-57

Barbara, Augustin (1989): Marriage across Frontiers. Clevedon/Philadelphia: Multilingual Matters

Battaglia, Santina (2000): Verhandeln über Identität. Kommunikativer Alltag von Menschen binationaler Abstammung, in: Ellen Frieden-Blum/Klaudia Jacobs/Brigitte Wießmeier (Hg.): Wer ist fremd? Ethnische Herkunft, Familie und Gesellschaft. Opladen: Leske + Budrich, S. 183-202

Bauman, Zygmunt (2009): Seeking in Modern Athens an Answer to the Ancient Jerusalem Question, in: Theory, Culture & Society 26 (1), S. 71-91

Bauman, Zygmunt (2010): Conclusion: The Triple Challenge, in: Mark Davis/Keith Tester (Hg.): Bauman's Challenge. Sociological Issues for the 21st Century. Basingstoke/New York: Palgrave Macmillan, S. 200-205

Baumann, Gerd (1996): Contesting Culture: Discourses of Identity in Multi-Ethnic London. Cambridge, UK: Cambridge University Press

Baumann, Martin (2002): Migrant Settlement, Religion and Phases of Diaspora: Exemplified by Hindu Traditions Stepping on European Shores, in: Migration. A European Journal of International Migrations and Ethnic Relations, Heft 33/34/35, S. 93-117

Beck, Ulrich (1986): Risikogesellschaft. Auf dem Weg in eine andere Moderne. Frankfurt am Main: Suhrkamp

Beck, Ulrich (1993): Die Erfindung des Politischen. Zu einer Theorie reflexiver Modernisierung. Frankfurt am Main: Suhrkamp

Beck, Ulrich (2002): Macht und Gegenmacht im globalen Zeitalter. Neue weltpolitische Ökonomie. Frankfurt am Main: Suhrkamp

Beck, Ulrich (2004): Der kosmopolitische Blick oder: Krieg ist Frieden. Frankfurt am Main: Suhrkamp

Beck, Ulrich (2008): Der eigene Gott. Von der Friedensfähigkeit und dem Gewaltpotential der Religionen. Frankfurt am Main: Suhrkamp

Beck, Ulrich (2010): Nachrichten aus der Weltinnenpolitik. Berlin: Suhrkamp

Beck, Ulrich/Beck-Gernsheim, Elisabeth (1990): Das ganz normale Chaos der Liebe. Frankfurt am Main: Suhrkamp

Beck, Ulrich/Beck-Gernsheim, Elisabeth (2010): A Passage to Hope: Migration, and the Need for a Cosmopolitan Turn in Family Research, in: Journal of Family Theory & Review 2 (4), S. 401-414

Beck, Ulrich/Bonß, Wolfgang/Lau, Christoph (2001): Theorie reflexiver Modernisierung – Fragestellungen, Hypothesen, Forschungsprogramme, in: Ulrich Beck/Wolfgang Bonß (Hg.): Die Modernisierung der Moderne. Frankfurt am Main: Suhrkamp, S. 11-59

Beck, Ulrich/Bonß, Wolfgang/Lau, Christoph (2004): Entgrenzung erzwingt Entscheidung: Was ist neu an der Theorie reflexiver Modernisierung?, in: Ulrich Beck/Christoph Lau (Hg.): Entgrenzung und Entscheidung. Was ist neu an der Theorie reflexiver Modernisierung? Frankfurt am Main: Suhrkamp, S. 13-62

Beck, Ulrich/Giddens, Anthony/Lash, Scott (1996): Reflexive Modernisierung. Eine Kontroverse. Frankfurt am Main: Suhrkamp

Beck, Ulrich/Grande, Edgar (2010): Jenseits des methodologischen Nationalismus. Außereuropäische und europäische Variationen der Zweiten Moderne, in: Soziale Welt 61 (3-4), S. 187-216

Beck, Ulrich/Lau, Christoph (2004): Entgrenzung und Entscheidung. Was ist neu an der Theorie reflexiver Modernisierung? Frankfurt am Main: Suhrkamp

Beck, Ulrich/Poferl, Angelika (Hg.) (2010): Große Armut, großer Reichtum. Zur Transnationalisierung sozialer Ungleichheit. Berlin: Suhrkamp

Beck-Gernsheim, Elisabeth (2006): Türkische Bräute und die Migrationsdebatte in Deutschland, in: Aus Politik und Zeitgeschichte APuZ 1-2/2006, S. 32-37

Beck-Gernsheim, Elisabeth (2007): Transnational Lives, Transnational Marriages: A Review of the Evidence from Migrant Communities in Europe, in: Global Networks 7 (3), S. 271-288

Beck-Gernsheim, Elisabeth (2007): Wir und die Anderen. Kopftuch, Zwangsheirat und andere Mißverständnisse. Frankfurt am Main: Suhrkamp

Beck-Gernsheim, Elisabeth (2008): Die Kinderfrage heute. Über Frauenleben, Geburtenrückgang und Kinderwunsch. München: C. H. Beck

Beck-Gernsheim, Elisabeth (2009): Ferngemeinschaften. Familien in einer sich globalisierenden Welt, in: Günter Burkart (Hg.): Zukunft der Familie. Prognosen und Szenarien. (Zeitschrift für Familienforschung – Sonderheft 6) Leverkusen: Verlag Barbara Budrich, S. 93-110

Bélanger, Danièle/Linh, Tran Giang (2011): The Impact of Transnational Migration on Gender and Marriage in Sending Communities of Vietnam, in: Current Sociology 59 (1), S. 59-77

Berger, Peter L. (1977): Einladung zur Soziologie. Eine humanistische Perspektive. München: Deutscher Taschenbuch Verlag

Bethge, Philip (2001): Das ist ein Riesengeschäft. Der Präsident der Bundesärztekammer Jörg-Dietrich Hoppe über Leihmütter, Embryonenadoption und die Motive der Babymacher, in: Der Spiegel 26/2001, S. 210-211

Bielicki, Jan (2006): Die Wünsche des Standesamtes, in: Süddeutsche Zeitung v. 9.1.2006, S. 55

Bijl, R. V./Zorlu, A./van Rijn, A. S./Jennissen, R. P. W./Blom, M. (2005): The Integration Monitor, 2005: The Social Integration of Migrants Monitored Over Time: Trend and Cohort Analyses. The Hague: Centraal Bureau voor de Statistiek. (http://english.wodc.nl/onderzoeksdatabase/integratiekaart-monitoring-integratie.aspx?nav=ra&l=migratie_en_integratie&l=allochtone)

Blackburn, Nicky (2004): I will Become a Mother at any Cost, in: The Times & The Sunday Times, 19. Juli 2004

Bledsoe, Caroline H. (2004): Reproduction at the Margins: Migration and Legitimacy in the New Europe, in: Demographic Research, Special Collection 3, S. 87-116

Böcker, Anita (1994): Chain Migration over Legally Closed Borders: Settled

Migrants as Bridgeheads and Gatekeepers, in: Netherlands' Journal of the Social Sciences 30 (2), S. 87-106

Bonney, Claire (1993): Das Antizipierte-Reaktion-Sydrom – oder wie es immer anders kam, in: Dianne Dicks (Hg.): Amors wilde Pfeile. Liebes- und Ehegeschichten zwischen den Kulturen. München: C.H. Beck, S. 105-111

Borscheid, Peter (1986): Romantic Love or Material Interest: Choosing Partners in Nineteenth-Century Germany, in: Journal of Family History 11 (2), S. 157-168

Bozic, Ivo (2009): Sag einfach »ne«, in: Jungle World Nr. 42 v. 15. Oktober 2009

Brill, Klaus (2010): Kinderland ist abgebrannt, in: Süddeutsche Zeitung v. 2.9.2010, S. 3

Brown, Gordon (2008): Why I Believe Stem Cell Researchers Deserve our Backing, in: The Observer, 18. Mai 2008

Brunold, Georg/Hart, Klaus/Hörst, R. Kyle (1999): Fernstenliebe. Ehen zwischen den Kontinenten. Drei Berichte. Frankfurt am Main: Eichborn

Bukow, Wolf-Dietrich/Llaryora, Roberto (1988): Mitbürger aus der Fremde. Soziogenese ethnischer Minderheiten. Opladen: Westdeutscher Verlag

Bundesministerium für Familie, Senioren, Frauen und Jugend (BMFSFJ) (Hg.) (2006): Familie zwischen Flexibilität und Verlässlichkeit. Perspektiven für eine lebenslaufbezogene Familienpolitik: Siebter Familienbericht (http://www.bmfsfj.de/RedaktionBMFSFJ/Abteilung2/Pdf-Anlagen/siebter-familienbericht,property=pdf,bereich=,rwb=true.pdf).

Burghardt, Peter u.a. (2010): Wir brauchen sie. Aus der ganzen Welt kommen Frauen zu uns, um hier als Mädchen für alles zu arbeiten … Portrait einer weltweiten Industrie, der Nanny-Industrie, in: SZ-Magazin (Süddeutsche Zeitung-Magazin), 15.10.2010, S. 42-55

Cheever, Susan (2003): The Nanny Dilemma, in: Barbara Ehrenreich/Arlie Russell Hochschild (Hg.): Global Woman: Nannies, Maids and Sex Workers in the New Economy. London: Granta Books, S. 31-38

Clark, Katrina (2006): My Father was an Anonymous Sperm Donor, in: The Washington Post, 17. Dezember 2006

Conde, Carlos H. (2008): Generation Left Behind by Filipino Migrant Workers, in: The New York Times, 23. Dezember 2008

Connell, R. W. (1995): Masculinities. Berkeley/Los Angeles: University of California Press

Constable, Nicole (2003): Romance on a Global Stage: Pen Pals, Virtual Ethnography and ›Mail Order‹ Marriages. Berkeley, CA: University of California Press.

Constable, Nicole (2005): Introduction: Cross-Border Marriages, Gendered Mobility, and Global Hypergamy, in: dies. (Hg.): Cross-Border Marriages:

Gender and Mobility in Transnational Asia. Philadelphia, PA: University of Pennsylvania Press, S. 1-16

Croft, Jane/Peel, Michael (2010): Divorce Capital, in: Financial Times, 6./7. November 2010

Darvishpour, Mehrdad (2002): Immigrant Women Challenge the Role of Men: How the Changing Power Relationship within Iranian Families in Sweden Intensifies Family Conflicts after Immigration, in: Journal of Comparative Family Studies 33 (2), S. 271-296

Deutsche Shell (Hg.) (2000): Jugend 2000. 13. Shell Jugendstudie. Opladen: Leske + Budrich

Dicks, Dianne (Hg.) (1993): Amors wilde Pfeile. Liebes- und Ehegeschichten zwischen den Kulturen. München: C. H. Beck

Dülmen, Richard van (1990): Kultur und Alltag in der Frühen Neuzeit. Band 1: Das Haus und seine Menschen. München: C. H. Beck

Dürnberger, Andrea (2011): Die Verteilung elterlicher Aufgaben in lesbischen Partnerschaften, in: Marina Rupp (Hg.): Partnerschaft und Elternschaft bei gleichgeschlechtlichen Paaren. Verbreitung, Institutionalisierung und Alltagsgestaltung. Opladen/Farmington Hills: Verlag Barbara Budrich, S. 147-166

Ehrenreich, Barbara/Hochschild Arlie Russell (Hg.) (2003): Global Woman: Nannies, Maids, and Sex Workers in the New Economy. London: Granta Books

Elschenbroich, Donata (1988): Eine Familie – zwei Kulturen. Deutsch-ausländische Familien, in: Deutsches Jugendinstitut (Hg.): Wie geht's der Familie? Ein Handbuch zur Situation der Familien heute. München: Kösel, S. 363-370

Esteves, Vasco (1993): Be-Rührende Erfahrungen, in: Dianne Dicks (Hg.): Amors Wilde Pfeile. Liebes- und Ehegeschichten zwischen den Kulturen. München: C. H. Beck, S. 183-188

Ettelson, Jamie/Ritter, Uwe (1998): Nicht ganz koscher? Die Geschichte einer jüdisch-christlich, amerikanisch-deutschen Beziehung, in: Micha Brumlik (Hg.): Zuhause, keine Heimat? Junge Juden und ihre Zukunft in Deutschland. Gerlingen: Bleicher Verlag, S. 76-87

Fadiman, Anne (1997): The Spirit Catches You and You Fall Down: A Hmong Child, Her American Doctors, and the Collision of Two Cultures. New York: Farrar, Straus and Giroux

Flandrin, Jean-Louis (1984): Das Geschlechterleben der Eheleute in der alten Gesellschaft: Von der kirchlichen Lehre zum realen Verhalten, in: Philippe Aries/André Béjin (Hg.): Die Masken des Begehrens und die Metamorphosen der Sinnlichkeit. Zur Geschichte der Sexualität im Abendland. Frankfurt am Main: S. Fischer, S. 147-164

Fleischer, Annett (2007): Family, Obligations, and Migration: The Role of Kinship in Cameroon, in: Demographic Research, Volume 13, S. 413-440

Freymeyer, Karin/Otzelberger, Manfred (2000): In der Ferne so nah. Lust und Last der Wochenendbeziehungen. Berlin: Ch. Links Verlag

Gamburd, Michele Ruth (2000): The Kitchen Spoon's Handle: Transnationalism and Sri Lanka's Migrant Housemaids, Ithaca/London: Cornell University Press

Garantiert heiratswillig (1993): Dokumentarfilm für das ZDF. Regie Elke Wendt-Kummer

Gentleman, Amelia (2008): Foreign Couples Turn to India for Surrogate Mothers, in: The New York Times, 4. März 2008

Giddens, Anthony (1993): Wandel der Intimität. Sexualität, Liebe und Erotik in der modernen Gesellschaft. Frankfurt am Main: Fischer

Gilbert, Elizabeth (2010): Committed: A Sceptic Makes Peace with Marriage. London/New York/Berlin: Bloomsbury (2010: Das Ja-Wort. Wie ich meinen Frieden mit der Ehe machte. London/New York/Berlin: Bloomsbury Berlin)

Goldring, Luin (1997): Power and Status in Transnational Spaces, in: Ludger Pries (Hg.): Transnationale Migration (Soziale Welt – Sonderband 12). Baden-Baden: Nomos, S. 179-195.

Google Baby (2009): Israelischer Dokumentarfilm. Regie Zippi Brand Frank

Gorelik, Lena (2004): Meine weißen Nächte. München: SchirmerGraf Verlag

Greenawalt, Lindsay (2008): Confessions of a Cryokid. Internet-Blog, 15. März 2008

Gümen, Sedef (2000): Soziale Identifikation und Vergleichsprozesse von Frauen, in: Leonie Herwartz-Emden (Hg.): Einwandererfamilien. Geschlechterverhältnisse, Erziehung und Akkulturation. Osnabrück: Universitätsverlag Rasch, S. 325-350

Habermas, Jürgen (1996): Die Einbeziehung des Anderen. Studien zur politischen Theorie. Frankfurt am Main: Suhrkamp

Habermas, Jürgen (2001): Die Zukunft der menschlichen Natur. Auf dem Weg zu einer liberalen Eugenik? Frankfurt am Main: Suhrkamp

Han, Petrus (2003): Frauen und Migration. Strukturelle Bedingungen, Fakten und soziale Folgen der Frauenmigration. Stuttgart: Lucius & Lucius

Hanisch, Carol (1969): The Personal is Political, in: Shulamith Firestone/Anne Koedt (Hg.) (1970): Notes from the Second Year: Women's Liberation. New York: Radical Feminism

Hardach-Pinke, Irene (1988): Interkulturelle Lebenswelten. Deutsch-japanische Ehen in Japan. Frankfurt am Main/New York: Campus Verlag

Harris, Scott R. (2008): What Is Family Diversity? Objective and Interpretive Approaches, in: Journal of Family Issues 29 (11), S. 1407-1425

Hecht-El Minshawi, Béatrice (1990): »Wir suchen, wovon wir träumen«. Studie über deutsch-ausländische Paare. Frankfurt am Main: Nexus

Hecht-El Minshawi, Béatrice (1992): Zwei Welten, eine Liebe. Leben mit Partnern aus anderen Kulturen, Reinbek bei Hamburg: Rowohlt

Heine-Wiedenmann, Dagmar/Ackermann, Lea (1992): Umfeld und Ausmaß des Menschenhandels mit ausländischen Mädchen und Frauen. Stuttgart: W. Kohlhammer

Hellner, Uwe (1995): Der schönste Tag im Leben, oder: Wie heirate ich eine Ausländerin?, in: Die Tageszeitung (taz) v. 13. 11. 1995, S. 20

Herbert, Ulrich (2003): Geschichte der Ausländerpolitik in Deutschland. Saisonarbeiter, Zwangsarbeiter, Gastarbeiter, Flüchtlinge. Bonn: Bundeszentrale für Politische Bildung

Heringer, Hans Jürgen (2007): Interkulturelle Kommunikation – Grundlagen und Konzepte. Zweite, durchgesehene Auflage. Tübingen/Basel: Francke

Hetrodt, Ewald (2007): Mutter mit 64. Nur die Eltern sind glücklich, in: Frankfurter Allgemeine Zeitung v. 4. 12. 2007, S. 58

Hey, Valerie (1997): The Company She Keeps: An Ethnography of Girls' Friendship. Buckingham/Bristol: Open University Press

Hierländer, Jeannine (2008): Medizin-Tourismus: Befruchtende Reisen nach Indien, in: Die Presse, 6. November 2008

Hillenkamp, Sven (2009): Das Ende der Liebe. Gefühle im Zeitalter unendlicher Freiheit. Stuttgart: Klett-Cotta

Hochschild, Arlie Russell (1975): Inside the Clockwork of Male Carees, in: Florence Howe (Hg.): Women and the Power to Change. New York: McGraw-Hill, S. 47-80

Hochschild, Arlie Russell (2000): Global Care Chains and Emotional Surplus Value, in: Will Hutton/Anthony Giddens (Hg.): On the Edge: Living with Global Capitalism. London: Jonathan Cape, S. 130-146 (2001: Globale Betreuungsketten und emotionaler Mehrwert, in: Will Hutton/Anthony Giddens (Hg.): Die Zukunft des globalen Kapitalismus. Frankfurt am Main/New York: Campus Verlag, S. 157-176)

Hochschild, Arlie Russell (2003): Love and Gold, in: Barbara Ehrenreich/Arlie Russell Hochschild (Hg.): Global Woman: Nannies, Maids and Sex Workers in the New Economy. London: Granta Books, S. 15-30

Hochschild, Arlie Russell (2009): Childbirth at the Global Crossroads, in: The American Prospect, 5. Oktober 2009

Hochschild, Arlie Russell/Machung, Anne (1990): Der 48-Stunden-Tag: Wege aus dem Dilemma berufstätiger Eltern. Wien/Darmstadt: Zsolnay

Hodson, David/Thomas, Ann (2009): When Cupid's Arrow Crosses National Boundaries: A Guide for International Families. London: The International Family Law Group 2009

Hoffman, Eva (1993): Lost in Translation. Ankommen in der Fremden. Frankfurt am Main: Verlag Neue Kritik

Hondagneu-Sotelo, Pierrette (1994): Gendered Transitions: Mexican Experiences of Immigration. Berkeley/Los Angeles: University of California Press

Hondagneu-Sotelo, Pierrette (2001): Domestica: Immigrant Workers Caring in the Shadows of Affluence. Berkeley/Los Angeles/London: University of California Press.

Hondagneu-Sotelo, Pierrette/Avila, Ernestine (1997): »I'M Here, BUT I'M THERE«: The Meanings of Latina Transnational Motherhood, in: Gender & Society 11(5), S. 548-571

Honig, Elizabeth Alice (2005): Phantom Lives, Narratives of Possibility, in: Toby Alice Volkman (Hg.): Cultures of Transnational Adoption. Durham/London: Duke University Press

Illouz, Eva (2011): Warum Liebe weh tut. Eine soziologische Erklärung. Berlin: Suhrkamp

Inhorn, Marcia C. (2003): Local Babies, Global Science: Gender, Religion and In Vitro Fertilization in Egypt. New York/London: Routledge

Inhorn, Marcia C. (2006): Making Muslim Babies: IVF and Gamete Donation in Sunni Versus Shi'a Islam, in: Culture, Medicine and Psychiatry 30(4), S. 427-450

Jamieson, Lynn (1999): Intimacy Transformed? A Critical Look at the ›Pure Relationship‹, in: Sociology 33 (3), S. 477-494

Jensen, An-Magritt (2008): Thai Women in the Arctic North. Vortrag bei der Tagung »Gender at the Interface of the Global and the Local«, 4.-7. November 2008, Kunming/China

Jeska, Andrea (2008): Mein Bauch, dein Kind. Geschäfte mit Leihmüttern, in: Brigitte 25/2008, S. 120-127

Jonas, Hans (1985): Technik, Medizin und Ethik. Zur Praxis des Prinzips Verantwortung. Frankfurt am Main: Insel Verlag

Joshi, Mary Sissons/Krishna, Meena (1998): English and North American Daughters-in-Law in the Hindu Joint Family, in: Rosemary Breger/Rosanna Hill (Hg.): Cross-Cultural Marriage: Identity and Choice. Oxford/New York: Berg Publishers, S. 171-192

Kästner, Erich (1936): Fabian. Die Geschichte eines Moralisten. Zürich: Atrium Verlag

Kalpagam, U. (2008): ›America Varan‹ Marriages among Tamil Brahmans: Preferences, Strategies and Outcomes, in: Rajni Palriwala/Patricia Uberoi (Hg.): Marriage, Migration and Gender – Women and Migration in Asia, Volume 5. Los Angeles/London/New Delhi/Singapore: Sage Publications, S. 98-124

Kant, Immanuel (1784): Idee zu einer Geschichte in weltbürgerlicher Absicht, in: Berliner Monatsschrift, November 1784, S. 385-411

Katz, Ilan (1996): The Construction of Racial Identity in Children of Mixed Parentage: Mixed Metaphors. London/Bristol, PA: Kingsley

Kaufmann, Jean-Claude (1994): Schmutzige Wäsche. Zur ehelichen Konstruktion von Alltag. Konstanz: Universitätsverlag Konstanz

Kelek, Necla (2005): Die fremde Braut. Ein Bericht aus dem Inneren des türkischen Lebens in Deutschland. Köln: Kiepenheuer & Witsch

Khatib-Chahidi, Jane/Hill, Rosanna/Paton, Renée (1998): Chance, Choice and Circumstance: A Study of Women in Cross-Cultural Marriages, in: Rosemary Breger/Rosanna Hill (Hg.): Cross-Cultural Marriage: Identity and Choice, Oxford/New York: Berg Publishers, S. 49-66

Kibria, Nazli (1993): Family Tightrope: The Changing Lives of Vietnamese Americans. Princeton, NJ/Chichester: Princeton University Press

Kittay, Eva Feder (2008): The Global Heart Transplant and Caring across National Boundaries, in: The Southern Journal of Philosophy, Supplement, Jg. 46, S. 138-165

Klein, Thomas (2000): Binationale Partnerwahl – Theoretische und empirische Analysen zur familialen Integration von Ausländern in der Bundesrepublik, in: Sachverständigenkommission 6. Familienbericht (Hg.): Familien ausländischer Herkunft in Deutschland. Empirische Beiträge zur Familienentwicklung und Akkulturation. Materialien zum 6. Familienbericht, Band 1. Opladen: Leske + Budrich, S. 303-346

Klein, Thomas (2001): Intermarriages between Germans and Foreigners in Germany, in: Journal of Comparative Family Studies 32 (3), S. 325-346

Knecht Oti-Amoako, Andrea (1995): Interessengemeinschaft Binational – Bulletin Nr. 58, Ausgabe 03/1995 Binationale Familien

Kofman, Eleonore (2004): Family-Related Migration: A Critical Review of European Studies, in: Journal of Ethnic and Migration Studies 30 (2), S. 243-262

Kurdek, Lawrence A. (2007): The Allocation of Household Labor by Parents in Gay and Lesbian Couples, in: Journal of Family Issues 28 (1), S. 132-148

Lakayo, Richard (1987): Whose Child Is This? Baby M. and the Agonizing Dilemma of Surrogate Motherhood, in: Time, 19. Januar 1987

Lamura, Giovanni/Melchiorre, Maria Gabriella/Principi, Andrea/Chiatti, Carlo/Quattrini, Sabrina/Lucchetti, Maria (2009): Migrant Work for Elder Care: Trends and Developments in Italy. Referat, IAGG World Congress, Paris, 5.-9. Juli 2009

Lasch, Christopher (1989): Geborgenheit. Die Bedrohung der Familie in der modernen Welt. München: Verlag Steinhausen (1977: Haven in a Heartless World: The Family Besieged. New York: Basic Books)

Lash, Scott/Urry, John (2002): Economies of Signs & Space. London/Thousand Oaks/New Delhi: Sage Publications

Lauser, Andrea (2004): ›Ein guter Mann ist harte Arbeit‹. Eine ethnographische Studie zu philippinischen Heiratsmigrantinnen. Bielefeld: transcript

Lazarre, Jane (1996): Beyond the Whiteness of Whiteness: Memoir of a White Mother of Black Sons. Durham, NC/London: Duke University Press

Lee, Sharon M./Edmonston, Barry (2005): New Marriages, New Families: U.S. Racial and Hispanic Intermarriage, in: Population Bulletin 60 (2), S. 1-36

Levy, Daniel/Sznaider, Natan (2010): Human Rights and Memory. University Park, PA: Penn State University Press

Lewycka, Marina (2006): Kurze Geschichte des Traktors auf Ukrainisch. München: Deutscher Taschenbuch Verlag

Lievens, John (1999): Family-Forming Migration from Turkey and Morocco to Belgium: The Demand for Marriage Partners from the Countries of Origin, in: International Migration Review 33(3), S. 717-744

Lu, Melody Chia-wen (2008): Commercially Arranged Marriage Migration: Case Studies of Cross-Border Marriages in Taiwan, in: Rajni Palriwala/Patricia Uberoi (Hg.): Marriage, Migration and Gender – Women and Migration in Asia, Volume 5. Los Angeles/London/New Delhi/Singapore: Sage Publications, S. 125-151

Lucassen, Leo/Laarman, Charlotte (2009): Immigration, Intermarriage and the Changing Face of Europe in the Post War Period, in: The History of the Family 14 (1), S. 52-68

Luhmann, Niklas (1982): Liebe als Passion. Zur Codierung von Intimität. Frankfurt am Main: Suhrkamp

Lutz, Helma (2007): Sprich (nicht) drüber – Fürsorgearbeit von Migrantinnen in deutschen Privathaushalten, in: WSI-Mitteilungen, Heft 10, S. 554-560

Lyon, Dawn (2006): The Organization of Care Work in Italy – Gender and Migrant Labor in the New Economy, in: Indiana Journal of Global Legal Studies 13 (1), S. 207-224

Mahmoody, Betty (1988): Nicht ohne meine Tochter. Bergisch Gladbach: Bastei Lübbe

Maletzke, Gerhard (1996): Interkulturelle Kommunikation. Zur Interaktion zwischen Menschen verschiedener Kulturen. Opladen: Westdeutscher Verlag

Manetsch, Rachel (2008): Hürdenlauf jüdische Heirat. Begleittext »Heiraten in Israel«, in: tachles 8 (39/40) v. 26. September 2008

Mann, Thomas (1962 [1901]): Buddenbrooks. Verfall einer Familie. Frankfurt am Main: Fischer

Mayer, Egon (1985): Love & Tradition: Marriage between Jews and Christians. New York/London: Plenum Press

Meier, Marion (2004): »Das Gericht prüfte und mir blieb nur das Warten«, in: Süddeutsche Zeitung Magazin v. 7.5.2004, S. 54

Merton, Robert K. (1976 [1941]): Intermarriage and the Social Structure, in: ders.: Sociological Ambivalence and Other Essays. New York/London: The Free Press/Collier Macmillan Publishers, S. 217-250

Metz, Johanna (2007): Illegale Einwanderer in Deutschland. Die große Scheinheiligkeit, in: Das Parlament v. 15. 1. 2007

Mitterauer, Michael/Sieder, Reinhard (1980): Vom Patriarchat zur Partnerschaft. Zum Strukturwandel der Familie. München: C. H. Beck

Miyaguchi, Christine (1993): Falsch verbunden, in: Dianne Dicks (Hg.): Amors wilde Pfeile. Liebes- und Ehegeschichten zwischen den Kulturen. München: C. H. Beck, S. 172-176

Montaigne, Michel de (1908): Gesammelte Schriften, Zweiter Band – Essays, 1. Buch. München/Leipzig: Georg Müller Verlag

Moreno, Juan (2010): »Ich lösche mein Postfach für dich«. Der endlose Weg zur richtigen Frau, in: Der Spiegel 45/2010 v. 8. 11. 2010, S. 79-85

Morgan, David H. J. (1996): Family Connections: An Introduction to Family Studies. Cambridge, UK: Polity Press

Munoz, Marie-Claude (1999): Epouser au pays, vivre en France, in: Revue Européenne de Migrations Internationales 25(3), S. 101-123

Nava, Mica (1997): Difference and Desire: Vienna, Antifascism and Jews in the Interwar English Imagination. Vortrag beim Symposium »Metropole Wien«, Wien, November 1996 (unveröffentlichtes Manuskript)

Nazario, Sonia (2007): Enrique's Journey: The Story of a Boy's Dangerous Odyssey to Reunite with his Mother. New York: Random House

Newsletter ›Migration und Bevölkerung‹, Dezember 2008

Newsletter ›Migration und Bevölkerung‹, Januar 2011

Niesner, Elvira/Anonuevo, Estrella/Aparicio, Marta/Sonsiengchai-Fenzl, Petchara (1997): Ein Traum vom besseren Leben. Migrantinnenerfahrungen, soziale Unterstützung und neue Strategien gegen Frauenhandel. Opladen: Leske + Budrich

Nottmeyer, Olga K. (2009): Wedding Bells are Ringing: Increasing Rates of Intermarriage in Germany, in: Migration Information Source: http:// www.migrationinformation.org/Feature/display.cfm?ID=744

Oksaar, Els (1996): Vom Verstehen und Mißverstehen im Kulturkontakt – Babylon in Europa, in: Klaus J. Bade (Hg.): Die multikulturelle Herausforderung. Menschen über Grenzen – Grenzen über Menschen. München: C.H. Beck, S. 206-229

Ong, Aihwa (2005): Flexible Staatsbürgerschaften. Die kulturelle Logik von Transnationalität. Frankfurt am Main: Suhrkamp

Onishi, Norimitsu (2007): Marriage Brokers in Vietnam Cater to S. Korean Bachelors – Asia – Pacific, in: International Herald Tribune, 21. Februar 2007

Palriwala, Rajni/Uberoi, Patricia (2008): Exploring the Links: Gender Issues in Marriage and Migration, in: dies. (Hg.): Marriage, Migration and Gender – Women and Migration in Asia, Volume 5. Los Angeles/London/New Delhi/Singapore: Sage Publications, S. 23-62

Pande, Amrita (2010): Commercial Surrogacy in India: Manufacturing a Perfect Mother-Worker, in: Signs. Journal of Women in Culture and Society 35 (4), S. 969-992

Pandey, Heidemarie (1988): Zwei Kulturen – eine Familie. Das Beispiel deutsch-indischer Eltern und ihrer Kinder. Frankfurt am Main: Verlag für Interkulturelle Kommunikation

Parreñas, Rhacel Salazar (2001): Servants of Globalization: Women, Migration and Domestic Work. Stanford, CA: Stanford University Press.

Parreñas, Rhacel Salazar (2003): The Care Crisis in the Philipines: Children and Transnational Families in the New Global Economy, in: Barbara Ehrenreich/Arlie Russell Hochschild (Hg.): Global Woman: Nannies, Maids and Sex Workers in the New Economy. London: Granta Books, S. 39-54

Parreñas, Rhacel Salazar (2005): Children of Global Migration: Transnational Families and Gendered Woes. Stanford, CA: Stanford University Press.

Parreñas, Rhacel Salazar (2005): Long Distance Intimacy: Class, Gender and Intergenerational Relations between Mothers and Children in Filipino Transnational Families, in: Global Networks 5(4), S. 317-336

Peterson, Elin (2007): The Invisible Carers: Framing Domestic Work(ers) in Gender Equality Policies in Spain, in: European Journal of Women's Studies 14 (3), S. 265-280

Pries, Ludger (1996): Transnationale Soziale Räume. Theoretisch-empirische Skizze am Beispiel der Arbeitswanderungen Mexico – USA, in: Zeitschrift für Soziologie 25 (6), S. 456-472

Refsing, Kirsten (1998): Gender Identity and Gender Role Patterns in Cross-Cultural Marriages: The Japanese-Danish Case, in: Rosemary Breger/Rosanna Hill (Hg.): Cross-Cultural Marriage: Identity and Choice, Oxford/New York: Berg Publishers, S. 193-208

Reniers, Georges (2001): The Post-Migration Survival of Traditional Marriage Patterns: Consanguineous Marriages among Turks and Moroccans in Belgium, in: Journal of Comparative Family Studies 32 (1), S. 21-45

Rerrich, Maria S. (1993): Gemeinsame Lebensführung. Wie Berufstätige einen Alltag mit ihren Familien herstellen, in: Karin Jurczyk/Maria S. Rerrich (Hg.): Die Arbeit des Alltags. Beiträge zu einer Soziologie der alltäglichen Lebensführung. Freiburg/Br.: Lambertus, S. 310-333

Ritter, Mikkel (2010): Welfare-State Nomads: Pakistani Marriage Migrants in the Borderlands of Sweden and Denmark. Unveröffentlichtes Manuskript

Roloff, Juliane (1998): Eheschließungen und Ehescheidungen von und mit Ausländern in Deutschland, in: Zeitschrift für Bevölkerungswissenschaft 23 (3), S. 319-334

Romano, Dugan (1988): Intercultural Marriage: Promises & Pitfalls. Yarmouth: Intercultural Press

Rosenbaum, Heidi (1982): Formen der Familie. Untersuchungen zum Zusammenhang von Familienverhältnissen, Sozialstruktur und sozialem Wandel in der deutschen Gesellschaft des 19. Jahrhunderts. Frankfurt am Main: Suhrkamp

Rosenblatt, Paul C./Karis, Terri A./Powell, Richard R. (1995): Multiracial Couples: Black & White Voices. Thousand Oaks/London/New Delhi: Sage Publications

Rupp, Marina (Hg.) (2009): Die Lebenssituation von Kindern in gleichgeschlechtlichen Partnerschaften. Köln: Bundesanzeiger Verlag

Said, Edward W. (1978): Orientalism. New York: Pantheon Books

Scheper-Hughes, Nancy (2005): The Last Commodity: Post-Human Ethics and the Global Traffic in ›Fresh‹ Organs, in: Aihwa Ong/Stephen J. Collier (Hg.): Global Assemblages: Technology, Politics and Ethics as Anthropological Problems. Malden, MA/Oxford, UK/Carlton: Blackwell Publishing, S. 145-167

Schneider, Susan Weidman (1989): Intermarriage: The Challenge of Living with Differences Between Christians and Jews. New York: Free Press

Schröder, Gerhard (2000): Der neue Mensch – Beitrag zur Gentechnik von Bundeskanzler Gerhard Schröder für die Wochenzeitung die »Die Woche«, in: Die Woche v. 20. 12. 2000

Schröder, Gerhard (2001): Zur bioethischen Debatte, in: Die Zeit, Nr. 31 v. 26. 7. 2001

Seibt, Gustav (2011): Menschenskinder, in: Süddeutsche Zeitung v. 26. 5. 2011, S. 3

Sennett, Richard (1998): Der flexible Mensch. Die Kultur des neuen Kapitalismus. Berlin: Berlin-Verlag

Shaw, Alison (2001): Kinship, Cultural Preference and Immigration: Consanguineous Marriage among British Pakistanis, in: The Journal of the Royal Anthropological Institute 7 (2), S. 315-334

Shaw, Alison (2004): Immigrant Families in the UK, in: Jacqueline Scott/Judith Treas/Martin Richards (Hg.): The Blackwell Companion to the Sociology of Families. Malden, MA/Oxford, UK/Carlton: Blackwell Publishing, S. 270-285

Shim, Young-Hee (2008): Transnational Marriages in Korea: Trend, Issues, and Adaption Process, in: gender & society 7 (2), S. 45-90

Shim, Young-Hee/Han, Sang-Jin (2010): »Family-Oriented Individualization« and Second Modernity, in: Soziale Welt 61 (3-4), S. 237-255

Shorter, Edward (1977): Die Geburt der modernen Familie. Reinbek bei Hamburg: Rowohlt

Simmel, Georg (1908): Exkurs über den Fremden, in: ders.: Soziologie.

Untersuchungen über die Formen der Vergesellschaftung. Berlin: Duncker & Humblot, S. 509-512

Singh, Lea (2009): A Creation Myth for the 21st Century, in: Mercator.Net, 9. Januar 2009

Sökefeld, Martin (Hg.) (2004): Jenseits des Paradigmas kultureller Differenz. Neue Perspektiven auf Einwanderer aus der Türkei. Bielefeld: transcript

Sollors, Werner (1986): Beyond Ethnicity: Consent and Descent in American Culture. New York/Oxford: Oxford University Press

Sollors, Werner (1997): Neither Black nor White yet Both: Thematic Explorations of Interracial Literature. New York: Oxford University Press

Spickard, Paul R. (1989): Mixed Blood: Intermarriage and Ethnic Identity in Twentieth-Century America. Madison: The University of Wisconsin Press

Spring, Michelle (1998): Running for Shelter. London: Orion

Stone, Lawrence (1979): The Family, Sex and Marriage in England, 1500-1800. New York: Penguin Books

Straßburger, Gaby (1999): »Er kann deutsch und kennt sich hier aus«. Zur Partnerwahl der zweiten Migrantengeneration türkischer Herkunft, in: Gerdien Jonker (Hg.): Kern und Rand. Religiöse Minderheiten aus der Türkei in Deutschland. Berlin: Verlag Das Arabische Buch, S. 147-167

Straßburger, Gaby (1999): Eheschließungen der türkischen Bevölkerung in Deutschland, in: Migration und Bevölkerung, Ausgabe 6, August 1999, S. 3

Strauß, Botho (1976): Trilogie des Wiedersehens. München: Hanser

Tan, Eugene K. B. (2008): A Union of Gender Equality and Pragmatic Patriarchy: International Marriages and Citizenship Laws in Singapore, in: Citizenship Studies 12 (1), S. 73-89

Thai, Hung Cam (2003): Clashing Dreams: Highly Educated Overseas Brides and Low-Wage U.S. Husbands, in: Barbara Ehrenreich/Arlie Russell Hochschild (Hg.): Global Woman: Nannies, Maids and Sex Workers in the New Economy. London: Granta Books, S. 230-253

Thomas, Alexander (1999): Kultur als Orientierungssystem und Kulturstandards als Bausteine, in: Institut für Migrationsforschung und Interkulturelle Studien IMIS-Beiträge, Heft 10, S. 91-130

Thomas, Alexander (Hg.) (1996): Psychologie interkulturellen Handelns. Göttingen/Bern/Toronto/Seattle: Hogrefe/Verlag für Psychologie

Tietze, Nikola (2001): Islamische Identitäten. Formen muslimischer Religiosität junger Männer in Deutschland und Frankreich. Hamburg: Hamburger Edition

Time, 22. Oktober 2007

Time, 3. Dezember 2007

Treibel, Annette (1999): Migration in modernen Gesellschaften. Soziale Folgen von Einwanderung, Gastarbeit und Flucht. 2., völlig neubearb. u. erw. Aufl., Weinheim/München: Juventa Verlag

Treibel, Annette (2004): Wandern Frauen anders als Männer? Migrantinnen im Spannungsfeld von Befreiung und Zwang, in: Johannes Müller/Mattias Kiefer (Hg.): Grenzenloses »Recht auf Freizügigkeit«? Weltweite Mobilität zwischen Freiheit und Zwang. Stuttgart: Kohlhammer, S. 45-64

Truscheit, Karin (2007): Eizellenspenden in Europa: Spanische Gene, deutsche Mutter, in: Frankfurter Allgemeine Zeitung v. 4.12.2007

UNFPA State of the World Population (2006): A Passage to Hope: Women and International Migration. New York: United Nations Population Fund

Vertovec, Steven (2004): Cheap Calls: The Social Glue of Migrant Transnationalism, in: Global Networks 4(2), S. 219-224

Vertovec, Steven (2009): Transnationalism. London/New York: Routledge

Vetter, Stephanie (2001): Partnerwahl und Nationalität. Heiratsbeziehungen zwischen Ausländern in der Bundesrepublik Deutschland, in: Thomas Klein (Hg.): Partnerwahl und Heiratsmuster. Sozialstrukturelle Voraussetzungen der Liebe. Opladen: Leske + Budrich, S. 207-231

Waldman, Ellen (2006): Cultural Priorities Revealed: The Development and Regulation of Assisted Reproduction in the United States and Israel, in: Health Matrix. Journal of Law-Medicine, Band 16, S. 65-106

Walt, Vivienne (2008): Field of Dreams, in: Time, 30. Juni 2008, S. 42-49

Watzlawick, Paul/Beavin, Janet H./Jackson, Don D. (1972): Menschliche Kommunikation. Formen, Störungen, Paradoxien, Bern/Stuttgart/Wien: Hans Huber Verlag

Weber, Max (1922): Grundriß einer Sozialökonomik. III. Abteilung. Wirtschaft und Gesellschaft. Tübingen Mohr

Weiler, Jan (2003): Maria, ihm schmeckt's nicht: Geschichten von meiner italienischen Sippe. Berlin: Ullstein Taschenbuch

Wießmeier, Brigitte (1993): Das »Fremde« als Lebensidee. Eine empirische Untersuchung bikultureller Ehen in Berlin. Münster/Hamburg: LIT Verlag

Williams, Patricia J. (1997): Seeing a Colour-Blind Future: The Paradox of Race. London: Virago Press

Withrow, Emily (2007): The Market for Human Eggs Goes Global, and Multiplies, in: International Herald Tribune, 30. Januar 2007

Zakaria, Rafia (2010): The Cheapest Womb: India's Surrogate Mothers, in: Ms Magizine Blog, 25. Juni 2010

Ausführliches Inhaltsverzeichnis

KAPITEL IV
Weltmarkt, Weltreligionen, Weltrisiken, Weltfamilien:
Wie globale Schicksalsgemeinschaften entstehen 93

KAPITEL V
Heiratsmigrantinnen: Der Traum vom besseren Leben 106

suhrkamp taschenbücher
Eine Auswahl

Isabel Allende
- Fortunas Tochter. Roman. Übersetzt von Lieselotte Kolanoske.
  st 3236. 483 Seiten
- Das Geisterhaus. Übersetzt von Anneliese Botond. st 1676.
  501 Seiten
- Paula. Übersetzt von Lieselotte Kolanoske. st 2840. 496 Seiten.
- Porträt in Sepia. Übersetzt von Lieselotte Kolanoske.
  st 3487. 464 Seiten
- Zorro. Roman. Übersetzt von Svenja Becker. st 3861. 443 Seiten

Ingeborg Bachmann. Malina. Roman. st 641. 362 Seiten

Jurek Becker
- Amanda herzlos. Roman. st 2295. 384 Seiten
- Jakob der Lügner. Roman. st 774. 288 Seiten

Louis Begley
- Lügen in Zeiten des Krieges. Roman. Übersetzt von Christa
  Krüger. st 2546. 224 Seiten
- Schmidt. Roman. Übersetzt von Christa Krüger.
  st 3000. 320 Seiten
- Schmidts Bewährung. Roman. Übersetzt von Christa
  Krüger. st 3436. 314 Seiten

Thomas Bernhard
- Alte Meister. Komödie. st 1553. 310 Seiten
- Holzfällen. st 1523. 336 Seiten
- Ein Lesebuch. Herausgegeben von Raimund Fellinger.
  st 2158. 365 Seiten
- Wittgensteins Neffe. st 1465. 176 Seiten

NF 266b/1/08.11

Hermann Hesse
- Das Glasperlenspiel. Versuch einer Lebensbeschreibung des Magister Ludi Josef Knecht samt Knechts hinterlassenen Schriften. st 2572. 608 Seiten
- Der Steppenwolf. Roman. st 175. 288 Seiten
- Siddhartha. Eine indische Dichtung. st 182. 128 Seiten
- Unterm Rad. Entstehungsgeschichte in Selbstzeugnissen des Autors. st 3883. 325 Seiten

Yasushi Inoue. Das Jagdgewehr. Übersetzt von Oskar Benl. st 2909. 112 Seiten

Uwe Johnson
- Mutmassungen über Jakob. Roman. st 3355. 298 Seiten
- Eine Reise nach Klagenfurt. st 235. 109 Seiten

James Joyce. Ulysses. Roman. Übersetzt von Hans Wollschläger. st 2551. 1008 Seiten

Franz Kafka
- Amerika. Roman. Mit einem Anhang (Fragmente und Nachworte des Herausgebers Max Brod). st 3893. 310 Seiten
- Das Schloß. Roman. st 3825. 423 Seiten. st 2565. 432 Seiten
- Der Prozeß. Roman. st 2837. 288 Seiten

Daniel Kehlmann. Ich und Kaminski. Roman. st 3653. 174 Seiten.

Andreas Maier. Wäldchestag. Roman. st 3381. 315 Seiten

Magnus Mills
- Die Herren der Zäune. Roman. Übersetzt von Katharina Böhmer. st 3383. 216 Seiten
- Indien kann warten. Roman. Übersetzt von Katharina Böhmer. st 3565. 229 Seiten

- Zum König! Roman. Übersetzt von Katharina Böhmer.
st 3865. 187 Seiten

Cees Nooteboom
- Allerseelen. Roman. Übersetzt von Helga van Beuningen.
st 3163. 440 Seiten
- Rituale. Roman. Übersetzt von Hans Herrfurth. st 2446.
231 Seiten.

Elsa Osorio. Mein Name ist Luz. Roman. Übersetzt von
Christiane Barckhausen-Canale. st 3918. 424 Seiten

Amos Oz. Eine Geschichte von Liebe und Finsternis. Roman
Übersetzt von Ruth Achlama. st 3788 und st 3968. 828 Seiten

Marcel Proust. In Swanns Welt. Auf der Suche nach der ver-
lorenen Zeit. Übersetzt von Eva Rechel-Mertens.
st 2671. 576 Seiten

Ralf Rothmann
- Junges Licht. Roman. st 3754. 236 Seiten
- Stier. Roman. st 2255. 384 Seiten

Hans-Ulrich Treichel
- Menschenflug. Roman. st 3837. 233 Seiten
- Der Verlorene. Erzählung. st 3061. 176 Seiten

Mario Vargas Llosa. Das böse Mädchen. Roman. Übersetzt
von Elke Wehr. st 3932. 395 Seiten

Martin Walser. Ein fliehendes Pferd. Novelle. st 600. 160 Seiten

Carlos Ruiz Zafón. Der Schatten des Windes. Übersetzt von
Peter Schwaar. st 3800. 562 Seiten